Manuela Pietraß · Rüdiger Funiok (Hrsg.)

Mensch und Medien

Medienbildung und Gesellschaft
Band 14

Herausgegeben von

Winfried Marotzki
Norbert Meder
Dorothee M. Meister
Uwe Sander
Johannes Fromme

Manuela Pietraß
Rüdiger Funiok (Hrsg.)

Mensch und Medien

Philosophische und
sozialwissenschaftliche
Perspektiven

VS VERLAG FÜR SOZIALWISSENSCHAFTEN

Bibliografische Information der Deutschen Nationalbibliothek
Die Deutsche Nationalbibliothek verzeichnet diese Publikation in der
Deutschen Nationalbibliografie; detaillierte bibliografische Daten sind im Internet über
<http://dnb.d-nb.de> abrufbar.

Das vorbereitende Symposium im Oktober 2007 wurde unterstützt
von der Rottendorf-Stiftung an der Hochschule für Philosophie München.

1. Auflage 2010

Alle Rechte vorbehalten
© VS Verlag für Sozialwissenschaften | GWV Fachverlage GmbH, Wiesbaden 2010

Lektorat: Stefanie Laux

VS Verlag für Sozialwissenschaften ist Teil der Fachverlagsgruppe
Springer Science+Business Media.
www.vs-verlag.de

Umschlaggestaltung: KünkelLopka Medienentwicklung, Heidelberg
Druck und buchbinderische Verarbeitung: Rosch-Buch, Scheßlitz
Gedruckt auf säurefreiem und chlorfrei gebleichtem Papier
Printed in Germany

ISBN 978-3-531-16873-9

Inhalt

Medialität als Ausgangspunkt für die Frage nach dem Menschsein

Manuela Pietraß & Rüdiger Funiok

Geistige und technische Medialität als medienanthropologischer Ausgangspunkt

Die zunehmende Verbreitung der Medien in alle Bereiche unserer Lebenswelt bedingt tief greifende Veränderungen. Sie formt die Erkenntnisweisen, die Art der Wissensspeicherung und -vermittlung, den Umgang mit Wirklichkeit(en), leibliche Erfahrung und unser Bewusstsein, die Erscheinungsweisen der Vergesellschaftung und unsere Rolle in ihr. Diese Veränderungen sind anthropologisch relevant, weil die Medien einen Möglichkeitsraum für menschliche Entwicklungspotenziale öffnen.

Die Frage nach dem Menschen ist nie endgültig beantwortbar, es ist seine Offenheit, welche das Projekt der Anthropologie im historischen Zeitverlauf bestimmt. Zwar fordert die Ausweitung der Medientechnologien in einem bislang nicht gekannten Umfang jene Disziplinen, welche sich mit dem Menschen befassen, dazu auf, sich die anthropologische Frage neu zu stellen. Doch müssen sich ihre Antworten „bescheiden als (Selbst-) Interpretation des Menschen vor dem Hintergrund seiner Medialität" (Rath 2003, S. 27); die Anthropologie kann keine ontologische Wahrheit anzielen, sondern lediglich eine Phänomentreue hinsichtlich der medial überformten Daseinsformen des Menschen (vgl. ebd., S. 28).

Um der damit gegebenen Zeitgebundenheit Rechnung zu tragen, soll uns als Ausgangspunkt für die Frage nach dem Menschsein – unter den aktuellen Bedingungen technischer, insbesondere digitaler, Medialität – die *Medienerfahrung* dienen, also der Moment des Umgangs mit dem Medium und der in ihm sich zeichenhaft vergegenwärtigenden Wirklichkeit. Die damit gegebene Position nimmt die technische Vermittlung und die mit ihr gegebenen Besonderheiten als unhintergehbar an. Medialität wird also nicht im Sinne eines prinzipiell geistig, z. B. symbolisch vermittelten, Weltverhältnisses wie bei Ernst Cassirer, gedacht, sondern als eine Vermittlungsform, die durch die medientechnischen Vorbedingungen geprägt wird. Natürlich gehen in sie jegliche kulturell geprägten Voreinstellungen mit ein, die die Medienproduzenten und Rezipienten mitbringen.

Mit dieser Differenzierung zwischen Medialität i. S. des „geistig" vermittelten Weltzugangs des Menschen und einer Medialität im Sinne technischer Zeichenvermittlung, wird dem qualitativen Unterschied zwischen beiden Formen von Medialität Rechnung getragen. Verzichtet man auf diese Differenzierung, geht die durch die technische Entwicklung aufgeworfene Frage nach dem Menschsein in jener nach dem generell bestehenden geistig vermittelten Weltzugang des Menschen auf. Die technisch konstituierte Medialität ist jedoch nicht einfach unter der prinzipiellen Medialität des menschlichen Weltverhältnisses subsumierbar. Denn die Symbolizität des Menschen bringt heute eine doppelte Dynamik hervor: zum Einen das Sich-selbst-Hervorbringen und damit Selbst-im-Symbol-Sein, verbunden mit der Wahrnehmung desselben als Außenwelt, die verschieden und doch als eigenes erkennbar ist (vgl. Wunden 2003, S. 52), und zum Anderen die Medienvermittlung, welche durch die spezifische, technische Vermittlungsform besondere Gestaltungsmöglichkeiten erhält.

Grundzüge von Medienerfahrung

Medienvermittelte Erfahrung wird häufig der direkten Erfahrung gegenübergestellt und als defizitär gekennzeichnet. Eine solch konkurrierende Gegenüberstellung ist jedoch nicht sinnvoll und wird der Besonderheit medieninitiierter Erfahrungsprozesse nicht gerecht. Die Besonderheit technischer Medialität wird unter einem semiotischen Medienbegriff deutlich. Als spezifische Erfahrungsform ist Medienerfahrung danach eine Auseinandersetzung mit etwas Immateriellem, in welchem die Erfahrungen und Deutungen der Menschen zu Zeichen geronnen sind.

Zeichen stellen eine Relation her zwischen einem, das Bedeutung trägt, und einem, das bedeutet wird, sowie jener Bedeutung, die sich aus der Relation zwischen Bedeutung und Bedeutetem ergibt. Dieses Zeichenverständnis nach Charles S. Peirce, von dem der semiotische Medienbegriff ableitbar ist, umfasst also den Zeichenkörper – bzw. das technische Medium –, die von ihm transportierte Bedeutung und die von einem Interpretanten resp. Rezipienten geleistete Interpretation der Zeichenbedeutung. Dabei ist mit einem Missverständnis aufzuräumen, das dem semiotischen Medienbegriff vorgeworfen wird: Medien i. S. Peirce' sind nicht abbildende Repräsentanten einer objektiv feststellbaren, materiellen Realität, mit einem direkten Bezug zur Wirklichkeit, so dass man Medienwirklichkeit als eine andere, sinnlich reduzierte Form von Erfahrung verstehen kann. Vielmehr legen Medien Welt aus und schaffen damit zusätzliche Wirklichkeiten. Insofern sind sie selbst Bestandteile eines unendlichen Kommunikations- resp. Weltauslegungsprozesses, den Peirce als Semiose bezeichnet, und der mit und ohne Medien erfolgt.

Damit eignet sich der semiotische Medienbegriff sowohl für die passiv-rezeptiv konzipierten Massenmedien sowie für interaktive Angebote, wie sie vor allem die digitalen Medien bereithalten. Zu den passiv-rezeptiv konzipierten gehört im Internet das Web 1.0 mit Anwendungen wie Online-Nachrichtendiensten, Informationsportalen und Homepages, und zu den interaktiven das Web 2.0 mit seinen sozialen Plattformen, Blogs und Wikis. In beiden Formen digitaler Kommunikation handelt es sich um semiotische Prozesse, die in den technischen Übermittlungswegen der Medien manifest werden und, von ihrer Dynamik her gesehen, aus vielzähligen einzelnen Kommunikationsschritten bestehen, welche sich zwischen den Rezipienten und Produzenten – als wechselseitige Rollenträger – im Internet vollziehen.

Am Zeichen werden zwei Aspekte manifest, welche die Besonderheit von Medienerfahrung konstituieren, die Materialität des Zeichenkörpers und seine Bedeutung:

- Die Materialität des Zeichenkörpers besteht in seinen sinnlichen Anmutungsqualitäten; ein Zeichen spricht ganz bestimmte Sinneskanäle an und hält jeweils spezifische Ausdrucksmöglichkeiten bereit, die durch seine jeweilige technische Verfasstheit bedingt sind.
- Die Zeichenbedeutung, also die Semantik, bezieht ihre Relevanz aus dem Prozess der Semiose. Kommunikation stellt immer einen Unterschied her, andernfalls wäre sie nicht notwendig, und dabei werden immer neue Auslegungen von Welt geschaffen.

Materialität und Semantik sind nur analytisch voneinander zu trennen, da sie als Form und Inhalt in einem sich gegenseitig bedingenden Verhältnis stehen. In ihrem Doppelcharakter liegt begründet, dass sich mediale Erfahrungen nicht nur in einer typischen Weise von nicht-medialen Erfahrungen unterscheiden, sondern auch, dass sie als *zusätzliche Erfahrungsformen* zu verstehen sind – und nicht, wie dies noch in der Abbildtheorie der Medien aufgefasst wurde, als defizitäre Formen unvermittelter Erfahrung. Medien bieten einen Deutungszuwachs, der im Schatten dessen entsteht, was sie präsentieren.

Dem Wunsch nach einer Wiederherstellung sinnlicher Ganzheit liegt ein romantisches Verständnis von Kommunikation mit Medien zugrunde, das nur auf die direkte Kommunikation von Kleingruppen beziehbar ist und nicht auf komplexe Gesellschaftsformen, die auf Medienvermittlung angewiesen sind. Denn mit den Medien wird etwas Neues geschaffen, was mehr ist als die möglichst störungsfreie technische Vermittlung von Botschaften, die von Partnern unter Einsatz natürlicher Medien ausgetauscht werden: Medien sind nicht nur ein vermittelndes Instrument, sondern sie konstituieren, wie vorangehend anhand des semiotischen Medienbegriffs ausgeführt wurde, Bedeutung im Prozess der Semiose. Damit erfährt der Mensch nicht ein durch Vermittlungsstörungen reduziertes Abbild von Wirklichkeit. Das Medium schafft vielmehr eine neue Wirklichkeit, die zwar auf ein ihr vorausgehendes Ereignis referiert, aber dieses nicht punktgleich wiedergibt, sondern im Schaffen von etwas Neuem ihre kommunikative Funktion erfüllt. Insofern sind Medienerfahrungen immer als eine zusätzliche Erfahrungsform zu verstehen, sie erweitern die menschlichen Kommunikationsformen jeweils um sich selbst und erlauben damit eine Ausdifferenzierung menschlicher Welterfahrung. Dies gilt nicht nur hinsichtlich unvermittelt-direkten Umgangs mit den Menschen und Dingen, sondern auch für die Relationen der einzelnen Medienerfahrungen zueinander.

Wissenschaftslogische Klärungen am Beispiel der pädagogischen Anthropologie

Wurde vorangehend die Besonderheit der medienvermittelten Erfahrung bestimmt, so ist im Weiteren die Frage zu stellen, zu welchen Aussagen anthropologisches Denken hinsichtlich dieser Form von Medialität kommt. Die Anthropologie als die Lehre vom Menschen ist keine eigene wissenschaftliche Disziplin. Mit ihrem Gegenstand beschäftigen sich die Human-, Sozial- und Geisteswissenschaften. Anthropologisches Denken beginnt in ihnen dort, wo jenseits individueller Ausprägungen generelle Aussagen über den Menschen gemacht werden.

Da naturwissenschaftliche Erkenntnisse einen höheren Anspruch auf Allgemeingültigkeit besitzen, obwohl auch sie diskursiv überformt sind (vgl. Fleck 1980), werden ihre Erkenntnisse meist per se als anthropologische Aussagen aufgefasst. Insofern ist die Anthropologie wissenschaftstheoretisch als transdisziplinäre Betrachtungsweise zu verstehen, in der „die besondere Natur des Menschen reflektiert wird" (Wulf 2007, S. 542). Damit steht sie aber auch vor grundsätzlichen erkenntnistheoretischen Problemen und eine Übersicht über „die" Anthropologie zu geben, ist eine nur im interdisziplinären Verbund zu bewältigende Aufgabe. Insofern soll hier, der Herkunftsdisziplin der Herausgeber entsprechend, am Beispiel der Erziehungswissenschaft aufgezeigt werden, welche Herausforderungen die anthropologische Betrachtungsweise zu bewältigen hat und welchen Ansatzpunkt vor diesem Hintergrund der vorliegende Sammelband nehmen will. Denn die Pädagogische Anthropologie als Regionalanthropologie ist insofern aufschlussreich für anthropologisches Denken, als sich in ihr geisteswissenschaftliche und empirische Strömungen vereinen und bei diesem Aufeinandertreffen eine grundsätzliche Frage der Anthropologie aufgeworfen wird: Ist es möglich, angesichts der Relationalität jeder wissenschaftlichen Erkenntnis (noch) allgemeingültig-normative Aussagen über den Menschen zu machen? Und welchen Stellenwert besitzt dann anthropologisches Denken für eine Disziplin?

Diese Fragen spiegeln sich in den verschiedenen Denkrichtungen der Pädagogischen Anthropologie. So besaß die philosophische Strömung, die in den 60er Jahren dominierend war, den Anspruch, ein allumfassendes und zeitübergreifendes Bild des Menschen zu entwerfen. Der Mensch wurde dabei nach invarianten Kategorien bestimmt, die ihn als Menschen und damit unterschieden vom Tier kennzeichnen. Die historische Strömung, die in den Neunzigern aufkam, kritisierte diesen philosophisch orientierten Ansatz und warf ihm vor, normativ und damit unwissenschaftlich zu sein. Sie legt die Relativität der Frage des Menschen nach sich selbst offen, in dem sie deren „doppelte Historizität" (Wulf 1994) aufzeigt: Nicht nur der Gegenstand der Pädagogischen Anthropologie ist historisch bedingt, z. B. die Frage nach der Erziehungsbedürftigkeit, sondern auch der Forscher selbst befindet sich in einem zeitgeschichtlichen Kontext, welcher die Untersuchungsperspektive und Methoden bedingt. Dazu verwendet die historische Herangehensweise vor allem historische Dokumente, Bilder und Texte als Quelle. Insofern liegt ihr Beitrag wesentlich in der Aufdeckung und Beschreibung von Menschenbildern und läuft auch sie in die Gefahr des Erzeugens von „unzulässigen Fiktionen" (ebd.) über den Menschen, welche keine empirische Referenz besitzen. Auch die dritte, die integrative Strömung, die insbesondere empirische Erkenntnisse der Psychologie, Biologie, Medizin und Neurobiologie zur Stützung ihrer anthropologischen Argumentation einbezieht, ist implizit normativ. Denn das empirische Wissen dient nicht der Kritik der Kategorien, sondern der Begründung eines Argumentationszusammenhangs. Ausgeblendet wird dabei, dass diese Merkmale selbst Ergebnis einer Auswahl und Betrachtungsweise sind. Die Bedeutsamkeit dieses Ansatzes liegt grundsätzlich in seiner empirischen Fundierung und Interdisziplinarität. Allerdings darf nicht übersehen werden, dass die Integration empirischer Erkenntnisse (z. B. Roth 1966; 1971) nicht dasselbe ist wie die Verwendung empirischer Studien aus der eigenen Disziplin (z. B. Tippelt/ Schmidt/ Pietraß 2009). Auch das Umgekehrte ist im Übrigen zu beobachten, nämlich die *Veränderung* vorhandener Begriffe und Theoreme durch naturwissenschaftliche Erkenntnisse, z. B. wenn in der Neurobiologie das Potenzial gesehen wird, „das bildungstheoretische Dual von Freiheit und Selbstbestimmung neu" zu akzentuieren (Miller-Kipp 1998, S. 223). Die Herausforderung besteht hier darin, keine Verkürzungen und Vereinfachungen vorzunehmen, die in der „Zubringerdisziplin" fachlich unhaltbar wären. Ferner muss auch diese Vorgehensweise das Problem der versteckten Normativität bewusst halten.

Ein weiterer Vorwurf, den man der Anthropologie machen kann, ist ihr Anthropomorphismus, den Gerd Haeffner der biologisch-philosophischen Tradition eines Helmuth Plessners, Max Schelers, Arnold Gehlens macht: „Wir interpretieren das Verhalten und den Bau der Tiere also unweigerlich mit anthropomorphen Begriffen. (...) Aus diesem Zirkel kommen wir nicht heraus." (2000, S. 32) Insofern sind auch diese empirisch-philosophischen Ansätze nichts anderes als Zeitbilder der Vorstellung des Menschen von sich selbst. Doch ist damit nicht die ganze anthropologische Betrachtungsweise als obsolet zu verstehen, vielmehr ist gerade in ihrer Historizität ihr Wert zu sehen, der darin liegt, immer wieder nach dem Grundsätzlichen zu fragen, nach dem Maß des Menschlichen für den Menschen, womit diese Denkrichtung zu folgenden Problemstellungen beitragen kann:

- Sie untersucht Bilder des Menschen und Phänomene menschlicher Welterfahrung, z. B. des Körpers, und unterstützt so das Verständnis jeweils bestehender Lebenswirklichkeiten und die Reflexion disziplinärer Grundbegriffe.

- Sie integriert Ergebnisse der Naturwissenschaften in das geistes- und sozialwissenschaftliche Bild vom Menschen und umgekehrt kann sie zur kritischen Reflexion empirisch basierter Begrifflichkeiten beitragen.
- Weiterhin hilft sie dabei, handlungsleitende Positionen zu bestimmen und zu hinterfragen.

Der anthropologische Ansatz, Entstehung und Aufbau des vorliegenden Sammelbandes

Bis zu Beginn der Neuzeit waren die meisten philosophischen Bestimmungen des Menschseins – die erst später die Bezeichnung „philosophische Anthropologie" als Teildisziplin der Philosophie erhielten – in aristotelischer Tradition von einer, sich in allen historischen Ausformungen (Akzidentien) durchhaltenden Wesenheit (Substanz) des Menschen ausgegangen: z. B. von der Geist-Natur des Menschen, seiner Freiheit, seiner Angewiesenheit auf andere, seiner Offenheit für Transzendenz. Mit Descartes, Kant und dem deutschen Idealismus versuchte man das den Menschen Auszeichnende nicht mehr substanz-theoretisch – gleichsam von einer Natur, die dem Bewusstsein als „Seinsklötzchen" gegenübersteht – zu fassen, sondern subjekt-theoretisch im Vollzug des menschlichen Denkens aufzuweisen. Das Subjekt wurde zum zentralen Bezugspunkt anthropologischer Aussagen (vgl. auch Haeffner 2000, S. 46ff.). Das subjektphilosophische Identitätsdenken wurde zwar im 20. Jahrhundert von Theodor Adorno als hypertrophes Herrschaftsdenken, von Jean-François Lyotard als vorstellend-berechnendes Sicherheitsdenken, vom Feminismus als androzentrisch kritisiert. Aber in der (Fichte, Sarte und Henrich folgenden) Reduktion auf ein vorreflexives Sich-spüren ist das Ausgehen von einem Subjekt weiterhin möglich und fruchtbar. Vor allem inhaltlichen Denken ist uns die Wahrnehmug des eigenen „ich bin" (und nicht etwas) gegeben; in dieser Wahrnehmung von uns als Subjekt können wir uns nicht täuschen; mit ihm ist auch das Wissen um unsere Einzigartigkeit und der Anspruch auf Freiheit verbunden (vgl. Wendel 2002, S. 246ff.). Personalität ist demgegenüber ein Begriff, der uns – mit Rechten und Pflichten – in der Gesellschaft verortet; er ist wesentlich auch mit Interaktion und Kommunikation verbunden.

Früher wurde auch Personalität meist substanztheoretisch gefasst, die geschichtliche Dimension vernachlässigt. Aufgrund der Zeitlichkeit aller Versuche des Menschen, sich selbst zu erfassen, erscheint uns der philosophische Entwurf Haeffners, der (philosophisch zu begründende) Wesenhaftigkeit und (empirisch zu erfassende) Geschichtlichkeit miteinander verbindet, als geeigneter anthropologischer Ansatz. Auch Haeffner schließt sich der Auffassung an,

„dass es ein ewiges, sich gleichförmig realisierendes Wesen des Menschen in der Tat nicht gibt. Dennoch bleibt bestehen, dass ‚Menschsein' eine eigene Gestalt des Lebendigen ist, die sich, seit sie sich gebildet hat, deutlich und vielleicht immer deutlicher von anderen Gestalten unterscheidet und seit sehr, sehr langer Zeit charakteristische Züge zeigt, die zusammen eine eigene Wesensgestalt ausmachen." (Haeffner 2000, S. 20)

Dabei geht Haeffner von „Grunddimensionen des menschlichen Seins" aus, durch die dem Menschen „Art und Maß seines Seins vorgegeben sind" (ebd.), die sich aber nicht von einem übergeordneten Prinzip herleiten ließen, und damit offenbar auch nicht als Züge eines überdauernden Wesens des Menschen verstanden werden könnten. Deutlicher wird dieser Standpunkt in einer früheren Auflage (1989). Auch hier geht er zunächst vom Wesensbegriff aus, der es anziele, „sich auf alle und nur auf alle Elemente einer Klasse von Gegenständen anwenden [zu] lassen, und zwar so, dass er den Grundriß der Seinsart der betreffenden Seienden angibt, der diesen Seienden im Wesentlichen in derselben (also nicht bloß in analoger) Weise zukommt" (1989, S. 32). Einen Bezug zur Empirie besitze der Wesensbegriff darin, dass er „sich durch die Vielfalt von Realisierungen hindurch behaupten" müsse (ebd.). Ein weiteres Kriterium, mit dem Haeffner dem Gedanken der individuellen Selbstentfaltung und der kulturellen Entwicklung des Menschen Rechnung trägt, ist der Grad der „Ausprägung" bei den (empirischen) „Realisierungen" des Wesens. So ließen sich die Grundzüge der Wesensidentität des Menschen in erster Linie am Erwachsenen ablesen, doch finde sich auf „der Ebene des prinzipiellen (nicht des aktuellen) Könnens" auch der Säugling wieder (S. 33). Dies gilt auch für die menschliche Evolution. So habe sich das, was in der heutigen Technik zum Ausdruck kommt, seit der Produktion von „Geröllgeräten (…) in steigendem Maß verwirklicht" (ebd.). Erst in dieser heutigen Ausprägung wird ablesbar, was überhaupt Technik ist. Denkt man dies weiter, so kann man an jeder letzten Evolutionsstufe grundsätzliche, das individuell Menschliche übergreifende Aussagen über den Menschen formulieren: Dies gilt dann auch für die letzte, aktuelle Stufe des Medienumgangs, die vorliegend im Zentrum stehen soll, als Ausgangspunkt für die Frage nach den Realisierungsmöglichkeiten des Menschlichen in ihr.

Die technische, insbesondere digitale, Medialität wird dabei als eine Fortentwicklung der Kommunikations*organisation* verstanden – nicht der Kommunikation selbst. Sprache ist dann als Mittel zum direkten Austausch mit dem Gegenüber von jenen Formen von Kommunikation zu unterscheiden, bei denen Technik eingesetzt wird, um Kommunikation in anderen Formen als bei räumlich-zeitlicher Gleichzeitigkeit zu realisieren. Technisch vermittelte Kommunikation ist insofern nicht eine Weiterentwicklung von direkt sprachlich vermittelter Kommunikation, sondern sie stellt eine eigene Form von Kommunikation dar. In Konsequenz wird Technik nicht als Grunddimension menschlichen Wesensvollzugs verstanden, was z. B. in

Zusammenhang mit der Entwicklung abstrakten Denkens durchaus möglich wäre. Sondern es geht im Folgenden vielmehr darum näher zu bestimmen, wovon menschliches Handeln und Menschsein *unter der Bedingung* einer technischen Medialität geprägt ist.

Wie Medialität die Möglichkeiten des Menschseins ausgestaltet, soll an einzelnen Bereichen aufgezeigt werden, die wir als *Phänomenbereiche* verstehen, welche jedoch keinen Anspruch auf Vollständigkeit und Trennschärfe besitzen, weil ihre Unterscheidung „nicht von einem übergeordneten Prinzip ableitbar ist", sondern „intuitiv" und als Gegenstand der Humanwissenschaften entstand (Haeffner 2000, S. 53). Die gewählten Phänomenbereiche werden nicht systematisch begründet, sondern von der bleibenden Zentralität und der mediengeprägten Aktualität folgender menschlicher Handlungsbereiche und Daseinsvollzüge her bestimmt: Wie steht es heute

- um Körpererleben und Sinneswahrnehmung
- um Bewusstsein und Moral
- um Entwicklung und Erziehung
- um Subjektivität und Autonomie
- um Kommunikation und Gesellschaft
- um Handlungsmacht und Gemeinschaft
- um Kunst und Fiktion
- um Transzendenzerfahrung und Religiosität?

Zu diesen Einzelfragen hatten wir im Oktober 2007 Kolleginnen und Kollegen zu einer Fachtagung nach München eingeladen, die von der Rottendorf-Stiftung an der Hochschule für Philosophie gefördert wurde. In den zwei Tagen sollten die Referenten – alle ausgewiesen durch prominente philosophische oder sozialwissenschaftliche Veröffentlichungen zur Medienbestimmtheit der conditio humana – von ihren Forschungsschwerpunkten her unsere Leitfrage beantworten: *Wie bestimmt und realisiert sich Menschsein unter den Bedingungen der Medialität?* Im Laufe der redaktionellen Nacharbeit kamen erfreulicher Weise zwei weitere Autoren hinzu, die sich auf unser Konzept einließen und das Spektrum der Phänomenbereiche durch ihre Beiträge erweiterten.

Vorausschau auf die Beiträge

Körpererleben und Sinneswahrnehmung. Auf der besonderen Verfassung des Menschen, leiblich in einer Situation zu sein und sich zugleich geistig zu ihr stellen zu können, haben Scheler und Plessner ihre anthropologischen Ansätze entworfen. Mittlerweile hat die Entwicklung der digitalen Medien der dualistischen Auffassung einer Trennung von Körper und Geist wieder Popularität verliehen. Aus ihr wird eine Ununterscheidbarkeit von Wahrnehmung in materiellen und immateriellen Welten abgeleitet, was zur Folge hätte, dass der Mensch so manipulierbar wäre, dass er, seines Körpers unbewusst, nicht mehr nachprüfen könnte, was auf reale, materielle Gegebenheiten zurückführbar ist, und was ihm nur medial vorgegaukelt wird. Warum dies nicht haltbar ist, untersucht die Erziehungswissenschaftlerin *Manuela Pietraß* mit ihrem Beitrag zur besonderen Form des Körpererlebens und der Sinneswahrnehmung beim Umgang mit digitalen Medien, ausgehend von einer phänomenologischen Perspektive.

Dabei werden die Sinne nicht einzeln aufgeteilt, sondern Wahrnehmung findet mit allen Sinnen zugleich statt, wobei der Körper zum empfindenden Leib wird, als eines Zentrums von Zeitlichkeit und Räumlichkeit. Er wird also nicht von außen beobachtet, so dass man z. B. Entfernungen objektiv auf ihn bezieht. Sondern als Leib bezieht der Körper Ferne zeitlich und räumlich auf sich selbst, Ferne ist das, wo man noch nicht ist, und nicht ein Punkt in einem Koordinatensystem, der relativ zu jenem Punkt zu sehen ist, in dem sich der Körper gerade befindet. Wahrnehmung wird dementsprechend ebenfalls nicht als zeitlich voraus liegendes Anrühren der Sinne verstanden, sondern als ein Wechselverhältnis, in welchem Wahrnehmung und Wahrgenommenes zeitlich ineinander verschoben sind; beispielsweise ist es bei der Tastempfindung erst im Nachhinein möglich, das Wahrgenommene in seiner Gegenständlichkeit rein kognitiv zu erfassen. Von diesem Ansatzpunkt her ist die Frage nach medial vermittelter Sinneswahrnehmung und Körpererleben neu zu stellen. Pietraß nimmt dazu eine „Sinnesästhesiologie" der Medien vor, welche an der Erfahrung der Differenz, die das Mediale aufgibt, ansetzt, und zeigt auf, dass Leiblichkeit im medialen Raum nicht in Bezug auf den Leib, sondern auf die medialen Bedeutungsgehalte vollzogen wird. Am Beispiel der leiblichen Kommunikation, welcher nach Hermann Schmitz der höchste Realitätsstatus überhaupt zukommt, wird die Frage beantwortet, unter welchen Umständen die Medienerfahrung einen maximalen Realitätsstatus erreichen kann.

Bewusstsein und Moral: Eine Zuspitzung erhält die Frage nach dem Realitätsstatus durch die Zusatzfrage, welche moralischen Ansprüche die Wesen an uns stellen, die uns in virtuellen Welten begegnen. Diesem Problem nähert sich der Philosoph *Godehard Brüntrup* in seinem Beitrag zunächst über eine sorgfältige Definition des Begriffs der Virtualität. Er fragt, welche intrinsischen Eigenschaften den Entitäten in einer virtuellen Welt im Vergleich zur realen Welt fehlen. Hintergrund ist eine philosophische Sicht der Welt in der Tradition von Leibniz bis Whitehead, die davon ausgeht, dass ein Einzelding, das, was man klassisch eine Substanz nannte, nicht allein durch seine funktionale Organisation individuiert wird, sondern vor allem dadurch, dass es eine bestimmte erlebte mentale Perspektive auf die Welt hat. Höherstufige Einzeldinge in den virtuellen Welten besitzen jedoch keine intrinsischen phänomenalen Eigenschaften und sind daher gar keine Individuen, sondern nur relational-funktionale Simulationen von echten Individuen: metaphysische „Zombies". Dieser Aspekt der Virtualität wird dann in Verbindung gesetzt mit dem Problem des Fremdpsychischen in der Erkenntnistheorie und Philosophie des Geistes. Es besteht eine epistemologische Asymmetrie im Zugang zu phänomenalen Eigenschaften im Fall der eigenen Psyche und der Psyche anderer Lebewesen.

Diese Asymmetrie ist eine Grundvoraussetzung dafür, dass eine virtuelle Welt überhaupt als Realität erlebt werden kann. Die Anerkennung der Erlebnisfähigkeit des anderen und die darauf aufbauende Fähigkeit zur Empathie beruht also auf einem impliziten Schluss auf die beste Erklärung: Es ist vernünftig anzunehmen, dass ein Wesen, das sich so verhält wie ich, auch eine ähnliche bewusste Innenperspektive hat wie ich. Dies gilt insbesondere für die Leidensfähigkeit des anderen Wesens und damit die Anerkennung des anderen als Wesen, das moralische Ansprüche an mich stellt. Dieser nicht direkt sinnlich gegebene Zusammenhang wird jedoch in virtuellen Welten geschwächt oder geht gar weitgehend verloren. Begegnet man immer wieder Wesen, die sich zwar funktional verhalten wie empfindende Wesen, von denen man aber rational annehmen kann, dass sie nichts empfinden, dann verliert genau derjenige Schluss auf die beste Erklärung seine Kraft, der die Grundlage unserer moralischen Einstellung ist: die Anerkennung des Anspruches, den der andere als empfindungsfähiges Wesen an mich stellt. Am Ende seines Beitrags stellt Brüntrup Überlegungen an, ob sich dieser Zusammenhang auch empirisch untersuchen lässt.

Entwicklung und Erziehung. Mit der Bedeutung der Medien für die Entwicklung und Erziehung des Menschen befasst sich der Erziehungswissenschaftler *Dieter Spanhel.* Basierend auf einem zeichentheoretischen Medienbegriff, zeigt er zunächst die kulturelle Entwicklung des Menschen aus einer historischen Perspektive auf, wobei er insbesondere die Beschleunigung, mit welcher sich die Entwicklung zunehmend vollzieht, problematisiert: „Was bedeuten diese Veränderungen im Medienbereich für die Entfaltung und Gestaltung des Menschseins im Lebenslauf? Wie vollzieht sich auf der Grundlage der heutigen medialen Gegebenheiten die ontogenetische Entwicklung der Heranwachsenden?", sind seine Leitfragen. War der Ausgangspunkt von Zeichen ihre Abbildhaftigkeit und liegen die Ursprünge von Sprache in einer bildlichen Indexikalität begründet, so generieren Computer Bilder, welche „die Frage nach dem Verhältnis des Menschen zur Wirklichkeit und nach dem Verhältnis von Wirklichkeit und Medienwirklichkeit" neu stellen lassen. Inwiefern sich dadurch die Bedingungen des Aufwachsens verändern, versteht Spanhel aus einer systemtheoretischen Perspektive als wechselseitig sich bedingende Entwicklung der psychischen, sozialen und kulturellen Systeme sowie der Mediensysteme. Das „Mediale" ist dabei die im psychischen System verankerte Zeichenfähigkeit, welche Voraussetzung für jegliche Handlungsweisen ist, die mit Kommunikation, Medien, mit Reflexion zu tun haben.

Die Medien als ein äußeres System erweitern die Erfahrungsmöglichkeiten und beeinflussen damit die Entwicklung, was Spanhel an verschiedenen Bereichen ausführt. Neben der Entwicklung der inneren Strukturen sind Medien auch an der Entwicklung als Austausch mit relevanten Umwelten beteiligt. In diesem, systemtheoretisch als „Ko-Ontogenese" bezeichneten Prozess, spielen gemeinsame Bedeutungen der Interaktionspartner eine wichtige Rolle für die Sozialisation, für die die Medien Ressourcen bereitstellen. Auf Basis dieser Voraussetzungen wird im dritten Teil ausgeführt, welche Erziehungs- und Bildungsaufgaben sich unter den Bedingungen von Medialität stellen. Eine zentrale Anforderung sieht der Autor in der Ausdifferenzierung der modernen Medientechnologie, welche zu einer Ausdifferenzierung des psychischen Systems führt: Der Heranwachsende könne immer „differenziertere *innere Modelle seiner Außenwelt in Form symbolisch-sinnhafter Repräsentationen* aufbauen", was die Entwicklung von reflexiven, sozusagen „Meta"-Kompetenzen verlange.

Subjektivität und Autonomie: Geht es in der Erziehung darum, Subjektivität und Autonomie zu entwickeln, um so der anthropologisch begründbaren Freiheit des Individuums gerecht zu werden, so können die gesellschaftlichen Bedingungen hier kontraproduktiv wirken. Wie verhalten sich nun unter den Bedingungen einer mediatisierten Kultur Individuum und Gesellschaft zueinander, wie bleiben Selbstbestimmung und Identität möglich unter den kommunikativen Bedingungen des Netzes? Welche Kriterien, die sowohl philosophisch wie sozialwissenschaftlich anschlussfähig sind, lassen sich für Subjekthaftigkeit, widerständige Kreativität, ja: Freiheit angeben? Diesen Fragen geht die Medienwissenschaftlerin *Christina Schachtner* in ihrem Beitrag vom Entwicklungsprozess der Subjektwerdung oder „Subjektivierung" nach. Wie der Entwicklungspsychologe Donald Winnicott aufzeigt, ermöglichen „Übergangsobjekte" wie Puppen, Kuscheltiere oder der Bettzipfel einerseits die Erfahrung von Sicherheit, andererseits bestärken sie die Offenheit, sich Neuem und Fremden zu stellen. Schachtner fragt mit Alfred Lorenzer, ob der virtuelle Begegnungsraum des Netzes nicht auch für ältere Heranwachsende diese beiden Elemente bereithält: die Erfahrung von Verbundenheit und Anerkennung in Chats, das Experimentieren mit der eigenen Identität in „Second Life", das Aufsuchen des Fremden und den Brückenschlag zum eigenen Selbst in transnationalen Diskussionsforen. Auch wenn das Netz *die* attraktive, das „real life" ergänzende Konkretion des Sozialen darstellt, so bedeuten doch bestimmte Charakteristika auch Zwänge und damit Gefährdungen für die Autonomie des Subjekts: die Tendenz zur Kopräsenz in verschiedenen Kommunikationsräumen mit einer Teilung der Aufmerksamkeit, die Sorglosigkeit der Selbstinszenierung, die Ausklammerung oder Standardisierung des eigenen Körpers, die Vordringlichkeit der Performance vor der Reflexion (Turkle). Das In-Bewegung-Sein ist zwar Ausdruck für Lebendigkeit, ja sogar Beheimatung (für diejenigen, die sich lieber auf der Straße als in Häusern aufhalten) – und doch kann das Netz zum Fangnetz werden, zur Gefährdung von Souveränität und Autonomie. Schachtner erörtert Chancen und Gefahren an verschiedenen Beispielen. Ob die neuen Möglichkeiten des Netzes die Autonomie des Subjekts stärken oder gefährden, hängt mit davon ab, ob „der Wechsel zwischen real life und virtual life attraktiv bleibt." Auf jeden Fall sollte das Ideal eines „starken", alles kontrollierenden Subjekts, wie es die Aufklärung entwickelt hat, zugunsten eines „schwachen", offenen und mit Vielfalt lebenden Subjekts aufgegeben werden.

Kommunikation und Gesellschaft: Sprache und Kommunikation sind nicht gleich zu setzen, sondern sie beschreiben Aspekte ein und desselben Phänomens menschlicher Interaktion. Kommunikation ist in der Auffassung des Kommunikationswissenschaftlers *Friedrich Krotz* ein Existenzial für menschliches Zusammenleben; es erhält seine medienanthropologische Relevanz durch den technischen Medienwandel. Wie durch ihn Kommunikation beeinflusst wird, ist Thema des Beitrages.

Die Kommunikations- und Medienwissenschaft geht überwiegend noch von einem technisierten „Transportmodell" von Kommunikation aus, wie es im Modell von Claude Shannon und Warren Weaver leitend ist. Ursprünglich für die Massenkommunikation entwickelt, mag es deren Verhältnisse einer einseitig ausgerichteten Angebotskommunikation abbilden, doch kritisiert Krotz es für den sozialen Aspekt von Kommunikation als zu „reduktiv", weil es der Bedeutung von Kommunikation als eines Prozesses, in dem „Wirklichkeit erzeugt und Verständigung oder Dissens möglich werden", nicht gerecht werde. Als maßgeblich sieht er eine verständigungsorientierte Kommunikation (Habermas) an. Nach Habermas ist sie eine unerlässliche Voraussetzung für die Demokratie, womit das gesellschaftskonstitutive Moment von Kommunikation deutlich wird. Weiterhin zieht Krotz den Ansatz Meads heran, um an ihm zu zeigen, dass Kommunikation nicht einfach nur zeitlich aufeinanderfolgende Einzelschritte sind, in denen Inhalte durch einen – natürlichen oder technischen – Vermittlungsweg transportiert werden, sondern verständigungsorientierte Kommunikation setzt die Einfühlung in den anderen und in das, was er meinen könnte, voraus. Wichtig dabei ist der situative Rahmen, in welchem die Individuen kommunizieren. Er stellt den jeweiligen sozialen Kontext dar, dessen Kenntnis Voraussetzung für gelingende Verständigung ist. Krotz sieht in diesem Modell die Möglichkeit, sozialen Wandel als eine Kommunikationsgeschichte zu verstehen, in welcher Sprachstrukturen und Kommunikationsmuster zu untersuchen seien. An dieser Stelle kommen nun die Medien ins Spiel, deren Entwicklung und umfassende Verbreitung Krotz als „Mediatisierungsprozess" versteht. Die digitale Medientechnologie führt zu einem Mediatisierungsschub, dessen Auswirkungen Krotz unter der Leitstruktur der Vernetzung analysiert. Hinsichtlich der Frage nach einer Realisierung des Menschseins diskutiert er die mit der digitalen Vernetzung entstehende Problematik, inwiefern es den Menschen gelingen wird, gesellschaftliche Veränderungsprozesse steuern zu können.

Handlungsmacht und Gemeinschaft: Der Beitrag des Soziologen *Rainer Winter* kann als eine mögliche Antwort auf die von Krotz aufgeworfene Frage nach der Zivilgesellschaft in einer vernetzten Welt aufgefasst werden. Winter untersucht die Handlungsmacht (agency) des Menschen im Zeitalter digitaler Medien aus einer mediensoziologischen Perspektive und betrachtet das soziale Gefüge, in dem sich der Mensch befindet. Dabei zeigt sich deutlich, dass anthropologische Antworten immer als zeitgebunden zu sehen sind, und, evolutiv gesehen, Realisierungen des Menschlichen in ihrer jeweiligen Ausprägungsstufe sichtbar machen. Im Internet lassen sich dabei nach Winter bestimmte Anwendungsweisen beobachten, welche eine neue Stufe in der Realisierung demokratischer Prozesse und der Formen der Vergemeinschaftung erreichen. Gemeinschaft wird nicht als Folge spezifischer Eigenschaften der digitalen Technik verstanden, sondern es ist die Nutzung der Technik, die erst neue Formen von Gemeinschaft entstehen lässt. Deutlich wird dies daran, dass es zugleich kontrollierende und demokratisch motivierte Akteure sind, die in diesem Spannungsverhältnis die Nutzungsmöglichkeiten einzudämmen oder zu entfalten suchen. Möglich wird diese Herangehensweise vom Ansatz der Cultural Studies her, welche am handelnden Nutzer ansetzen. Sie untersuchen jegliche kulturelle Praxen daraufhin, inwiefern es Menschen in ihnen gelingt, eigenständige, widerständige – gegen hegemoniale Machtstrukturen gerichtete – Deutungsweisen zu praktizieren, welche sich nicht von vornherein jenen Deutungsweisen sozialer Wirklichkeit anpassen, welche mächtige(re) soziale Akteure präferieren. In Relation zu den auf massenmediale Vermittlung gerichteten, populärkulturellen Studien der Cultural Studies im letzten Jahrhundert, bei denen Interpretationsweisen im Vordergrund standen, stellt Winter nun aufgrund der Eigenlogik des Internets die Frage ins Zentrum, wie sich in ihm nicht nur durch Interpretieren, sondern durch gemeinsames, kommunikatives Handeln Demokratie realisieren lässt. Auf welche Weise und unter welchen Bedingungen ist es möglich, von „unten" Öffentlichkeit durch das Internet zu erzeugen, um Gruppen zu bilden, Interessen zu artikulieren und darin gemeinsam handlungsfähig zu werden?

Kunst und Fiktion: Die Medienentwicklung ermöglicht das Hervorbringen zusätzlicher Bereiche der Wirklichkeitserfahrung. Anthropologisch bedeutsam ist diese

Entwicklung insofern, als sie nur möglich ist durch die Sprache, die sich dadurch auszeichnet, dass sie „medial" wurde, in Form von Zeichen, die auf unterschiedliche Situationen angewandt werden können. Ihre Entstehung ist auf die anthropologische Tatsache zurückzuführen, dass der Mensch die Möglichkeit begrifflichen Denkens im Lauf der Evolution ausprägte. Wichtig dabei ist, dass diese Zeichen resp. Medien nicht Wirklichkeit abbilden, wie dies oben ausgeführt wurde, sondern Umgangsweisen mit Wirklichkeit ermöglichen. Dem damit angesprochenen Sachverhalt geht die Soziologin *Elena Esposito* auf Basis der Systemtheorie nach. Danach dienen Medien vor allem dazu, „die Beziehung/Unterscheidung von Fremdreferenz und Selbstreferenz zu bestimmen – d. h. unsere Fähigkeit, uns auf uns selbst zu beziehen, um uns auf anderes beziehen zu können". Spiel, Kunst, Medien ermöglichen eine „Realitätsverdoppelung", was heißt, dass in dieser Realität andere Bedeutungen und Referenzen gelten als in der „Realität". Espositos These ist, dass die Möglichkeit der Realitätsverdoppelung auf die Natur der Medien zurückzuführen ist, hierin sieht sie sogar die Funktion der Medien. Denn sie schaffen dadurch einen „Überschuss an Möglichkeiten", der in der Konstruktion von „alternativen Realitäten" manifest wird. Wichtig ist dabei, dass bei Einschaltung von Medien keine Abstimmung von Kommunikationspartnern mehr möglich ist – die anthropologische Relevanz dieses Sachverhaltes stellt ja auch Krotz in seinem Beitrag fest. Der Empfänger kann auf eigene Weise mit dem Medienangebot umgehen, so dass dadurch sich die mitgeteilte Realität vom Alltag abkoppeln kann. Was das heißt, wird am Beispiel der Schönen Literatur vorgeführt. Wie das Spiel ermöglichen ihre Genres die Beobachtung zweiter Ordnung, in der man sich nicht einfach mehr nur mit den Objekten auseinandersetzt, sondern die auftretenden Figuren in der Fiktion werden als Beobachter der ersten Ordnung beobachtet. Auch Kunst und Spiel sind Formen der Realitätsverdoppelung, besitzen aber jeweils unterschiedliche Akzentsetzungen, welche Esposito herausarbeitet. Auf dieser Basis stellt sie die Frage, ob das Modell der Realitätsverdoppelung auch für ästhetische und spielerische Medienerfahrungen mit Computern gelte. Denn im Unterschied zu den Massenmedien generiert er selbst Informationen und schafft damit eine neue Art von Kontingenz.

Transzendenzerfahrung und Religiosität: Auf das Absolute, den Grund aller Wirklichkeit, beziehen wir uns in Transzendenzerfahrungen und religiösen Praktiken. Auch hier spielen Symbole und Medien eine zentrale Rolle: von den Höhlenmalereien über Hieroglyphen, den Bibeldrucken bis zu „spirituellen" Internetportalen. Die alte Liaison zwischen Religion und Medien hat eine bisher nie gekannte Dichte erreicht und neue Ausdrucksformen hinzu gewonnen. Diese Entwicklung zur „Medienreligiosität" zeichnet der Kommunikations- und Erziehungswissenschaftler *Rüdiger Funiok* in seinem Beitrag nach. Den Ausgangspunkt bildet für ihn nicht Religion, sondern Religiosität: die individuelle religiöse Praxis und das individuelle religiöse Erleben. In religionsphilosophischer Perspektive stellt er Religiosität mit Ulrich Hemel (2006) als eine sprachlich generierte Selbst- und Weltdeutung heraus. Wieder eher soziologisch fragt er dann: Was sind heute vorherrschende Idealtypen religiöser Identität, was die Bedingungen demokratiefähiger religiöser Sprachkompetenz, was lässt sich zur Entwicklung von Religiosität im Lebenslauf sagen?

In den von Funiok referierten Studien wird die Beteiligung der Medien meist nur wenig beachtet. Daher diskutiert er in der zweiten Hälfte seines Beitrags einzelne Angebote und Handlungskontexte, in denen religiöses Erleben durch Medien angeregt, gefördert oder überhaupt erst ermöglicht wird: das Buch als Auslöser religiöser Erfahrungen, die Teilnahme am Gottesdienst via Fernsehen, an religiösen Media-Events wie den Weltjugendtagen. Wenn die Kirchen hier selbst Elemente der populären Erlebniskultur aufgreifen, so gilt das verstärkt von den neuartigen Erlebnisangeboten und Handlungsräumen auf religiösen Internetportalen. Aber welche von diesen „spirituellen" Angeboten sind mit Recht religiös im Sinne von Gottglauben zu nennen – und im Sinne einer voll entwickelten Religiosität, die immer auch gemeinschaftliche und ethische Verbindlichkeiten einschließt? Funiok greift hier auf das Konzept verschiedener Transzendenzbezüge (Luckmann 1963) zurück, macht es aber auch vom Grad des Involvements und der Folgen abhängig, die man für sein Leben zieht. Die Kriterien für dieses (zugegebenermaßen normative) Konzept von Medienreligiosität liegen eher auf der Ebene der Nutzungsintention und des Lebenskontextes als der des gewählten Mediums. In den neuen Ausdrucksformen spiegelt sich also beides: religionskulturelle und mediale Veränderungen. Auf jeden Fall sind sie bedeutsam, wenn man heute Menschsein umfassend bestimmen will.

Literatur

Angel, Hans-Ferdinand et al. (Hrsg.) (2006): Religiosität. Anthropologische, theologische und sozialwissenschaftliche Klärungen. Stuttgart: Kohlhammer

Fleck, Ludwik (1980): Entstehung und Entwicklung einer wissenschaftlichen Tatsache. Frankfurt: Suhrkamp

Haeffner, Gerd (1989). Philosophische Anthropologie (2. Aufl.). Stuttgart: Kohlhammer

Haeffner, Gerd (2000). Philosophische Anthropologie (3. Aufl.). Stuttgart: Kohlhammer

Hemel, Ulrich (2006): Religionsphilosophie und Philosophie der Religiosität. Ein Zugang über die Typologie religiöser Lebensstile. In: Angel, Hans-Ferdinand et al. (Hrsg.): S. 92-115

Luckmann, Thomas (1963): Das Problem der Religion in der modernen Gesellschaft. Institution, Person und Weltanschauung. Freiburg i. Br.: Rombach

Margreiter, Reinhard (2002); Was heißt und zu welchem Ende betreiben wir „Medienphilosophie"? In: Schwemmer, Oswald (Hrsg.): S. 37-50

Miller-Kipp, Gisela (1998). Neue Offenheit – alte Zweifel. In: Marotzki, Winfried/ Masschelein, Jan/ Schäfer, Alfred (Hrsg.): Herausforderungen pädagogischen Denkens. Weinheim: Beltz, S. 207-225

Pirner, Manfred L./ Rath, Matthias (Hrsg.) (2003): Homo medialis. Perspektiven und Probleme einer Anthropologie der Medien. München: kopaed

Rath, Matthias (2003): Homo medialis und seine Brüder – zu den Grenzen eines (medien-) anthropologischen Wesensbegriffs. In: Pirner, Manfred/ Rath, Matthias (Hrsg.): S. 17-30

Roth, Heinrich (1966, 1971): Pädagogische Anthropologie, 2 Bde. Hannover: Schroedel

Sandbothe, Michael/ Nagl, Ludwig (Hrsg.) (2005): Systematische Medienphilosophie. Berlin: Akademie Verlag

Schwemmer, Oswald (Hrsg.) (2002): Die symbolische Existenzform des Menschen – Zur Anthropologie der Medien. In: ders. (Hrsg.): Anthropologie der Medien – Mensch und Kommunikationstechnologien. Berlin: Freie Akademie, S. 9-36

Tippelt, Rudolf/ Schmidt-Hertha, Bernhard/ Pietraß, Manuela (2009): Entwicklung – Kompensation – Bildung: neue Perspektiven der pädagogischen Anthropologie. In: Schmidinger, Heinrich/ Sedmak, Clemens (Hrsg.): Endlichkeit – Kompensation – Entwicklung. Der Mensch ein Mängelwesen? Darmstadt: Wissenschaftliche Buchgesellschaft, S. 195-206

Wendel, Saskia (2002): Affektiv und inkarniert. Ansätze deutscher Mystik als subjekttheoretische Herausforderung. Regensburg: Pustet

Wulf, Christoph (1994): Einführung in die pädagogische Anthropologie. Weinheim: Beltz

Wulf, Christoph (2007): Lernkulturen im Umbruch. Rituelle Praktiken in Schule, Medien, Familie und Jugend. Wiesbaden: VS

Wunden, Wolfgang (2003): Der „mediale Mensch" ist kreativ vernetzt. Beiträge aktueller Medienphilosophie und Theologie zu einer entstehenden Medienanthropologie. In: Pirner, Manfred L./ Rath, Matthias (Hrsg.), S. 49-62

Sinneserfahrung in virtueller Realität
Zum medienanthroplogischen Problem von Körper und Leiblichkeit

Manuela Pietraß

Einleitung

Mit der Möglichkeit, sich einen digitalen „Körper" im Internet zuzulegen, scheint der geistig vermittelte Weltzugang des Menschen zu seinem evolutiven Höhepunkt gekommen zu sein. Bildlich umschrieben wird die Entbindung aus der materiellen Umwelt mit der Metapher der „Gehirne im Tank". Der Mensch materialisiert sich dabei als Gehirn in der *res cogitans*, ähnlich wie die Menschen-Embryonen in der Cyberwelt der „Matrix", jener digitalen Wirklichkeit, die im gleichnamigen Film (Lawrence und Andrew Wachowski 1999) für das gehalten wird, was wir gemeinhin als „Wirklichkeit" bezeichnen. Wirklichkeitserfahrung wird dort insofern von „Gehirnen im Tank" vollzogen, als es nicht der Mensch mit seinem Körper ist, der in der Matrix agiert, sondern lediglich sein Bewusstsein, dessen Wahrnehmungseindrücke allein in der Matrix entstehen und als real erscheinen. Die Matrix selbst besitzt keine Schnittstelle zur Realität, die Embryonen kein Bewusstsein ihrer selbst. Ihr Körpererleben ist das eines sich selbst fühlenden Avatars, ihres virtuellen Stellvertreters in der Matrix. Die reale Existenz in den gebärmutterartigen Hüllen bleibt unbewusst.

Wirklichkeitserfahrung wird in diesem Film als reine Imagination konstruiert, weil das Gehirn keinen Begriff mehr haben kann von dem, was es unter normalen Umständen vom Körper wüsste (Müller 2005). Insofern wird virtuelle Realität als „eine kategorisch neue Form einer immateriellen Wirklichkeit" dargestellt, welche „als die mediale Realisierung einer ebenso kollektiven wie globalen *res cogitans*" erscheint (Münker 2005, S. 382). In dieser Vision einer rein geistigen Virtualität wird die Bindung unserer Sinne an die körperliche Existenz übersehen und ein „immaterialistischer Fehlschluss" begangen, wie Stefan Münker (ebd.) kritisiert. Denn weder sei der Cyberspace rein immateriell, weil von Rechenmaschinen erzeugt, noch könne die Interaktion mit Daten auf einen materiellen Körper verzichten. Mediales Handeln und Kommunizieren werden zwar über immaterielle Zeichen vollzogen, deren Wahrnehmung aber wäre ohne das Zutun des Körpers nicht möglich.

Dass die virtuelle Realität nicht nur als „Gehirn", ohne Mitwirkung des Körpers erfahren wird, soll im Folgenden unter einer phänomenologischen Perspektive deutlich gemacht werden. Dabei wird sich die Vorstellung, dass durch die virtuelle Realität eine Trennung in Hier und Jetzt, als „eine gravierende Lockerung des Zusammenhangs von erfahrener Situation und Situation der Erfahrung" (Seel 1998, S. 259) stattfinde, als nur teilweise korrekt erweisen. Denn Wahrnehmung und Kommunikation sind nach wie vor auch für das Hier zu denken. Zwar ermöglicht der Computer, wie letztlich alle Medien, den Zugang zu Situationen im Dort, so dass „Wahrnehmung und Kommunikation nicht länger an die Situation unseres leiblichen Aufenthaltes gebunden" sind (ebd.). Doch ist diese „Lockerung" zwischen dem Hier und Dort, welche Martin Seel für Medienerfahrung generell konstatiert, nicht als Loslösung vom Körper im Sinne eines Gehirns im Tank zu verstehen. Der Körper als Schnittstelle zur virtuellen Realität wird nach wie vor sinnlich erfahren, virtuelle Realität ist nicht rein geistig zu konzipieren. Unter Zugrundelegung eines phänomenologischen Begriffs der Körpererfahrung soll in einem ersten Schritt die direkt erfahrbare Leiblichkeit in Bezug zu medial vermittelten Reizen gesetzt und daran anschließend eine Ästhesiologie der in virtuelle Erfahrungen eingebundenen Sinne entwickelt werden. Sinneserfahrung wird als leiblich empfundene Übersetzung von Bedeutungsgehalten der virtuellen Realität verstanden, je relevanter diese für den Nutzer wird, desto stärker wird er in sie leiblich eingebunden. Im Fazit schließlich wird diskutiert, worin die anthropologisch zu bewertende Leistung des Umgangs mit virtuellen Welten liegt. Die leitende Frage ist, auf welche Weise der Körper mit seinen Sinnen in die virtuelle Realität eingebunden ist.

Körper und Sinne in empiristischer und phänomenologischer Auffassung

In der eingangs geschilderten Auffassung der Erfahrung virtueller Realität wird ein Dualismus von Körper und Geist angenommen, der mit einer „objektivierenden" (Waldenfels 2002) Auffassung des Körpers einhergeht. Medienerfahrung wird als mentale Umsetzung virtueller Reize gedacht. Eine solche Vorstellung von Erfahrung ist „empiristisch", sie versteht Erfahrung aus dem, was ihr sinnlich voraus liegt (S. 10). Entsprechend können immaterielle Reize nur noch als rein geistige Prozesse aufgefasst werden, was den „immaterialistischen Fehlschluss" begründet. Um denselben zu vermeiden, ist ein Erfahrungsbegriff zu finden, der die Beteiligung von Körper und Geist zugleich einschließt. Einen solchen hat die Phänomenologie in Anschluss an Edmund Husserl entwickelt (Waldenfels 1980, S. 11ff.), weiterhin sind Helmuth Plessner, Maurice Merleau-Ponty und nicht zuletzt Bernhard Waldenfels zu nennen. Zentral ist die Unterscheidung von Körper und Leib. Der Vorteil der phänomenologischen Betrachtungsweise liegt darin, dass sie empiristischen, „rein kognitiven Zugängen zur Welt etwas entgegenzusetzen weiß" (Westphal 2001, S.

318). Sie „spricht sich gegen eine auf ihre Instrumentalität reduzierte Vernunft aus und setzt sich für eine Reflexion bzw. Rückbezüglichkeit auf unsere Leiblichkeit ein" (ebd.). Der Mensch ist *im* Leib, während der Körper die abstrakte Vorstellung desselben ist:

> „Dieser [der Körper in der empiristischen Auffassung; M. P.] ist fest, beharrlich und stetig ausgedehnt, der gespürte Leib dagegen ein Gewoge verschwommener Inseln, unter denen sich einige – z. B. in der Mund-, Anal- und Fußsohlengegend – mit relativ konstanter, eigenartiger Struktur und Dynamik durchhalten, während die anderen wechselweise auftreten und verschwinden..." (Schmitz 2002, S. 430).

Das Subjekt steht in der traditionellen, empiristischen Auffassung der Welt gegenüber, es ist nicht in ihr, Ferne wird nicht in Bezug auf das Subjekt gedacht. Der Körper wird als physikalische Einheit betrachtet, von außen, und das, was ihm sinnlich begegnet, wird ebenfalls so gesehen, als wären es festumrissene Objekte mit festgeschriebenen Bedeutungen. Der empiristischen Auffassung vom Körper liegen Axiome zugrunde, die nach Erwin Straus mit einer objektivierenden Auffassung von Raum und Zeit verbunden sind, in denen der bewegte Körper verortet wird:

1. Der Raum wird als etwas verstanden, worauf der Wahrnehmende hinsieht, so als sei er nicht Teil desselben („Extramundanität").
2. Raum und Zeit werden dem Urteil untergeordnet, sind also kognitiv, nicht empfindend verstanden.
3. Raum und Zeit werden getrennt.
4. Es besteht ein physikalischer Raum- und Zeitbegriff, in dem das Subjekt zum Reizempfänger wird (vgl. Straus 1956, S. 404).

Diesem „bewegten" Körper setzt Straus den sich-bewegenden Körper gegenüber, was zur Folge hat, dass Wahrnehmung nicht von außen, sondern von innen her zu denken ist. Um die Relation zwischen bewegtem und sich-bewegendem Körper nachvollziehbar werden zu lassen, vergleicht Straus den Gegensatz zwischen bewegtem und sich-bewegendem Körper mit dem Gegensatz von Perfekt und Präsens (S. 417).

Was mit „extramundan" gemeint ist, soll mit einem Zitat von Hermann Schmitz, der sich ebenfalls dem Problem der Wahrnehmung phänomenologisch nähert, veranschaulicht werden. Er wirft der, wie er es nennt, „physikalistischen" Vorstellung vor, dass Wahrnehmung als „Besuch" von Reizen verstanden werde, bei dem die „Reize als Boten von Objekten der Außenwelt der seelischen Innenwelt eines Subjektes einen Besuch" abstatten, „anklopfend bei den Sinnesorganen als Pforten, von dort durch das Nervensystem geleitet, wo sie vom Verstand oder anderen Mechanismen empfangen und, nach wundersamen Verwandlungen auf der Reise, so zurechtgemacht werden, daß die Ergebnisse den Objekten, deren Bote die Reize waren, wieder einigermaßen ähneln" (Schmitz 2002, S. 435).

In der empiristischen Vorstellung des bewegten Körpers werden die Sinne aufgeteilt in Nah- und Fernsinne. Diese Klassifizierung ergibt sich aus ihrem jeweiligen räumlichen Bezug zum Körper. Tast-, Geruchs- und Geschmackssinn werden als Nahsinne verstanden, über die der Körper in einen direkten Kontakt mit Objekten eintritt. Dem Tastsinn wird die Funktion der Realitätsprüfung zugeschrieben, weil er „rudimentärere Leistungen" zu erbringen habe und damit für die Realitätsüberprüfung maßgeblich sei (Waldenfels 2002, S. 65). Den mit den Fernsinnen erfahrbaren Dingen, also dem mit Ohren und Augen Wahrgenommenen, wird ein höherer Status zugemessen. Mit den Fernsinnen können wir in Kontakt mit Objekten treten, die außerhalb der unmittelbaren, der körperlichen, Einwirkungsmöglichkeit stehen, wobei jedoch das Ertastete als Erkanntes vorausgesetzt wird. Denn der Tastende muss bereits wissen, was er ertastet, weil ja Reiz und Objekt in der Wahrnehmung einander entsprechen. Auch gibt es beim empiristischen Ansatz keine Vergangenheit und keine Zukunft, wie Straus kritisiert: „Für die objektivierende Betrachtung ist daher die Aktivität in der Rezeptivität, ist das Sich-richten, das Suchen, das Sich-voraus-Sein nicht fassbar, d. h. sie kann dem Empfinden nicht gerecht werden." (Straus 1956, S. 405) Die damit verknüpfte Vorstellung, dass man mit den Nahsinnen nur das Nahe, mit Augen, Ohren und Nase nur das Ferne wahrnehmen könne, verobjektiviert die Ferne und vereinzelt die Empfindungen in „eine Menge einzelner, in der Zeit atomistisch voneinander getrennter Eindrücke, die ein extramundanes Subjekt hat und feststellt" (S. 407). In der phänomenologischen Betrachtung gibt es demgegenüber Ferne nur ausgehend vom Subjekt und seiner Bewegung. Ferne ist nicht allein räumlich, in ihr fließen Raum und Zeit ineinander über, im Dort bin ich *noch* nicht. Am Phänomen der Richtung kann man diese Verflechtung gut erklären, die Richtung ist „einsinnig" und als solche nur zeitlich bestimmbar. Sie weist von A nach B, A muss zuerst kommen, so dass die Richtung nicht räumlich, sondern raum-zeitlich ist. Sie ist nur möglich durch die Ferne, weil die Ferne offen ist für die Zukunft, wie das empfindende Subjekt (vgl. S. 416).

Erst mit dem Übergang vom Empfinden zum (geistigen) Wahrnehmen „verfällt die Ferne der Auflösung" (ebd.), Raum und Zeit werden getrennt und von der Subjektivität unseres Empfindens losgelöst. Der Zusammenstoß mit einem Gegenstand im dunklen Raum ist im Schmerz von der Subjektivität des Hier und Jetzt nicht ablösbar. Will man sich ein Bild dieses Gegenstandes machen, muss man ihn ansehen, verobjektivieren, was im Lauf der Entwicklung erst erlernt werden muss.

Auch die ästhetische Wahrnehmung verlangt die objektivierende Ablösung, andernfalls könnte die Perspektive des Ästhetischen selbst nicht erkannt werden. Zwischen diesen beiden Erfahrungsweisen siedelt Straus die alltägliche Welt als „ein Zwischenreich" an, das zwischen der Welt des sinnlichen Empfindens und der geistigen Welt liegt: „...man kann sagen, in der alltäglichen Welt des Menschen sei die sinnliche Einheit von Raum und Zeit gelockert, aber noch nicht aufgehoben" (S. 414). Damit gerät Straus jedoch selbst in die Nähe der von ihm kritisierten objektivierenden Auffassung, weil der Gedanke der Lockerung und Trennung beider Dimensionen auch jenen einer Aufteilung des Körpers impliziert. Demgegenüber legt Waldenfels einen Ansatz vor, der genau von diesem Feld her, das sich zwischen beiden Dimensionen aufspannt, sinnliche Erfahrung versteht. „Unser Leib ist demnach schon in konkreten Situationen engagiert, bevor unser Denken mit Ordnungsversuchen beginnt und sie thematisch macht", fasst Westphal (2001, S. 319) Waldenfels' Ansatz zusammen, während die empiristische Vorstellung Erfahrung aus dem ableitet, was ihr voraus liegt (vgl. Waldenfels 2002, S. 10). Nimmt die empiristische Vorstellung Erfahrung als rationale Synthese an, so Waldenfels als einen Zustand des Zwischen, der Diastase, welcher sich aus dem Zusammenspiel von Empfindung und Wahrnehmung vollzieht. Er ist die „Gestaltungskraft der Erfahrung, die etwas oder jemanden entstehen läßt, indem sie auseinandertritt, sich zerteilt, zerspringt" (S. 9). Entsprechend versteht Waldenfels das diastatische Erfahrungsfeld als eine „Bruchlinie": Thematisiert das Subjekt erlebte Situationen, wird sein Leib darin nie gänzlich erfassbar sein, weil er im Prozess des Erfassens selbst fortlebt und damit seine Empfindungen immer wieder eingeholt werden müssen. In ihrer Dynamik sind Erfahrungen damit „sich gegenüber selbst verschoben in Form einer *Vorgängigkeit* dessen, was uns affiziert, und einer *Nachträglichkeit* dessen, was wir darauf antworten" (Waldenfels 2002, S. 10). Der erkenntnisorientierte Zugang zur Welt ist nicht losgelöst von der Vorstufe des Empfindens, sondern oszilliert vielmehr zwischen Empfinden und Erkennen mit unterschiedlichen situativen Gewichtungen. Auch in der ästhetischen Erfahrung, die einer „reinen" Wahrnehmung am nächsten kommt, und an die sich, wie weiter unten noch gezeigt wird, jegliche Medienerfahrung annähert, ist die geistige Vermittlung an den Leib gebunden. Denn Sinnesempfindungen sind in phänomenologischer Perspektive immer in einem Austauschverhältnis von Kognition und Empfindung zu denken, andernfalls gingen sinnliche Wahrnehmungen in einem vorbewussten Zeitstrom unter – wie wir es als Säuglinge und in der frühen Kindheit erlebten – und sind einer bewussten Erfassung unzugänglich. In Bezug auf den Körper ist die Bruchlinie der Erfahrung also das, was außerhalb des Gehirns ist; der Leib ist der „Tank", der als Körper das Gehirn hält, und der als spürender Leib markiert, worin sich das Gefühl für die Wirklichkeit des medial Erfahrenen vollzieht. In dieser Perspektive ist Medienerfahrung nicht als reine Kognition denkbar, sondern ist auf den Körper als den erfahrenden Leib bezogen.

Leibliche Kommunikation und die Differenz des Medialen

Ist der Körper in der virtuellen Realität ebenso involviert wie der Geist, dann ist die Frage danach zu stellen, welcher besonderen Art die leibliche Auseinandersetzung mit der virtuellen Umwelt ist. Als Ausgangspunkt soll dazu die „leibliche Wahrnehmung" (Schmitz 2002) dienen, wie sie in der nicht-medial vermittelten Umwelt vollzogen wird. Die leibliche Wahrnehmung leistet einen wesentlichen Beitrag zur Erfahrung von etwas als „wirklich"; sie ist es, die uns in der Gewissheit des Realen verankert. Leibliche Wahrnehmung stellt eine Art Verwicklung des Körpers mit der materialen Umwelt dar. Es ist nicht ein Körper, der den Dingen gegenübersteht und diese als bereits erkannte erkennt, sondern Dinglichkeit und Körper gehen wirkend und reagierend in der leiblichen Wahrnehmung ineinander über, so dass Schmitz auch nicht von Wahrnehmung, sondern „Kommunikation" spricht:

> „Das gewöhnliche Sehen ist schon Einleibung. Ich zeige das gern an folgendem Standard-Beispiel: Wenn man sieht, wie sich eine wuchtige Masse drohend nähert, springt man tunlichst zur Seite oder dreht sich (eventuell auch nur den Kopf) weg, so daß unter günstigen Umständen der Zusammenstoß ausbleibt. Das gelingt, obwohl man dann den eigenen Körper nicht oder nur in einem kleinen, unwesentlichen Ausschnitt sieht, weil das Sehen nicht bloß Wahrnehmung des gesehenen Objektes ist, sondern leibliche Kommunikation." (2002, S. 433)

In leiblicher Kommunikation erfahrenen Dingen kommt ein hoher Realitätsstatus zu. Sie stehen dem Körper nicht gegenüber, sondern der Sprung zur Seite, das dabei erfahrene Aufschrecken des Körpers zu unmittelbarer Aktion, lassen Masse und deren leibliche Erfahrung zu einem „Halbding" (S. 436) werden. Die Besonderheit von Halbdingen ist, dass ihnen unmittelbare Gewissheit als real zukommt. Ursache und Einwirkung fallen in der Wahrnehmung zusammen, so dass sie auch nicht von konstanter Dauer sind. „Halbdinge" sind weniger „truganfällig" als andere Dinge und können „der Realitätsprüfung fester stand[halten]": „Ihre unmittelbare Kausalität gibt ihnen eine dynamische Zudringlichkeit, die den neutraleren Dingen fehlt." (S. 437) Beispiele sind „der Wind, die Stimme, der Blick, die reißende Schwere beim drohenden oder geschehenden Sturz..." (ebd.).

Leibliche Kommunikation versteht Schmitz als Grundform der Wahrnehmung überhaupt. Ihre über die Halbdinge direkt erfahrbare Kausalität erreicht einen hohen Grad der Realitätsgewissheit. Wäre leibliche Kommunikation mit virtueller Realität, mit jeder Form von Medienrealität möglich, verliehe dies den Medien einen hohen Status an Realitätsnähe. Und es gibt Beispiele, die genau das zu belegen scheinen. Denn ist es nicht leibliche Kommunikation, wenn sich Menschen vor dem auf einer Leinwand einfahrenden Zug ducken oder sich im realen Raum bewegen, weil sie die im Headplay simulierte Raumerfahrung dazu verleitet? In diesen Beispielen „motorischen Sehens" (Schmitz 2002) wird Medienrealität körperlich nachvollzogen und darin als zeitlich-räumliches Hier und Jetzt umgesetzt. Dennoch sind diese Beispiele insofern kein Beleg für die von Medien erreichbare Realitätsnähe, weil nicht eine mediale Welt wahrgenommen, sondern die mediale für real gehalten wird. Denn weil in beiden Fällen motorischen Sehens „die Kompetenz der Unterscheidung von Bildgeschehen und realem Geschehen verschwindet, verschwindet auch die Gegebenheit von Bildern" (Seel 1998, S. 264) und so werden die Zuschauer für einen Moment dazu hingerissen, die Bilder mit ihrem abgebildeten Gegenstand zu verwechseln. Diese Verwechslung wird aber nur kurzfristig aufrechterhalten, denn die leibliche Reaktion führt sofort zu neuen Wahrnehmungseindrücken, die sich mit dem medialen Geschehen nicht decken und dadurch seinen Scheincharakter offenbaren: Der Zug kommt nicht im Zuschauerraum an, der „Cybernaut" stößt gegen ein materielles Objekt im Raum, das er aufgrund der Datenbrille nicht sehen konnte.

An diesem „Spalt", an dem „etwas als etwas erscheint (...) und der das, was ist, von sich selbst trennt" ist die Repräsentation durch das Mediale angesiedelt (Waldenfels 2002, S. 35). Er ist jene Differenz zwischen Medium und Repräsentiertem, welche das ästhetische Moment jeglicher Medienerfahrung begründet. Die Besonderheit realistisch erscheinender Medienerfahrung besteht also gerade nicht in ihrer Gleichförmigkeit mit der realen Erfahrung, sondern in einer Annäherung daran, ohne diese Differenz je aufzugeben. In dieser Differenz zum Realen ist Medienerfahrung zu verstehen als eine Art Anschmiegung an ihr reales Vorbild, das man mit etwas assoziiert, was so ähnlich ist, wie das Mediale und in diesem aufscheint.

Doch wird das Mediale nicht im Vorbild aufgehen, weil „Assoziationen von Dissoziationen begleitet [sind] ... da eine bestimmte Anknüpfung andere mögliche Anknüpfungen ausschließt" (ebd.). Erzeugt wird diese Differenz durch die Verwendung bedeutungshaltiger Zeichen, deren Funktion in nichts anderem besteht als in ihrer codifizierten Symbolik. So ist zu verstehen, dass in einem Medium „Unterschiede gemacht werden [können], weil das Medium Unterschiede bereitstellt" (Seel 1998, S. 245). Die erste Differenz, die das Medium herstellt, ist die Abbildung von

etwas als es selbst, erst in der weiteren Entwicklung kommen Als-ob-Welten wie die
Fiktion hinzu (siehe dazu Esposito in diesem Band), bis hin zu der verwirrenden
Vielfalt von Medienwirklichkeiten, wie sie heute erlebbar sind. Dieser Verweisungs-
zusammenhang zwischen dem Medium und dem, was es bedeuten soll, lässt ein
Medium verstehen als etwas, das einen Unterschied herstellt zwischen dem, was zur
Auffassung gebracht werden soll und dem, was es dazu bringt:

> „Der Begriff des Mediums verweist folglich auf einen Begriff dessen, was vermö-
> ge eines Mediums zur Auffassung und Ausführung kommen kann. Es ‚gibt' Me-
> dien nur zusammen mit dem, was wir durch sie zur Kenntnis oder in Aussicht
> nehmen können – wie es umgekehrt das medial Vermittelte nicht ohne die Ver-
> mittlung der Medien gibt." (Seel 1998, S. 245)

Medien stellen eine Relation zu dem her, was sie ausdrücken und bilden darin „Do-
mänen des Wahrnehmens, Erkennens und Handelns aus, in denen wir uns zu der
erfassten oder intendierten Wirklichkeit der zugehörigen Form verhalten. Anders als
in der Möglichkeit solcher Verhältnisse ist für uns – oder sonst ein wahrnehmendes
und erkennendes Wesen – keine erfahrbare Wirklichkeit da." (S. 250) Das heißt
aber nicht, dass jedes Medium eine materielle Referenz herstellte. Denn zwar gäbe
es das in einem Medium Artikulierte ohne das Medium nicht, „wohl aber häufig das,
worauf sich die Artikulation bezieht" (S. 254). So gäbe es zwar ohne die Sprache
„nicht den Gedanken, daß die Erde eine Kugel ist, wohl aber die Erde mitsamt der
an ihr erkennbaren Gestalten" (S. 254f). Erst im Erkennen der Medialität entfaltet
sich ihre Erkenntnishaftigkeit. Medienkompetenz besteht so gesehen im Vollzug
der durch das Medium ermöglichten Differenzerfahrung. Die Faszination der Virtualität liegt dementsprechend nicht in einer vollständigen Wahrnehmungsabde-
ckung, sondern in jenem oben bereits beschriebenen Spalt, der sich zwischen medialer und nicht-medialer Welt öffnet.

Bei einer als realitätsnah erscheinenden Präsentationsform, wie sie in der virtuellen Realität durch ihre Interaktivität und Multicodalität herstellbar ist, ist dieser
Spalt sehr eng, doch eben nie geschlossen. Andernfalls ginge mediale Wirklichkeit in
der Abbildung des Wirklichen auf und sie wäre nicht mehr Aussage über Wirkli-
ches. Die Besonderheit von medienvermittelter Erfahrung ist es, dass das Erfahrene
von vornherein bedeutungshaltig, weil kommuniziert ist. An dieser prinzipiell bestehenden Bedeutungshaltigkeit der medialen Objekte muss eine Sinnesästhesiologie
der Medien ansetzen. Die folgend leitende Frage ist somit, wie sich der durch ihre
Bedeutungshaltigkeit, ihre Kommunikativität erzeugte Unterschied der virtuellen
Realität auf der Ebene der leiblichen Wahrnehmung zur Unmittelbarkeit leiblicher
Kommunikation gestaltet. Dazu soll analysiert werden, welche Funktion den Sinnen

und der mit ihnen verknüpften Leiberfahrung zukommt, wenn sie durch Zeichen angesprochen werden – die Sinne von vornherein also auf geistige Verarbeitung eines geistigen Produkts hin ausgerichtet sind.

Grundlinien einer Sinnesästhesiologie der virtuellen Realität

Wie vorangehend dargestellt, besteht phänomenologisch gesehen nicht ein Übergang von der Realitätsprüfung durch die Nahsinne zur Erkenntnis über die Fernsinne. Insofern kann man auch nicht, wie in der traditionellen Sichtweise, die Sinne nach höheren und niedrigeren Sinnen einteilen, sondern sie ergänzen sich im Aufeinanderbezogensein von „Leib, Bewusstsein und Welt" (Westphal 2002, S. 30). Eine Sinnesästhesiologie der Medienerfahrung muss also einerseits diesem Zusammenspiel Rechnung tragen und zugleich ist zu berücksichtigen, dass der Erfahrungsgegenstand zeichenhaft ist, d. h. er steht nicht für sich selbst, sondern für eine Aussage, die mit ihm getroffen werden soll, und die es in dieser Intentionalität zu interpretieren gilt. Dies soll nun für die in der virtuellen Realität eingebundenen Sinne, das Tasten, Sehen und Hören, näher betrachtet werden.

Das Tasten gilt gemeinhin als der am Wenigsten vermittelte Sinn, weil es vor jeder Interpretation eine direkte Interaktion zwischen dem wahrnehmenden Subjekt und dem Objekt verlangt. Dadurch besteht beim Tasten gegenüber dem Sehen und dem Hören die Besonderheit, dass das Bemerken des Objektes in ein *Bewirken* übergeht. Tasten bewirkt etwas und verändert das Ertastete, was wiederum auf das Bemerken einen Einfluss besitzt (Waldenfels 2002, S. 71). Wie Waldenfels am Beispiel eines drückenden Schuhs veranschaulicht, übt der Fuß eine Kraft aus, gegen die der Schuh Widerstand setzt, bis der schmerzende Fuß nachgibt. Insofern ist das Tasten nicht nur ein „Anfassen" von etwas, sondern ein Bewirken, dem das Ichfremde wiederum Einwirkungen entgegensetzt, und so „in seiner Wirksamkeit erfahren wird, *noch bevor wir ihm eine Wirklichkeit zuschreiben*" (2002, S. 75; Hervorhebung M. P.). Hier ist hervorzuheben, dass das Tasten nicht mit dem Empfinden einer gewaltsamen Berührung, die einem aufgezwungen wird, gleichgesetzt werden kann. Das Tasten, wie Waldenfels es beschreibt, ist ein „Ausspüren" von Qualitäten eines Etwas, das noch gar nicht in seiner Eigenheit erfasst ist, sondern sich erst im Erfasst-werden befindet. Das Tasten entdeckt also Qualitäten, das Einwirken beim Tasten konfrontiert mit Wirkkräften (S. 75). Die Wechselseitigkeit des „einander" von Einwirken und Bewirken wird beim Berühren offenbar, wo der Graben zwischen Eigenem und Fremden entspringt. Das Fremde ist das im Tasten nicht als das etwas Erfahrene, das man berührt, sondern eher ein Rühren *an* etwas, das noch gar nicht verstanden und erfasst sein muss in der Art und Weise seiner Wirksamkeit.

Doch bleibt das Tasten nicht an der Oberfläche des ertasteten Objekts stehen, vielmehr ist das Tasten auch „ein *Betreten* fremder Räume, ein Ein- und Aufschließen" (ebd.) und oszilliert zwischen den zwei Extremen Anklammern und Loslassen (S. 87). Will man die Unterscheidung nach Nah- und Fernsinnen nicht aufgeben, so ist nach Waldenfels der Tastsinn nicht als bloße Mitte eines Sinnesspektrums anzusehen, sondern als ein Oszillationsfeld zwischen Nähe und Ferne. An dieser Stelle verlässt der Tastsinn die leibliche Sphäre noch nicht, doch zeigt die Sprache, dass eine Berührung auch allein im „'gnostischen' Verhalten" möglich ist (S. 88). Hierin sieht Waldenfels eine alle anderen Sinneserfahrungen überdeckende Radikalität des Tastsinnes. Allein mit Worten kann man an etwas rühren, womit ein ethischer Bereich des Tastens betreten wird. Auch immaterielle Werte wie die menschliche Würde, archaische Tabus oder die Absicherung der Privatsphäre kann man „berühren", „antasten", sich daran „vergreifen". Der zunächst mit dem Materiellen eng verbundene Tastsinn reicht damit in einen Bereich hinein, der zeichenhaft vermittelt wird. Damit schafft Waldenfels einen wichtigen Zugang für die Analyse des Tastens im virtuellen Raum. Das Berühren des Immateriellen wird nicht über die Haut vollzogen, sondern kognitiv. Doch nicht allein kognitiv, denn die Wertdimension bindet das emotionale Empfinden mit ein. Emotionen sind leiblich spürbar, Helmut Plessner (1961) zeigt dies am Lachen und Weinen als körperliche Ausdrucksformen einer emotionalen Überwältigung, die eine Grenzsituation menschlicher Reflexivität darstellen (Plessner 1975).

Ein Beispiel für das „gnostische Tasten" im Sinne einer Tabuverletzung ist das voyeuristische Betrachten von realitätsnaher Gewalt im Film (ausführlich in Pietraß 2007). Der Regisseur Gaspard Noé zwingt in seinem Film „Irréversible" (2003) den Zuschauer in eine solche problematische Situation, indem er ihn dazu bringt, neun Minuten aus unmittelbarer Distanz einem Vergewaltigungsakt beizuwohnen. Empfindet der Zuschauer die Beobachtung des Gewaltaktes als emotional unaushaltbar und/oder moralisch verwerflich, dann kann er durch Kommunikationsabbruch der problematischen Situation entgehen. Diesen Weg wählte bei der Premiere in Cannes 2002 eine Vielzahl von Zuschauern, welche aus dem Vorführsaal flüchteten. Jenen Zuschauern aber, die den Film bis zum Ende ansehen, bleibt als Ausweg aus der moralisch verwerflichen Handlung des Zusehens der Wechsel von der Perspektive des Voyeurs zu jener des Opfers. Denn durch die Identifikation mit dem Opfer „erleidet" der Zuschauer selbst die Gewalt. Ausgedrückt wird dieser Perspektivenwechsel durch sprachliche Bilder körperlichen Mitempfindens, die zeigen, dass der Zuschauer die Gewalt am eigenen Leib gespürt habe im Form von Herzrasen, Pulsjagen, Übelkeit. Damit wird die Perspektive vom schamlosen Voyeur zu einem Menschen gewechselt, dem das Leiden anderer buchstäblich unter die Haut geht.

Und dies, obwohl es sich beim Voyeurismus lediglich um ein „gnostisches Tasten" handelt, bei dem durch den Akt des Sehens eine moralische Grenze „verletzt" wird.

Doch es müssen bei Medienerfahrungen gar nicht so schwerwiegende, vor Zugriff tabuisierte Zonen sein, bei denen ein leibliches Empfinden im Sinne eines „gnostischen Tastens" stattfindet. So können bei interaktiven Medien durch das eigene Handeln Wirkungen erzielt werden, die der Nutzer als so gravierend bewertet, dass er sie am eigenen Leib spürt. Bereits das versehentliche Absenden einer Auftragsbestätigung kann in eine leibliche Reaktion umgesetzt werden: Der Schreck fährt in die Glieder, lässt diese prickeln und brennen, der Atem geht schneller, der Schweiß bricht aus und der Nutzer wird versuchen, über die Rücktaste den versehentlichen Befehl ungeschehen zu machen. Das Tasten ist dabei nicht ein Ertasten des Objektes über die Haut, sondern die leiblich empfundene Wirkung von Zeichenbedeutungen. Dem Berühren des materiellen Objektes und dem Spüren seiner Eigenart entspricht also in der virtuellen Realität das Anrühren an Zeichenbedeutungen, als leiblich gefühlte Einschätzung ihrer Bedeutung für den Nutzer.

Das *Hören* weist gegenüber dem Wahrgenommenen die höchste Passivität auf. Das Gehörte ist bereits geschehen und besitzt in Relation zum Hörenden eine Vorgängigkeit:

> „Denn darin unterscheidet sich das Vernehmen des Glockenschlags vom Blick auf die Uhr, daß wir im Erlebnis uns sehend dem Sichtbaren aktiv zuwenden, vom Klang dagegen erfaßt und bezwungen werden. Wir werfen einen Blick auf etwas, fassen etwas ins Auge, lassen unseren Blick auf etwas ruhen, aber wir folgen einem Ruf, müssen uns etwas sagen lassen, nehmen jemand in's [sic] Verhör."
> (Straus 1956 S. 402)

Auch kommt dem Klang „durch die Simultanität des Erklingens und Hörens und die Ablösung von der Schallquelle eine eigentümliche Macht zu." Das Gehörte ist schon geschehen, wir können ihm nicht entrinnen, „im Hören haben wir schon vernommen" (ebd.). Insofern hat man im Hören „nicht die Möglichkeit, eine selbstbestimmte Position zu beziehen. Er [der Hörende; M. P.] wird von dem, was sich kundtut, vereinnahmt. Das Hören kann die Dinge nicht treffen, es wird getroffen" (Nießeler 1998, S. 219). Anders als das Sehen ist das Hören „unmittelbar" und übt darin auf den Hörenden eine Art Zwang aus. Es besitzt eine Signalwirkung, die sich in der engen Verbindung zwischen Klang und Bedeutung begründet. Während das Sehen „eine Sicht der Dinge eröffnet, geht das Hören auf die Bedeutung dieser Sichtung" (S. 220). Insofern besitzt der Schall eine Eindringlichkeit, wie sie das Bild nicht entfalten kann und verbindet unmittelbar mit dem, was der Klang bedeutet. Der Klang lässt die Wirklichkeit mit ihrer Bedeutung auf uns eindringen, wir zucken darunter zusammen. So besitzt das Hören wie das gnostische Tasten eine Verbindung mit dem Fühlen, und kann uns ebenfalls sofort in Aktion versetzen (s. a. S. 216ff.). Dem entspricht im Naturreich die auf das Geräusch erfolgende erhöhte Aufmerksamkeit bis zur Auslösung des Fluchtreflexes. Diese Unmittelbarkeit des Klanges, seine direkte Verbindung zwischen Reiz und Reaktion, wirkt auch in der virtuellen Realität. Der Klang ist dort immer Zeichen, also mit einer intentionalen Bedeutung versehen. Knackende Zweige in einem Garten können ein zufällig entstandenes oder von einem Verursacher bewusst hervorgerufenes Geräusch sein, z. B. um auf sich aufmerksam zu machen; in der virtuellen Realität ist dieses Geräusch immer als intentional zu deuten im Kontext der Sinneinheit eines Medienangebotes – übertragen auf das Beispiel ist das Geräusch knackender Zweige in einem „virtuellen Garten" nie zufällig da, sondern immer, um eine Aussage zu treffen.

Der Klang ist mithin ein Reiz, der einerseits in seiner Indexikalität zwischen Zeichen und Klangursache unmittelbar ist und zugleich kognitiv, da er als bedeutungshaltiges Geräusch eine unmittelbare Reaktion hervorrufen kann. Der Warnton einer Sirene muss in seiner Bedeutung übersetzt werden – Feuer oder ein Unfall? Wo? Hier steht die Klangquelle nicht in unmittelbarer, sondern in mittelbarer, codifizierter Relation zum Klang. Bei einer direkten Umsetzung vom Hören ins Fühlen kann auch der codifizierte Klang der virtuellen Realität eine unmittelbare leibliche Wirkung hervorrufen, z. B. in Form des Innehaltens bei einer Interaktion aufgrund eines Warntones. Dann verursacht der Klang eine unmittelbare leibliche Reaktion, wie dies beim motorischen Sehen der Fall ist. Die Indexikalität des Sirenentons ist so stark internalisiert, dass die Reaktion auf das Hören in einer kaum noch wahrnehmbaren Nachgängigkeit stattfindet. Auf einer solchen codifizierten Indexikalität beruht die Verwendung von Geräuschen als Zeichen in der virtuellen Realität, um Handlungswirkungen durch die fühlbare Unmittelbarkeit des Akustischen zu verdeutlichen. Auf dieser Ebene ist es also möglich, den Eindruck von Unmittelbarkeit zu erzeugen, wobei dieser Eindruck auf der Fähigkeit des Nutzers beruht, die Bedeutung des Klanges nicht nur zu kennen, sondern auch sofort in Relation zu dem bewerten zu können, was akustisch ausgedrückt wird.

Hier zeigt sich der Klang in einer Erkenntnishaftigkeit, wie sie dem Sehsinn prinzipiell zugemessen wird. Beim *Sehen* sind Deutungsprozesse immer zugleich beteiligt, Sehen ist Deuten. Die den gesehenen Objekten angesehenen und damit bereits gewussten Eigenschaften sowie die Möglichkeit, sehend in die Ferne hinauszugreifen, ohne dies körperlich nachvollziehen zu müssen, verleihen dem Sehsinn die Zuschreibung, der „gnostischste aller Sinne" zu sein (Waldenfels 2002, S. 88). Zugleich ist er mit dem Tast- und Hörsinn eng verbunden, denn gesehene und gehörte Objekte wären „reine Phantome, wenn ihnen nichts entspräche, was sichtbar und hörbar wäre". Sehend werden dem Objekt materielle Eigenschaften zu-schreibbar, die man fühlen könnte, würde man in der Nähe sein. Dass man diese Qualität aber nicht ertasten muss, sondern sehen kann, ermöglicht ein visuelles Abtasten des Objektes: „Wir sehen, was wir berühren können, ohne daß Sichtbares und Tastbares durch eine nachträgliche Synthese vereinigt werden müßten ..." (S. 89). Diese enge Verbindung von Wahrnehmung mit Deutung, die beim Sehen be-steht, verleiht bildlich vermittelten Medienwelten ihren Eindruck von Realitätsnähe. Denn die Wahrnehmungseindrücke realer und medialer Sichtbarkeit ähneln sich, weil die Reizoberfläche des Gesehenen ähnlich ist – bzw. je mehr sich beide glei-chen, desto weniger wird die Differenz sinnlich erfahrbar, sondern sie ist vor allem gnostisch vorhanden als Medialität.

In der virtuellen Realität sind Objekte nicht zufällig vorhanden, sondern sie sind Element einer für eine bestimmte Aussage visualisierte Umgebung, und es würde prinzipiell ausreichen, nur jene ertastbaren Objektqualitäten zu visualisieren, die eine Bedeutung im Sinngefüge der virtuellen Realität besitzen. (Dies gilt nicht für Bilder, wie sie bei Kamerafahrten in unzugängliche Räume aufgenommen wer-den, z. B. in das Innere des Körpers oder in Gebäude und Höhlen, was digital auf einen Bildschirm übertragen wird. Die hier vorhandenen Objektbesonderheiten sollen sich selbst zeigen, und sind nicht konzipiert worden, *um* etwas zu zeigen.). Die Interpretation des Gesehenen ist damit in Relation zu der intendierten Bedeu-tung des Gesehenen zu setzen. Sehen in der virtuellen Realität ist immer Sehen von etwas, das zur Ansehung gebracht worden ist. Einem Objekt ansehbare „materiale" Qualitäten sind lediglich visualisierte Zustände, die für die Eigenart des virtuellen Objektes stehen und sie werden nur deswegen visualisiert, weil sie für einen be-stimmten Handlungs- oder Kommunikationsvorgang bedeutsam sind. Andernfalls wäre es auch möglich, auf diese Information zu verzichten. Die bei der Erstellung der Software zu bewältigende Leistung, z. B. für Teleoperationen, besteht folglich in einer engen Kooperation zwischen Medizinern und Softwareingenieuren, um fach-lich begründete Informationsdichte einerseits, und Ausgleich fehlender Informati-onsquellen andererseits zu erreichen.

Sinnlichkeit in der virtuellen Realität ist also ein Kommunizieren (des Nutzers) mit Kommunizierendem (der digitalen Oberfläche). Der Eindruck von Unmittel-barkeit ist aus diesem Grund dann am stärksten, wenn die gesehenen Objekte ihren materialen Vorbildern so ähnlich wie möglich sind. Dann entfaltet sich das Gnosti-sche des Sehsinnes vergleichbar der unmittelbaren Wahrnehmung.

Eine weitere Besonderheit des Sehsinnes ist die durch ihn gegebene Perspekti-ve auf die Welt. Anders als bei allen anderen Sinnen stehen mit den Worten Straus' die „sichtbaren Gegenstände (...) vor uns" (Straus 1956, S. 187). Der Gegenstand wird erst dadurch zu einem solchen, dass der Betrachter ihn so auffasst. Es ist nicht so, dass Reize von außen innere Bilder in uns hervorrufen, die dem gesehenen Gegenstand entsprechen. Die gesehenen Dinge „und wir sind Partner im Weltgeschehen", beide einbegriffen im Akt des Sehens (S. 171). Insofern erfährt man beim Sehen sich selbst in Relation zu den Dingen und darin eröffnen sich uns Erwartungen und Möglichkeiten: Im Sehen „sind wir der Welt erwartend zugewandt" (S. 187), aber wir können uns auch ihren Einwirkungen planvoll entziehen, während Geräusch und Geruch bereits auf uns eingedrungen sind, wenn wir sie hörend und riechend wahrnehmen, ohne vorher ihrer Quelle „sehenden Auges" ausgewichen zu sein. Diese Art des Sehens ist aber bereits eine deutende Wahrnehmungsweise, was Straus mit dem „Ansehen" näher bestimmt, während Kinder zunächst nur zu einem, dem Ansehen vorausgehenden, „Sehen" fähig sind. In der virtuellen Realität findet nur ein Ansehen statt, die Objekte sind bereits durch die Software perspektivisch auf den eigenen Körper ausgerichtet. Sehend ordnet der „Cybernaut" von seinem virtuellen Standpunkt aus Nähe und Entfernung ein. Die aus der subjektiven Perspektive wahrgenommene Ferne kann nicht als attributive Bestimmung von Objekten verstanden werden, sondern sie ist ein personales Verhältnis (vgl. Straus 1956, S. 174).

Auch in der virtuellen Realität besteht ein solches personales Verhältnis. Die gesehenen Objekte werden durch Körperextension bewegt, bezogen auf den eigenen Körper. Hierin besteht im Übrigen die Faszination der Spielwelt „Second Life", nämlich die aus virtuellen Räumen zusammengesetzte Realität mit Hilfe des persönlichen Avatars zu erkunden – „fliegend" – was die Möglichkeit erlaubt, viele Orte in kurzer Zeitfolge aufzusuchen. Die Entfernung ist nicht relativ zum eigenen Leib, sondern zum virtuellen Stellvertreter, dem der Spielende über die Schulter sieht, was den Eindruck der leiblichen Perspektive erhöht. Die Erfahrung der Räumlichkeit besteht jedoch nicht in Bezug auf die eigenen Körperdimensionen und -bewegungen, sondern in Bezug auf die beschriebene visuelle Perspektive. Es findet keine Verdoppelung des eigenen Körpers statt, der nun in der virtuellen Realität agiert, sondern lediglich eine Extension der Sehweite. Mit den Augen greift man in eine andere Realität hinein, was eher einer technischen „Verlängerung" der mit dem eigenen Auge abgreifbaren Ferne (wie mit Fernrohr, Mikroskop oder Kamera) entspricht, als einer Verdoppelung des Körpers. Dementsprechend führt die Verlängerung der eigenen Augen in eine andere Welt hinein nur dann zur Erfahrung leiblicher Kommunikation, wenn die auf den Körper bezogene Perspektive auf den eigenen Körper übertragen wird, wie beim obigen Beispiel des einfahrenden Zuges auf der Filmleinwand oder der virtuellen Raumerfahrung mit Datenbrille, also dann, wenn die visualisierte Perspektive durch eine leibliche ersetzt wird. Allerdings wurde bereits gesagt, dass ein solcher Eindruck nur kurzfristig aufrecht zu erhalten ist, weil keine Abdeckung der Medienrealität mit den durch die leibliche Reaktion vollzogenen Wahrnehmungseindrücken der realen Umgebung erfolgt. Insofern blendet die visuelle Perspektive der „verlängerten Augen" die leibliche Kommunikation aus und ersetzt sie durch die visualisierte Wahrnehmungsperspektive auf die virtuelle Welt. Hören und Tasten sind in Bezug auf die Bedeutung des Gesehenen involviert, nicht wie beim motorischen Sehen als leibliches Zusammenspiel, sondern als Zusammenspiel der Sinne mit dem Ziel der Interpretation der Zeichen.

Zusammenfassend lässt sich festhalten, dass auf Ebene vermittelter Kommunikation Sehen die Entzifferung von Botschaften bedeutet; sie stehen für etwas, das mit Zeichen ausgesagt werden soll – ganz gleich wie realitätsähnlich sie aussehen mögen. So wie das Sehen die Bedeutung von Dingen aus deren Relation zu einer Welt nicht-intentional verwendeter materieller Objekte ableitet, so ist dies auch beim Hören. Im virtuellen Raum besitzt jeder Laut Bedeutung in Relation zu allen anderen sinnlichen Codierungsebenen. Damit drängt jeder „virtuelle" Laut zur Deutung, während in der materiellen Welt Laute abgeblendet werden können, solange der Hörende sie nicht mit seinen Intentionen und Aktivitäten in Verbindung bringt. Entsprechendes gilt für den Datenhandschuh beim Tasten. Am Beispiel dieses Sinnes und dem „gnostischen Tasten" lässt sich die Möglichkeit einer leiblich empfundenen Übersetzung der Zeichen verdeutlichen. Hör-, Seh- und Tastwahrnehmungen im virtuellen Raum können sich in unmittelbaren leiblichen Reaktionen auswirken. Dies ist dann der Fall, wenn diesen Wahrnehmungen eine Bedeutung zugewiesen wird, die so erheblich für das Subjekt ist, dass sie sich physisch bemerkbar macht.

Sinneserfahrungen werden in der virtuellen Realität durch bedeutungshaltige Zeichen ausgelöst. Der Unterschied zur unvermittelten Realität begründet sich in dieser Intentionalität, mit welcher die Objekte, die die Sinneswahrnehmungen hervorrufen, ausgestattet werden. Sie sind eben Zeichen und verlangen, dass man sie interpretiert. Die damit gegebene Erkenntnisorientierung jeglicher Medienrealität besitzt ihre stärkste Nähe zur unvermittelten Realität beim Sehen. Das Sehen verleiht Perspektive; sehend stellt sich das Subjekt der Welt gegenüber und tritt in Distanz zu ihr. Erst, wenn die anderen Sinne, und mit ihnen der Leib ebenfalls involviert werden, wie bei der leiblichen Kommunikation – dann fällt diese Distanz fort. Eine solche Möglichkeit besteht in der virtuellen Realität nicht, hier muss das Zusammenspiel der Sinne nicht in Bezug auf den Leib erfolgen, sondern in Bezug auf den Bedeutungsgehalt der virtuellen Welt.

Die Diastase zwischen leiblichem Empfinden und virtuellem Körper

Ein den Halbdingen vergleichbarer Eindruck der Unmittelbarkeit ist dann möglich, wenn die Bewertung der in der virtuellen Realität stattfindenden Ereignisse durch direkt erfolgende, leiblich-empfindende Reaktionen begleitet wird. Allerdings beruht dieser Realitätsstatus nicht auf materiell-physikalischen, körperlich nachvollzogenen Eindrücken, sondern auf geistigen Akten, nämlich Bewertungen. Insofern bleibt die Unmittelbarkeit des Empfindens immer abhängig von der Bewertungsfähigkeit des individuellen Nutzers, während die Halbdinge eine anthropologische Grundform des Erlebens beschreiben. Damit ist im Weiteren die Frage zu stellen, wovon es abhängt, dass der Nutzer virtuelle Ereignisse als unmittelbar bedeutsam einstuft.

Wenn in der virtuellen Realität eine Leibverdoppelung stattfände, dann wäre die höchstmögliche Voraussetzung für die Zuweisung von Bedeutung gegeben. Denn die leibliche Betroffenheit ist, wie in Zusammenhang mit den Halbdingen oben ausgeführt, jene Form der Wahrnehmung, welcher die größte Realitätsgewissheit zukommt. Eine damit verbundene existenzielle Betreffbarkeit des Leibes und somit eine den Halbdingen vergleichbare Verbindlichkeit wäre erreicht, wenn durch die virtuelle Realität eine Leibverdoppelung vollzogen würde. Die Benützung eines Avatars resp. die visuelle „Ego-Perspektive" legen diese Möglichkeit nahe. Das „Gehirn" würde dann nicht mehr dem Körper den Primat einräumen, sondern dem in der virtuellen Realität stattfindenden Erleben – wie in der Matrix. Hans Blumenberg stellt in Anschluss an Husserl Überlegungen zu dieser prinzipiellen Möglichkeit an, um sie letztlich aber auszuschließen. Der Leib könne immer nur im „Hier" erlebt werden,

> „sobald er in das Dort übergeht, ist er ein Körper, mit welchem ich nicht mehr identisch sein kann, weil ich an das Hier unaufgebbar gebunden bleibe. Was auch immer mir als ein Dort erscheinen sollte, obwohl es ausschließlich in meiner intervenierenden Verfügung stände, wäre immer wieder nur Teil meines Eigenleibs und als solcher in die Totalität der Selbstempfindung für Aktivität wie Passivität integriert. Immer wieder nur würde ich meinem Organ, nicht meinem Leib zuschauen – und aufhören Zuschauer zu sein, sobald ich meiner Verfügung wie meiner passiven Betreffbarkeit innewürde." (Blumenberg 2006, S. 766)

Versteht man das „Dort" als die virtuelle Realität, dann wäre eine Leibverdoppelung dann gegeben, wenn der Körper in der virtuellen Realität in der gleichen Weise existenziell betreffbar wäre, wie außerhalb der virtuellen Realität. Doch ist dies nicht möglich. Denn die virtuelle Realität kann nie den Leib in eine unmittelbare Interaktion einbinden, sondern wird immer nur dann leiblich erfahrbar, wenn der Nutzer die virtuellen Ereignisse in Bezug auf sich selbst bewertet, während leibliche Kommunikation der Existenzsicherung dient und damit den höchsten Wert in sich selbst darstellt und jeder Bewertung vorgängig ist.

Man kann also in der virtuellen Realität immer nur seinem Körper zuschauen, bzw. einer Organverlängerung desselben, während leibliches Empfinden im „Hier" gebunden bleibt. An der Schnittstelle zwischen Virtualität und Realität liegt die „Ichidentität, wo die Dienste der Selbsterhaltung zusammenlaufen und wohin im Krisenfall die Entscheidung der Selbsterhaltung geht" (S. 767). Die virtuelle Erfahrung kann also nie in eine leibliche Erfahrung übergehen. Denn weil der virtuelle Körper nicht in Form leiblicher Kommunikation und der hier bestehenden „passiven Betreffbarkeit" involviert ist, bleibt man Beobachter des virtuellen Stellvertreter-Körpers.

In Konsequenz muss man sich also näher damit befassen, in welcher Weise der Leib im Hier gebunden ist und in welcher Relation diese Bindung zur virtuellen Welt steht. Mit der Unmöglichkeit, den Leib auf den virtuellen Raum bezogen zu erfahren, ist zugleich eine Grundvoraussetzung ästhetischer Erfahrung erfüllt. Prinzipiell legen Medien eine distanzierte Einstellung nahe. Ästhetische Erfahrung beruht auf einer „Leibvergessenheit", die dann die ästhetische Erfahrung unmöglich macht, wenn sich leibliche Bedürfnisse oder Nöte melden. Medien legen eine ästhetische Einstellung nahe, weil sie mit ihren „Narrationen, Spiegelungen, Deutungen" (Münker 2005, S. 392) Distanz zum Hier und Jetzt schaffen und es ermöglichen, „sich der Welt aus neuen und ungewohnten Perspektiven zu nähern" (ebd.) und uns dabei mit Situationen zu konfrontieren, „deren eigenartige Bestimmung es ist, zum Thema den Gehalt solcher Situationen zu haben, in die wir uns im Augenblick nicht engagiert finden" (Seel 1997, S. 156): „Ästhetisch verfolgen wir keinen anderen Zweck als den, die Sinnhaftigkeit unserer Erfahrung zu erfahren". Zudem sind wir in mediale Erfahrungen nicht materiell eingebunden und können aus ihnen sofort wieder herausfinden: „Ein Wechsel der Einstellung genügt" (ebd.).

Allerdings wird diese prinzipiell gegebene ästhetische Distanzierungsmöglichkeit dort aufgehoben, wo die mediale Erfahrungswelt die Lebenssituation des Nutzers berührt. Ein extremes Beispiel dafür ist der Terroranschlag in Bombay im November 2008. Verbarrikadiert, erfuhren die Opfer des Anschlages erst aus dem im Fluchtraum zugänglichen Internet, welche Situation außerhalb ihres Fluchtraumes bestand. Hier wurde die unmittelbar bestehende Gefährdung des Körpers erst durch die Medienrealität einschätzbar und hob damit zugleich die Möglichkeit eines ästhetischen Zugangs zu ihr auf.

Auch fiktionale virtuelle Welten wie Computerspiele können ihren unverbindlichen Charakter verlieren und einen hohen Druck auf den Nutzer ausüben, so dass beide Welten im leiblichen Empfinden verschmelzen. Letzteres ist vornehmlich aus den der Alltagsrealität entspringenden Bedürfnissen zu erklären, welche der Spieler in den intermediären Raum (Schäfer 1986) des Spiels einbringt. Der Spielverlauf und das Engagement in ihm stehen dann in einem direkten Bezug zu den Zwecken, die der Spieler verfolgt. So spielen die chinesischen „Goldfarmer" im Auftrag für andere gegen Bezahlung. Damit für den Auftraggeber eine herausgehobene Spielposition erreicht resp. gehalten wird, sind harte Arbeitsbedingungen und ein Betrieb in Schichten gegeben (Geiges 2006; Maass 2006; Siemons 2008). Um diese anstrengenden Bedingungen durchzuhalten, ist ebenfalls, wie bei der ästhetischen Einstellung, eine „Leibvergessenheit" (Seel 1997) notwendig, doch wird die Medienerfahrung nicht um der Erfahrung willen aufgesucht, wie eine ästhetische Erfahrung, sondern um einen Zweck außer ihr zu verfolgen. Was hier geschieht, ist einer „Körperextension" (Blumenberg 2006) vergleichbar. Wie bei manchen Sportarten wird mit dem virtuellen Körper eine Art zweiten Körpers „dazu geschmolzen", was aber nicht, wie Blumenberg deutlich macht, im Sinne einer leiblichen Ausdehnung zu verstehen ist, sondern als Ausdruck „der völligen Instrumentalisierung des Leibs für das Selbstbewußtsein des Subjekts" (S. 770). Dabei müssen die leiblichen Belange so weit ausbalanciert werden, dass sie weder die Erreichung des übergeordneten Zweckes gefährden, noch die Selbsterhaltung. Insofern ist der Fall eines jungen Koreaners, der nach 83 Stunden ununterbrochenen Spielens tot zusammenbrach (dw.world de, 6.10.2008), ein Beleg dafür, wie stark die virtuelle Realität unter bestimmten Umständen zu einer Ausblendung der im Hier empfundenen Leiblichkeit führen kann. Da ein Engagement bis zur bedrohlichen Selbsterschöpfung auch bei anderen Aktivitäten möglich ist, man denke an Helfer in Katastrophensituationen, ist diese Bereitschaft zur Selbstausbeutung stärker aus dem zu erklären, welche Bedeutung die jeweilige Situation für die sich selbst ausbeutende Person besitzt, als aus den Besonderheiten der virtuellen Welt.

Bei näherer Betrachtung zeigt sich hiermit im Bereich des Körpers die von Seel so bezeichnete „Lockerung zwischen Situation der Erfahrung und erfahrener Situation" nicht als ein geistiges Wegdriften hin zur „erfahrenen Situation" der Medienwirklichkeit, sondern eher als ein Spannungsverhältnis zwischen zwei Situationen, die beide zugleich wahrgenommen werden sollten. Die Sinne sind auf Objekte gerichtet, deren Bezug zur umgebenden Situation nicht materiell vorhanden ist, die virtuelle Realität reißt vielmehr eine Art Hohlraum in die materielle Welt und füllt diesen mit anderen situativen Bedeutungen auf, als sie die Umgebung im Hier und Jetzt besitzt. Bezogen auf den Körper treffen sich beide Welten an diesem

Punkt, was die besondere Form der Leiberfahrung beim Aufenthalt in medialen Welten bedingt: die Erfahrung der Halbdinge und die leiblichen Bedürfnisse in der „Situation der Erfahrung", wozu z. B. auch das Empfinden der Tastatur zu zählen ist, und zugleich eine leiblich empfundene Bewertung der Interaktionen in der virtuellen Welt. Beide Bezugspunkte müssen soweit aufrechterhalten werden, dass nicht der eine den anderen überlagert. Die „Lockerung" stellt keinen unüberbrückbaren Hiatus zwischen Nah und Fern dar, sondern eine Diastase, welche ein Spannungsfeld aufbaut, wie es Waldenfels sieht. Die virtuelle Realität verliert ihre Aufmerksamkeitsbindung, wenn die leiblichen Bedürfnisse zu drängend werden, so dass durch die fehlende Deckungsgleichheit zwischen imaginativem Aufenthalt in der virtuellen Realität bei (ausgeblendetem) Hier und Jetzt der Bruch zwischen beiden Welten erfahrbar wird, was letztendlich – wenn auch zu spät – bei dem jungen Computerspieler dazu führte, dass er sich von der virtuellen Spielwelt abwandte.

Das leibliche Betroffensein durch die kommunikative Bedeutung der virtuellen Realität als physiologische Erregung zu messen, um danach den empfundenen Realitätsstatus festzulegen, würde infolgedessen eine Trennung des Körpers vom Geist und damit den „immaterialistischen Fehlschluss" bedeuten. Denn die Erregung ist immer verbunden mit der Kompetenz, die Bedeutung der virtuellen Welt in Relation zu anderen Wirklichkeitsbereichen sozialen Lebens deuten zu können, und daher nicht allein physiologisch messbar.

Fazit

Anders als auf Rezeption, also auf „Beobachtung" gerichtete Medienwirklichkeiten bindet die virtuelle Realität in eine visuell stets sich in Veränderung befindliche Oberfläche ein, deren Veränderungen durch den Nutzer gesteuert werden. Dabei spielt nicht die sinnliche Empfindung in Bezug auf die wahrgenommenen Objektqualitäten eine Rolle, sondern die Bedeutung dieser Qualitäten als Information für die Durchführung einer Interaktion in der virtuellen Realität. Die Interaktion vollzieht sich als Kommunikation mit digitalen Zeichen. Aus diesem Grund ist Sinnlichkeit von Medienerfahrung in Bezug auf die den Wahrnehmungsreizen zugewiesene Bedeutung zu sehen. Dadurch fehlt der virtuellen Realität jener Eindruck direkter Verbindlichkeit und Realitätssicherung, der über die leibliche Kommunikation hergestellt wird.

Mit der virtuellen Realität zusammenhängende leibliche Empfindungen sind sinnlich übersetzte Bedeutungsgehalte und besitzen darin ebenfalls die Erfahrung von Kausalität. Dies ist aber nur dann möglich, wenn sich der Mensch einen Begriff von dem machen kann, welche Relevanz die virtuelle Realität für sein eigenes Leben besitzt. Dies gilt nicht nur für die virtuelle Realität oder Medienrealitäten generell, sondern für jede Art Wirklichkeit, welche allein in der Imagination oder als Kommunikation vollzogen wird. Insofern wird der geistige Akt des Kommunizierens ebenfalls leiblich vollzogen, wenngleich „leibliche Kommunikation" hier nicht in einem räumlichen, sondern in einem erkenntnisgerichteten Sinn zu verstehen ist.

Die Fähigkeit des Menschen, zu sich selbst und zur Welt in ein Verhältnis zu treten, begründet zugleich eine reflexive Haltung zum Leib. In seiner Evolution baute er die dafür erforderliche, sprachlich-abstrahierende Distanz zum Konkreten auf (Claessens 1980). Insofern ist die virtuelle Realität eine – nur technisch gesehen – besondere Stufe in einem Weltverhältnis, in dem permanent die unmittelbare leibliche Empfindung und das, worauf der Mensch in seiner Vorstellungswelt gerichtet ist, miteinander gleichzeitig aufrecht erhalten werden müssen. Diese Entwicklung ist dem Weltverhältnis des Menschen eingeschrieben, wenngleich eine Zunahme an solchen Erfahrungssituationen durch die Medien beobachtet werden kann. Eine enge Verbindung zwischen Erfahrungssituation und erfahrener Situation besteht in unserer Zeit z. B. beim Sport und bei körperlichen Betätigungen wie der Gartenarbeit, dem Kochen, dem Operieren mit dem Skalpell. Ein Bruch beginnt sich dort aufzuzeigen, wo die leibliche Wahrnehmung mit der geistigen Beschäftigung inhaltlich auseinander fällt, z. B. das Gehen, um dabei auf einen wichtigen Gedanken zu kommen, die Fließbandarbeit, die beim Ausbleiben unvorhergesehener Ereignisse es erlaubt, sich mit seinen eigenen Gedanken zu beschäftigen. Eine größere Bruchstelle markiert bereits das Schreiben eines Briefes. Der Geist ist befasst mit einer anderen Situation, als jener, in der sich der Schreibende gerade befindet. In allen diesen Situationen muss der Mensch die Bruchstelle zwischen dem mit der materiellen Umwelt unmittelbar kommunizierenden Körper und jenem Körper, der mit einer, sozusagen „zu übersetzenden", Sinnlichkeit beschäftigt ist, so gering halten, dass weder die eine noch die andere Erfahrungswelt in ihrer Aufrechterhaltung gefährdet ist. Vermutlich ist die Auseinandersetzung mit der virtuellen Realität hierbei stärker ausschließlich und kognitiv orientiert, als z. B. das Schreiben eines Briefes. Denn dann produziert der Schreibende selbst etwas und hält die Dinge in Gang, während die virtuelle Realität dem Erlebenden gegenübergestellt ist und ihn mit Überraschungen aufwartend „in Atem" hält. Dessen ungeachtet bleibt aber die Anforderung, den eigenen Leib zu „vergessen", im Hier bestehen, um die prinzipiell bestehende ästhetische Einstellung medialer Erfahrungen einnehmen zu können. In dem Moment, wo sich Umwelteinflüsse Geltung verschaffen oder körperliche Bedürfnisse dies erfordern, z. B. sich bequemer im Stuhl zurechtzurücken, wird je nachdem, wie stark bewusst diese Ereignisse werden, die Aufrechterhaltung der virtuellen Realität gefährdet. Folglich ist es geboten, die Unterdrückung des Hier und Jetzt so weit herzustellen, dass ein Aufenthalt in der virtuellen Realität nicht am Leiblichen scheitert und nicht so weit auszudehnen, dass der Körper existenziell gefährdet würde. Das Aufeinandertreffen zweier Welten in einem sinnlich erfahrenden Körper ist also das diastatische Moment von Medienerfahrungen. Letztendlich ist es jedoch der Körper im Hier, dem der Primat zukommt. Seine Ausblendung würde eine vollständige Kontrolle der materiellen Umwelt und der Körperfunktionen notwendig machen, was zur Realisierung der Gehirne im Tank führen würde. Beispiele für die Selbstaufgabe, wie im Fall des exzessiven Computerspielens, sind insofern nicht ein Beweis für den Sog der virtuellen Realität, sondern für die Bereitschaft der Selbstzerstörung. Motiviert ist sie durch Gratifikationen in der Realität, denn aus ihr beziehen die „Siege" in der virtuellen Welt ihre Bedeutung, und nicht aus sich selbst.

Der Realitätsstatus jeder Medienrealität stellt sich, bezogen auf den Leib, durch die Relevanz ein, welche der „Cybernaut" der virtuellen Welt zuweist. Physikalisch gesehen wäre eine hohe Relevanz messbar am Erregungsstatus, der durch die Übersetzung der Zeichen in leibliche Reaktionen entsteht. Dann kann die erkenntnisorientierte Sinnlichkeit der virtuellen Realität näherungsweise denselben Realitätsgrad erreichen wie die leibliche Kommunikation, weil die Bedeutung der zeichenhaften Welt in eine „Leiblichkeit" umgesetzt wird, wie sie bei den Halbdingen erfahren wird. Aber es ist dazu immer eine kognitive Leistung – eine Übersetzung der Zeichen – notwendig, während bei den Halbdingen es gerade die direkte Kausalität ist, die ihre unmittelbare Übersetzungsnotwendigkeit erlässt.

Kann also der virtuellen Realität ein Status unvermittelt erfahrbarer Sinnlichkeit in Form einer leiblich vollzogenen Verinnerlichung von Bedeutungsgehalten zugeschrieben werden, so ist zuletzt zu fragen, unter welchen Umständen dies eher möglich ist bzw. woran sich die Fragilität der virtuellen Realität zeigt.

Eine zeitweilige Abblendung der materiellen Welt ist solange möglich, bis Grenzfälle auftreten, die es verlangen, der materiellen Welt die ihr gebührende Aufmerksamkeit zu zollen. Nun ist es aber nicht so, dass der Aufenthalt in der immateriellen Welt permanent gestört würde, sondern vielmehr machen die Grenzfälle lediglich die Relation zwischen beiden Wirklichkeiten sichtbar. Im Normalfall wird der immateriellen Welt Aufmerksamkeit gezollt, solange dies notwendig ist oder sie fasziniert – was dazu führen kann, solange als möglich auszuhalten und abzublenden, was die materielle Welt an Tribut verlangt. Die dazu notwendige Unterdrückung körperlicher Bedürfnisse wird als sozial angemessen empfunden, weil sie auf einer in langjährigen Erziehungs- und Sozialisationsprozessen erworbenen Fähigkeit beruht. Es geht also nicht darum, die eine gegen die andere Welt in ihrem Realitätsstatus gegeneinander „auszuspielen", sondern darum, beide in ein angemessenes Verhältnis zueinander zu setzen. Dies ist auf den anthropologischen Sonderfall einer Aufspaltung – nicht in eine körperliche und eine geistige Betätigung – zurückzuführen, sondern in ein Spannungsfeld unterschiedlicher Gleichzeitigkeiten, die in ein und demselben Leib empfindbar sind und empfunden werden.

Die leiblich erfahrbaren Halbdinge sind den höheren Formen der Sinneswahrnehmung vorgeordnet, aber nicht untergeordnet. Denn ohne die Halbdinge wahrzunehmen, würde den höheren Wahrnehmungen die Verankerung im Hier und Jetzt fehlen. Damit ist die materielle Welt der immateriellen Welt gegenüber insofern in einem Vorteil, als jener durch die Halbdinge und die Existenzsicherung nicht nur der Primat zukommt, sondern sie auch als realer erfahren wird – aufgrund der unmittelbaren Kausalität der „Halbdinge" und der Dringlichkeit der Existenzsicherung. Der Realitätscharakter der virtuellen Welt hingegen wurzelt auf ihrem zunächst kognitiven Zugang. So, wie das Niederreißen des Körpers beim Fallen, das gerade noch verhindert werden kann, und den Schreck in den Gliedern noch pochend nacherlebbar macht, kann auch der Schreck bei der beinahe fälschlich ausgestellten Auftragsbestätigung das Blut pulsieren lassen. Anders aber als beim Niedergerissenwerden durch das in diesem Moment fühlbare Gewicht des Körpers, gibt es bei der virtuellen Realität keine materielle Substanz, die man mit der Erfahrung in eine direkte Beziehung setzen könnte. Insofern ist zwar der Schreck leiblich erfahrbar, nicht aber das, was denselben auslöste. *Jeder Form der Leiberfahrung in der virtuellen Realität geht damit die Übersetzung in die Sprache des Leibes voraus.* Ist also das dem Reißen beim Fallen vorausgehende Stolpern und seine Nachwirkung im Reißen des Falles eine anthropologisch begründbare Leiberfahrung, so nicht das, *was* den Schreck auslöst, sondern nur das, *wie* er erlebt wird. Die Zuordnung von Bedeutung in einer solchen Tragweite, dass sie physische Reaktionen auslöst, ist im Zusammenhang einer Kultur zu deuten, nicht im Zusammenhang physikalischer Notwendigkeit. Insofern ist Leiberfahrung in der virtuellen Realität zwar möglich, aber nicht im Sinne einer unmittelbaren Interaktion mit der Umwelt, sondern als Reaktion auf die Bewertung von Zeichen. Doch liegt gerade hier die Möglichkeit, virtueller Realität eine Verbindlichkeit zuzuweisen, die in die Nähe der Halbdinge und deren Realitätsstatus rückt. Diese Verbindlichkeit besteht aber nicht zur virtuellen Realität, sondern zu deren Folgen für jene Handlungsbereiche, mit denen sie verknüpft ist. Dies gilt sowohl für fiktionale wie reale virtuelle Welten. Das heißt, eine starke Reaktion auf ein Scheitern beim Spiel ist nicht in Zusammenhang mit der geschlossenen Welt des Spieles zu bewerten, sondern mit der Bedeutung, die das Spiel für den Spielenden in seiner Welt *außerhalb* des Spieles besitzt. Virtuelle Welten, die auf reale Handlungsbereiche bezogen sind, beziehen ebenfalls ihre Bedeutung aus diesen Handlungsbereichen, nicht aus den Zeichen, durch die sie repräsentiert sind.

Insofern bedeutet Realitätserfahrung in einer Mediengesellschaft hinsichtlich der anthropologischen Frage der Leiblichkeit in virtuellen Welten eine Entwirklichung nur dann, wenn der virtuellen Welt nicht die ihr jeweils zukommende Verbindlichkeit zugemessen wird.

Die anthropologische Leistung, die der Mensch angesichts der zunehmenden medientechnischen Entwicklung bewältigen muss, liegt also in der Bezugsetzung von verschiedenen Wirklichkeitsbereichen zueinander, wobei der Primat nach wie vor auf dem Leib im Hier und Jetzt liegt. Er garantiert die Existenzsicherung und die Erfahrung der Realität, er ist jener „primäre Rahmen" der Erfahrung (Goffman 1993), von dem ausgehend und auf den zurückgehend jede Bewertung des Realitätsstatus von Medienwirklichkeit erfolgt. Aufgrund der prinzipiellen Körperbindung jeglicher Erfahrung, kann die weitere Folge einer technischen Evolution nicht die „Matrix" sein, sondern die Entleerung des potenziellen Realitätsgehaltes von Medienwirklichkeit durch sinnliche Abstumpfung. Bezüglich der Sinneserfahrung basiert damit die anthropologische Leistung des „homo medialis" (Pirner/Rath 2003) auf dem Erhalt und Rückgewinn des Realitätsstatus medialer Welten in ihrer leiblichen Empfindbarkeit.

Literatur

Blumenberg, Hans (2006): Beschreibung des Menschen. Aus dem Nachlass herausgegeben von Manfred Sommer. Frankfurt: Suhrkamp

Claessens, Dieter (1980): Das Konkrete und das Abstrakte: Soziologische Skizzen zur Anthropologie. Frankfurt: Suhrkamp

Dw-world.de. Zu Tode gespielt. (http://www.dw-world.de/dw/article/0,2144,652655,00.html; 6.10.2008)

Geiges, Simon (2006): Goldrausch in Azeroth. (http://www.stern.de/computertechnik/computer/560773.html?eid=559323; 21.10.08)

Goffman, Erving (1993): Rahmen-Analyse. Frankfurt: Suhrkamp

Krämer, Sybille (1998): Medien – Computer – Realität. Wirklichkeitsvorstellungen und Neue Medien. Frankfurt: Suhrkamp

Maass, Harald (2006): Der Schatz im Netz. Zehntausende Chinesen arbeiten als Berufsspieler. (http://www.tagesspiegel.de/zeitung/Die-Dritte-Seite;art705,2285224; 21.10.08)

Müller, Olaf (2005): Wirklichkeit ohne Illusionen oder Der Abschied vom Skeptizismus. In: Humboldt Spektrum, Heft 3, S. 1-5. (http://www.gehirnimtank.de/tank/wgiaB.pdf; 01.10.08)

Münker, Stefan (2005): Medienphilosophie der Virtual Reality. In: Sandbothe, Mike/ Nagl, Ludwig (Hrsg.): Systematische Medienphilosophie. Berlin: Akademie Verlag, S. 381-395

Nießeler, Andreas (1998): Hören und Sehen. Anthropologische Studie zur ästhetischen Erziehung. In: Neue Sammlung, 38. Jg., Heft 3, S. 213-230

Plessner, Helmuth (1961): Lachen und Weinen: Eine Untersuchung nach den Grenzen menschlichen Verhaltens (3. Aufl.). Bern: Francke

Plessner, Helmuth (1975): Die Stufen des Organischen und der Mensch: Einleitung in die philosophische Anthropologie (3. unveränd. Aufl.). Berlin: de Gruyter

Pietraß, Manuela (2007): Der Zuschauer als Voyeur oder als Opfer? Die Rezeption realitätsnaher Gewalt im Film. In: Zeitschrift für Pädagogik, 53. Jg., Heft 5, S. 668-685

Pirner, Manfred/ Rath, Matthias (Hrsg.) (2003): Homo medialis. Perspektiven und Probleme einer Anthropologie der Medien. München: kopaed

Schäfer, Gerd E. (1986): Spiel, Spielraum und Verständigung: Untersuchung zur Entwicklung von Spiel und Phantasie im Kindes- und Jugendalter. Weinheim: Juventa

Schmitz, Hermann (2002): Spüren und Sehen als Zugänge zum Leib. In: Belting, Hans/ Kamper, Dietmar/ Schulz, Martin (Hrsg.): Quel Corps? Eine Frage der Repräsentation. München: Fink, S. 429-438

Seel, Martin (1997): Die Kunst der Entzweiung. Frankfurt: Suhrkamp

Seel, Martin (1998): Medien der Realität und Realität der Medien. In: Krämer, Sybille (Hrsg.): S. 244-268

Straus, Erwin (1956): Vom Sinn der Sinne. Ein Beitrag zur Grundlegung der Psychologie. Berlin: Springer

Siemons, Mark (2008): Wer verkauft mir seine Lebenszeit. FAZ am Sonntag (http://www.faz.net/s/Rub117C535CDF414415BB243B181B8B60AE/Doc~EF1A67 45292A748288B3463B03B2E049A~ATpl~Epalmversion~Scontent.html; 21.10.08)

Waldenfeld, Bernhard (1980): Der Spielraum des Verhaltens. Frankfurt: Suhrkamp

Waldenfels, Bernhard (2002): Bruchlinien der Erfahrung. Phänomenologie – Psychoanalyse – Phänomenotechnik. Frankfurt: Suhrkamp

Westphal, Kristin (2001): Mediale Erfahrungen – Zur Neudimensionierung einer pädagogisch-anthropologischen Medien- und Bildungstheorie. In: Vierteljahresschrift für wissenschaftliche Pädagogik, 77. Jg., Heft 3, S. 317-332

Westphal, Kristin (2002): Zur Grundlegung einer Theorie der medialen Erfahrung. In: Zeitschrift für Erziehungswissenschaft, Beiheft 1, S. 33-41

Virtuelle Welten, das Problem des Fremdpsychischen und die Entwicklung des moralischen Bewusstseins

Godehard Brüntrup

Einleitung

Dieser Beitrag versucht einen Zugang zum Phänomen medial vermittelter virtueller Welten von der Philosophie her. Der hier entwickelte Begriff der Virtualität ist vermutlich für viele Leser zunächst ungewohnt, weil der Begriff der virtuellen Welt einer metaphysischen Analyse unterzogen wird. So soll eine möglichst präzise Grenzziehung zwischen der realen Welt und einer medial vermittelten virtuellen Welt möglich werden, die von geläufigen, mehr pragmatischen Definitionen abweicht. Es handelt sich aber dennoch um die begriffliche Herausarbeitung einer den Lesern und Leserinnen intuitiv vertrauten Unterscheidung von Realität und Virtualität. Der in der Literatur aufzufindende Gedanke, dass die so genannte reale Welt nur eine unter vielen gleichwertigen virtuellen Welten sei, wird deshalb als theoretisches Missverständnis zurückgewiesen. Dies geschieht dadurch, dass gefragt wird, welche intrinsischen Eigenschaften den partikulären Entitäten in einer virtuellen Welt im Vergleich zur realen Welt fehlen. Hintergrund ist eine philosophische Sicht der Welt in der Tradition von Gottfried Wilhelm Leibniz bis Alfred Whitehead, die begründet, dass ein konkretes Einzelding, also das, was man klassisch eine „Substanz" nannte, nicht allein durch seine funktionale Organisation zu einem von seiner Umwelt abgegrenzten Individuum wird, sondern vor allem dadurch, dass es eine bestimmte *erlebte mentale Perspektive* auf die Welt hat. Es wird zu zeigen sein, dass die höherstufigen Einzeldinge, wie etwa die Lebewesen, in den virtuellen Welten keine intrinsischen phänomenalen Eigenschaften besitzen und daher gar keine Individuen sind, sondern nur relational-funktionale Simulationen von echten Individuen. Dieser Aspekt der Virtualität wird aus einem sehr spezifischen Grund nicht hinreichend beachtet. Die funktionalistische Betrachtung des Mentalen, die aus methodologischen Gründen zum Standard in der Psychologie wurde, legt diese Verengung des Blickwinkels nahe. Es besteht nämlich eine epistemologische Asymmetrie im Zugang zu phänomenalen Eigenschaften zwischen dem Fall der eigenen Psyche und dem der Psyche anderer Lebewesen. Man nennt diesen Unterschied im Zugang in der Philosophie „das Problem des Fremdpsychischen". Diese epistemische Asymmetrie ist aber, wie sich herausstellen wird, eine Grundvoraussetzung dafür, dass eine virtuelle Welt überhaupt als eine Quasi-Realität erlebt werden kann. Die Unterschiedenheit von der realen Welt fällt unter der Abstraktion von den Erlebnisperspektiven nämlich gar nicht auf, weil die Erlebnisperspektiven anderer auch in der realen Welt nicht direkt epistemisch zugänglich sind. Man muss aber dennoch von einer Quasi-Realität sprechen, weil es dem Nutzer einer virtuellen Welt, beispielsweise in einem Computerspiel, doch zumindest implizit klar ist, dass die dort agierenden rein virtuellen Individuen nicht über eine Erlebnisperspektive verfügen. Es ist aber in der realen Welt vernünftig anzunehmen, dass ein Wesen, das sich so verhält wie ich, auch eine ähnliche bewusste Innenperspektive hat wie ich. Es handelt sich um einen nicht zwingenden abduktiven Schluss auf die beste Erklärung, der sich in der Praxis bewährt. Die Anerkennung der Erlebnisfähigkeit des anderen und die darauf aufbauende Fähigkeit zur Empathie beruht also auf einem impliziten Schlussverfahren, das wir alle tagtäglich anwenden. Wird die pragmatische Bestätigung dieses Schlusses wiederholt unterbrochen, dann verliert er seine intuitive und handlungsleitende Kraft. Dies gilt insbesondere für die Leidensfähigkeit des anderen Wesens und damit die Anerkennung des anderen als Wesen, das moralische Ansprüche an mich stellt. Philosophisch gesehen ist die bedenklichste Konsequenz des Lebens in virtuellen Welten, dass dieser nicht direkt sinnlich gegebene Zusammenhang zwischen Verhalten und Erlebnisperspektive geschwächt wird. Begegnet ein Mensch immer wieder Wesen, die sich zwar funktional verhalten wie empfindende Wesen, von denen man aber rational annehmen kann, dass sie nichts empfinden, dann verliert genau derjenige Schluss auf die beste Erklärung seine Kraft, der die Grundlage unserer natürlichen moralischen Einstellung ist: die Anerkennung des Anspruches, den der andere als empfindungsfähiges Wesen an mich stellt.

Virtualität

Beginnen wir die Untersuchung der Virtualität mit einem Gedankenexperiment, das der Philosoph Peter Unger (2006, S. 3ff.) in einer Auseinandersetzung mit dem modernen Begriff des Physischen entwickelt hat. Stellen wir uns eine ganz einfache Welt vor, die aus einer Anzahl von elementaren Partikeln besteht, die sich gemäß der in dieser Welt geltenden Gesetze der Mechanik durch den leeren Raum bewegen. Wir nennen sie die Partikelwelt. Veranschaulichen wir uns diese Welt in einem Modell, so zeichnen wir vor unserem geistigen Auge jedes Elementarteilchen als einen kleinen Kreis, der sich gesetzmäßig durch eine umgrenzte Fläche bewegt, die den leeren Raum darstellt. Zwischen den einzelnen Elementarteilchen gibt es eine Vielzahl von Relationen und Wechselwirkungen, die man sich beliebig komplex ausmalen kann. Wichtig ist für das Gedankenexperiment, dass man die Kreise, welche die Elementarteilchen darstellen, *nicht* farblich ausfüllt, um sie vom leeren

Raum *qualitativ* abzusetzen. Sie sind allein durch ihre Extension im Raum abgesetzt. Stellen wir uns nun eine ganz andere Welt vor, die wir die Plenumswelt nennen. In ihr gibt es statt eines leeren Raumes ein gefülltes Plenum, in welchem sich leere Blasen befinden. Nehmen wir nun auch an, dass jedem Elementarteilchen in der Partikelwelt eine Blase in der Plenumswelt entspricht und dass die gesetzmäßige Dynamik in der Zeit in der Partikelwelt auch in der Plenumswelt gilt. Die Plenumswelt bildet also die Partikelwelt isomorph ab. Bei unserer veranschaulichenden Modellvorstellung können wir aber gar nicht von einer isomorphen Abbildung sprechen. Die beiden Welten sind ununterscheidbar! Nur wenn wir den Partikeln oder Blasen intrinsische Qualitäten wie zum Beispiel chromatische Eigenschaften der Färbung zuschreiben, können wir die beiden Modelle unterscheiden. Wir stellen uns etwa die Partikel etwas dunkler vor als den leeren Raum, die Blasen etwas heller als das Plenum. Die Pointe des Gedankenexperimentes war aber, dass in unserer Modellvorstellung solche intrinsischen qualitativen Differenzen nicht erlaubt sind, sondern nur rein abstrakt geometrische und funktional-relationale Differenzierungen, die sich mathematisch spezifizieren lassen müssen, wenn wir die Dynamik der Modellwelten in der Zeit beschreiben wollen. Unter intrinsischen Eigenschaften werden hier solche verstanden, die eine Entität auch dann noch hätte, wenn sie alleine im Universum existierte. Ein klares Beispiel für intrinsische Eigenschaften sind mentale Erlebnisgehalte. Ich könnte alle meine Erlebnisgehalte auch dann noch besitzen, wenn ich mir, gemäß des kartesischen Zweifels, die ganze materielle Außenwelt nur erträumte, sie also gar nicht existierte. Ähnlich wie im Denken der Physik kennen unsere Modellwelten keine intrinsischen qualitativen Eigenschaften wie Farben oder gar das erwähnte bewusste Erleben. Die Modellwelt enthält also nur sogenannte primäre Eigenschaften wie Ausdehnung im Raum, die sekundären Eigenschaften, wie beispielsweise die Farben, hatte die Philosophie der Moderne aus der physischen Welt verbannt, und in das Auge des Betrachters verlagert. Man muss dann konstatieren, dass man unter dieser Voraussetzung, d. h. in unserer Modellontologie, zwischen der Partikelwelt und der Plenumswelt nicht unterscheiden kann. In der rein formalen Hinsicht, die wir methodisch gewählt haben, sind sie ununterscheidbar. Wenn diese Analyse korrekt ist, dann ergibt sich eine weitreichende Konsequenz: Der ganze moderne Materiebegriff ist einer, der von sekundären Qualitäten wie Farbe oder Klang vollständig entleert ist. Die Natur der physischen Dinge wird nur in Modi der Ausdehnung wie Form, Größe und Bewegung beschrieben. Ein Gedanke, den bereits David Hume (1886, IV, iv, 512f) trotz seines Empirismus kritisch hinterfragt hatte. Es fragt sich, ob hier nicht gewisse intrinsische Eigenschaften durch einen Abstraktionsprozess übersehen wurden. Ein formales Modell der Wirklichkeit, das die relationalen und funktionalen Zusammenhänge korrekt abbildet, kann nämlich gewisse intrinsische Eigenschaften, wie beispielsweise das bewusste Erleben, nicht fassen. Das Bild der Wirklichkeit bleibt unvollständig.

Wenn man dieses Modell dann für die konkrete Wirklichkeit selbst hält, begeht man den Fehlschluss, den Whitehead die „fallacy of misplaced concreteness" genannt hat (1997, S. 51). Man hält eine Abstraktion, die von bestimmten intrinsischen Eigenschaften absieht, für die konkrete Wirklichkeit selbst. Bertrand Russel hat in seinem Werk „The Analysis of Matter" (1927) argumentiert, dass die Physik nichts anderes als die formalen, mathematischen Eigenschaften der Materie erfassen kann (S. 240 u. 402). Was die intrinsische Natur der Materie ausmache, sei eine ganz andere Frage. Manchmal spekulierte er, dass es uns nur im Falle unseres eigenen Bewusstseins gelänge, die intrinsischen Eigenschaften der Materie zu erfassen. Das bewusste Erleben enthüllt also die Seite der Natur, über welche die Physik aus methodisch bedingter Abstraktion schweigen muss. Das ist ein Punkt, auf den weiter unten noch genauer einzugehen sein wird. Manchmal zog Russell es vor, in Bezug auf die intrinsischen Eigenschaften der physischen Welt agnostisch zu bleiben. Diese spekulativen Fragen können wir im vorliegenden Kontext unbeantwortet lassen. Naiv wäre es aber in jedem Falle zu meinen, die formale Beschreibung aller Relationen und Wechselwirkungen enthülle schon die ganze Wirklichkeit, selbst wenn diese Beschreibung die Dynamik der Wirklichkeit isomorph abbilden kann.

Und damit ist das Thema der „virtual reality" direkt angesprochen. Im Englischen bedeutet „virtual" umgangssprachlich so viel wie „fast", „nahezu". Wenn die Kinder bei einer langen Autofahrt auf der Rückbank quängelnd fragen „Are we there yet?", werden die Eltern beruhigend antworten „We are *virtually* there": „Sind wir endlich da?". – „Wir sind so gut wie da, wir sind fast da." Die virtuelle Realität ist also eine Fast-Realität, eine, die ziemlich nahe herankommt an die Realität, aber eben noch nicht ganz. Die entscheidende Frage ist jene danach, *was genau fehlt*. Nehmen wir den prototypischen Fall der virtuellen Realität: einen hochentwickelten Flugsimulator, wie er von den Fluggesellschaften zur Ausbildung von Piloten benutzt wird. Im Idealfall haben wir hier eine isomorphe Abbildung der Realität. Die Maßverhältnisse der Relationen im Raum werden exakt bewahrt, die Wechselwirkungen zwischen den Objekten entwickeln sich dynamisch in der Zeit exakt so wie auch in der Wirklichkeit. Sogar Eigenschaften, die auf den ersten Blick intrinsisch und nicht relational zu sein scheinen, werden in die virtuelle Welt hinübergerettet. Zum Beispiel die Masse des Flugzeugs, die sich etwa in der Wechselwirkung mit dem von den Triebwerken des Flugzeuges verursachten Vortrieb auch in der virtuellen Welt kausal auswirkt. Ob die Masse eines physischen Objekts aber überhaupt eine intrinsische Eigenschaft darstellt, die das Objekt unabhängig von allen anderen Objekten besitzt, ist mehr als fraglich. Relativistisch betrachtet ist die Masse keine intrinsische Eigenschaft mehr und auch quantenmechanisch wird Masse heute mit dem Higgs-Mechanismus, also relational, erklärt. Die gesamte physische Welt, wie sie von den Wissenschaften beschrieben wird, ist ein komplexes Geflecht von Relationen, deren Dynamik durch die Zeit formal durch Differentialgleichungen beschrieben werden kann. Alles, was so beschrieben werden kann, lässt sich auch in der virtuellen Realität abbilden. Das mag überraschen. Man könnte meinen, ein virtueller Seitenwind habe nicht dieselben kausalen Kräfte wie ein realer Seitenwind, sonst würde die ganze Anlage ja eventuell umstürzen. Aber das ist, jedenfalls so oberflächlich formuliert, ein Fehlschluss, denn der virtuelle Seitenwind interagiert nur mit virtuellen Objekten und nicht mit realen Objekten. Und in der virtuellen Welt vermag er mühelos ganze Flugzeuge zu bewegen. Dennoch ist diese Kritik einem wesentlichen Punkt auf der Spur. Nehmen wir die gut bestätigte und höchstplausible These an, die Entitäten der realen physischen Welt seien aus Elementarteilchen zusammengesetzt. Ein Flugzeug eines bestimmten Typs ist aus einer bestimmten Menge von Elementarteilchen spezifischer Art (je nach seiner chemischen Zusammensetzung) aufgebaut. Ein Flugzeug desselben Typs im Simulator ist aus einer völlig anderen Zahl anderer Elementarteilchen zusammengesetzt, denn es ist ja ein Zustand im Speicher eines Rechners, oder ein Bild auf einem Bildschirm. So betrachtet verliert die Idee, dass die virtuelle Welt auch nur in die Nähe der realen Welt käme, plötzlich ihren metaphysischen Rückhalt. Wenn komplexere Strukturen in der Welt konstituiert werden durch die einfachen Bausteine, die in sie eingehen, dann haben die Entitäten in der virtuellen Welt sehr wenig zu tun mit denen in der realen Welt. Die Ähnlichkeit oder gar Isomorphie ist nur durch einen erheblichen Abstraktionsprozess zu erkennen, der mit guten Gründen wesentliche Aspekte vernachlässigt, genau wie in der eingangs beschriebenen formalen Beschreibung der Partikel- und der Plenumswelt. Die formale Struktur allein sagt noch nicht alles darüber aus, um welche Welt es sich handelt. Es fehlen weitere Bestimmungen. Jede formale Struktur braucht nämlich in der Welt einen Träger, um konkret existieren zu können. Dieser in der Philosophie seit Aristoteles bekannte Gedanke wurde in der Diskussion um die künstliche Intelligenz in anderer Form wieder diskutiert (Haugeland 1993, S. 63). Betrachten wir als Beispiel eine rein formale Struktur wie ein Schachspiel: Es besteht aus zirkulär interdependenten Figuren: Bauern, Springern, Königen etc. Jeder Figurentyp ist genau definiert durch die Züge, die er im Spiel als Ganzes durchführen darf. Ohne den Kontext des Spiels könnte keiner dieser Typen existieren. Überraschend ist aber, dass umgekehrt auch Folgendes gilt: Ohne diese einzelnen Typen könnte das Spiel als Ganzes nicht existieren. Wir haben hier eine zirkuläre Struktur vorliegen. Jeder Teil des Spiels setzt das ganze Spiel voraus, das ganze Spiel setzt jeden Teil voraus. Warum ist diese Zirkularität harmlos? Wie können wir unter diesen Bedingungen überhaupt konkrete Schachspiele – sei es auf einem Brett oder auf einem Bildschirm – spielen? Der Grund dafür liegt darin, dass jede konkrete Implementierung des Schachspiels auf der formalen Struktur gegenüber externen Entitäten beruht, die Stück für Stück das Spiel einführen. Man hat zum Beispiel verschiedene, unterscheidbare physische Objekte, die Figuren, die für die einzelnen Typen stehen. Man hat ein Schachbrett, das eine bestimmte Position im Raum relativ zu den Spielern einnimmt. Wenn das Schachspiel auf einem Computer stattfindet, dann gibt es innerhalb des Computers bestimmte physische Zustände, die, weil sie extrinsisch gegenüber der logischen Struktur sind, dem Spiel eine Realisierung, einen Platz in der Realität geben. Die formale Struktur braucht einen Träger, der gegenüber der kategorialen Natur der formalen Struktur extern ist. Die kategoriale Natur des Trägers ist aber im Falle des Schachspiels auf einem Holzbrett und dem des Schachspiels auf einem Computerbildschirm verschieden. Das ist ein entscheidender Punkt. Man darf nicht von formaler Isomorphie auf reale Ununterscheidbarkeit schließen. Man findet nun in jeder Wissenschaft solche nahezu abgeschlossenen Systeme zirkulär interdependenter Begrifflichkeit. Dass dies harmlos ist, liegt darin, dass es für jede funktionale Begrifflichkeit einer Wissenschaft eine externe Ebene gibt, die intern so strukturiert ist, dass durch sie die formale Beschreibung in der Wirklichkeit verankert wird. Normalerweise geschieht das dadurch, dass man eine Ebene tiefer geht: z. B. vom Computerprogramm zur Hardware, von der biologischen Ebene zur Ebene der molekularen Biochemie. Jede funktionalistische Beschreibungsebene verlangt eine Ebene der Realisierung (Instantiierung). Wenn aber die physikalische Ebene die letzte, fundamentale Ebene ist, dann gibt es für sie keine Träger. Man könnte nun behaupten, dass es immer feinere physikalische Ebenen gibt und man nie an ein Ende kommt. Das widerspricht aber der etablierten Auffassung, dass das Planck'sche Wirkungsquantum dem Aufteilen der physikalischen Wirklichkeit in immer kleinere Bausteine eine Grenze setzt. Wir sind also wieder bei der Frage Russells angelangt, ob es unbekannte rein intrinsische Eigenschaften der physischen Welt gibt. Das ist ein tiefes philosophisches Problem, dem wir an dieser Stelle nicht weiter nachgehen müssen (vgl. dazu Brüntrup 2009). Die einzigen rein intrinsischen Eigenschaften, die wir kennen, also Eigenschaften, die gegenüber absolut jeder funktional beschriebenen Realität extern bleiben, sind die phänomenalen Gehalte des bewussten Erlebens. Philosophen sprechen von den „Qualia". Genau sie sind es, die für das Problem der virtuellen Realität die zentrale Rolle spielen, weil sie genau diejenigen Eigenschaften sind, die von einem rein formalen Modell prinzipiell nicht erfasst werden. Qualia sind daher ideale Kandidaten, um zu erläutern, warum eine virtuelle Welt in der Tat nur *fast* so ist wie die reale Welt; warum der virtuellen Welt etwas fehlt.

Um diesen Gedanken näher zu erläutern, muss man zunächst zwei Begriffe des Mentalen unterscheiden: den funktionalen Begriff des Mentalen und den qualitativen Begriff des Mentalen. Das Computermodell des Mentalen, der Geist als Software auf der Hardware des Gehirns, ist das klassische Beispiel für eine rein funktionale Bestimmung des Mentalen (Brüntrup 2004). Bestimmte mentale Vorgänge lassen sich in der Tat sehr gut funktional erfassen, dazu gehören Lernen und Erinnerung. Man kann ein System, das lernt oder sich erinnert, beschreiben, ohne sich jemals auf das bewusste Erleben beziehen zu müssen. Man kann sich beispielsweise einen hochkomplexen Roboter vorstellen, der sich nicht nur in der Welt orientieren kann, sondern auch aus Erfahrung lernt. Ein mit entsprechenden Lernalgorithmen ausgestattetes neuronales Netz wurde auf seiner Hardware implementiert und erlaubt ihm, kausale Spuren seiner Umweltinteraktionen so abzuspeichern, dass sein Verhalten sich schrittweise immer besser auch an wechselnde Umweltbedingungen anpasst. Trotzdem kann dieser Roboter ein – wie die Philosophen sagen – „metaphysischer Zombie" sein: Er erlebt absolut nichts, er hat kein bewusstes Erleben. Selbst ein mentaler Zustand wie Schmerz kann funktional beschrieben werden. Er wird durch bestimmte äußere Einflüsse verursacht, verursacht dann intern Wünsche und Überzeugungen und natürlich auch äußerlich wahrnehmbar ein bestimmtes Schmerzverhalten. In diesem Sinne kann ein bestimmter Schmerz über seine kausale Rolle, seine Einbettung in das kausale Netzwerk der Welt definiert werden. Eine klaffende Wunde kann in uns die Überzeugung hervorrufen, sofort einen Arzt aufsuchen zu müssen und wir machen uns mit verzerrtem Gesicht und humpelnden Schritten auf den Weg zum Telefon. Dieser relationale Aspekt bestimmt aber nicht allein, was Schmerz ist. Wenn man an den hochkomplexen Roboter denkt, kann man sich sogar vorstellen, dass die kausale Rolle von Schmerz durch einen seiner Programmzustände realisiert wird, ohne dass der Roboter allerdings irgendetwas erlebt. Er kann auf eine äußere Beschädigung mit internen Zuständen reagieren, die ihn ein Reparaturwerk aufsuchen lassen. Er kann sogar reflexartig die Roboterhände von einer heißen Oberfläche zurückschnellen lassen, ohne jemals einen Schmerz gefühlt zu haben. Schmerz hat also einen qualitativen Erlebnisgehalt, der begrifflich zu trennen ist von der kausal-funktionalen Rolle, die Schmerz in der Welt einnimmt. Die qualitativen Gehalte des Erlebens sind intrinsische Eigenschaften, die unabhängig sind von bestimmten funktionalen Rollen. Dieser qualitative Aspekt ist aber wesentlich. Er definiert letztlich, was Schmerz oder ein anderer Erlebnisgehalt ist. Etwas, was sich anfühlt wie Schmerz, ist Schmerz, auch wenn es ganz anders realisiert oder funktional eingebettet ist als „normaler" Schmerz. Ein

Wesen aus einer anderen Galaxie kann sich in seinem physischen Aufbau stark von uns unterscheiden und trotzdem Schmerz empfinden. Ein Superspartaner, der sich Schmerz nie in seinem Verhalten anmerken lässt, kann trotzdem Schmerz empfinden. Man muss daher die funktional-relationale Bestimmung des Mentalen unterscheiden von der intrinsisch-qualitativen.

Eine Modellierung des Mentalen in seiner funktional-relationalen Einbettung in die Welt kann idealerweise sogar isomorph gelingen. Aber damit ist noch nichts darüber gesagt, ob auch die intrinsischen Eigenschaften der Welt in das Modell eingegangen sind. Mit anderen Worten: Es ist möglich, Modelle der Wirklichkeit zu schaffen, in denen sich Wesen genauso verhalten als hätten sie Schmerzen, in Wirklichkeit aber gar keine Schmerzen haben, weil die intrinsischen, qualitativen mentalen Eigenschaften in diesen Welten fehlen oder aber nicht intensiv genug entwickelt sind, weil es in diesen Modellen gar keine höherstufigen Individuen mit einem reichen mentalen Innenleben gibt. Ein Computerspiel oder eine Computersimulation ist ein solches Modell. In ihm gibt es keine höherstufigen Individuen wie Tiere oder Menschen. Es gibt nur Elementarteilchen, die auf dem Bildschirm ein Muster erzeugen, so dass eine gewisse Ähnlichkeit mit den geometrischen Eigenschaften von höheren Individuen, ihrer Form und Gestalt und ihrer funktionalen und relationalen Einbettung in der Welt gegeben ist. Die intrinsischen Eigenschaften höherstufiger Individuen, das ist vor allem die reiche innere Erlebnisperspektive, existieren aber in der virtuellen Welt nicht. Kein rein virtuelles Wesen in einem Computerspiel erlebt irgendetwas. Es verhält sich, *als ob* es etwas erlebte. Damit haben wir einen zentralen Punkt erreicht, um zu verstehen, was eine virtuelle Welt ist. Sie ist nur fast eine reale Welt, nur *virtually* eine reale Welt, weil ihr bestimmte intrinsische Eigenschaften fehlen, obwohl alle funktionalen Abläufe mit großer Ähnlichkeit abgebildet sind. Dies gilt insbesondere für die intrinsischen Eigenschaften des phänomenalen Erlebens. Da es in den virtuellen Welten keine höherstufigen Individuen gibt, sondern nur simple Elementarteilchen, die so angeordnet sind, dass gewisse Strukturähnlichkeiten mit höheren Individuen entstehen, gibt es in der virtuellen Welt keine Erlebnisperspektive. Im vorliegenden Kontext soll aus Gründen, die nach und nach noch deutlicher werden, mit dieser Charakterisierung der virtuellen Welt gearbeitet werden.

Damit ist ein relativ eng umgrenzter Begriff der virtuellen Welt Grundlage der Argumentation; einer, den viele vielleicht für zu eng halten werden. Könnte man nicht auch sagen, dass sich Menschen in einer Internet-Kommunität in einem virtuellen Raum treffen statt in einem realen Raum, wie zum Beispiel dem Nebenzimmer einer Gaststätte? Diesem Vorschlag fehlt aber die erforderliche begriffliche Schärfe. Dann haben sich nämlich auch die Steinzeitmenschen, die durch Trommeln über weite Entfernungen kommuniziert haben, einen virtuellen Raum geschaffen. Das Internet ist nur ein Ensemble von hochtechnologischen „Trommeln", die statt mit Schallwellen mit elektromagnetischen Wellen arbeiten. Außerdem sind natürlich die Ausdrucksmöglichkeiten nuancierter, reicher, und Information kann gespeichert werden. Es sind auch die Kommunikationsmöglichkeiten, die Bandbreite möglichen Rollenverhaltens und die Plastizität des sozialen Gefüges größer geworden. Aber dennoch ist das Internet zunächst ein Kommunikationsmedium zwischen natürlichen Individuen. Solange es jedenfalls als ein Kommunikationsmedium zwischen natürlichen Individuen benutzt wird, bleibt es unverständlich, warum man allein dadurch schon von einer virtuellen Realität sprechen sollte, nur weil hier komplexe digitale Informationsverarbeitung vorliegt. Der Aspekt der Virtualität kommt erst in dem Maße buchstäblich „ins Spiel", wenn im Computer Figuren auftauchen, die bloße Simulationen echter Individuen sind, beispielsweise in Spielen.

Man kann den Punkt, um den es hier geht, auch am Film „Matrix" der Brüder Wachowski deutlich machen. Nach der gängigen Interpretation ist die Matrix eine virtuelle Welt. Aber dieser Gedanke ist sehr problematisch. Die Matrix ist gerade keine virtuelle Welt in dem hier entwickelten Sinne, denn wer in der Matrix stirbt, stirbt auch in der Realität. Warum das so ist, wird an keinem Punkt des Films wirklich überzeugend erklärt, aber man sieht sofort ein, dass der Film seine Dramatik komplett verlieren würde, wenn nicht die Wesen in der Matrix fest mit dem Schicksal realer Wesen verbunden wären. Wäre die Matrix eine reine Simulation, eben eine rein virtuelle Welt, dann wäre der Tod eines ihrer Bewohner letztlich ohne wirkliche ontologische Signifikanz für ein natürliches Individuum. Es wäre kein echtes Individuum untergegangen, sondern nur die Simulation eines Individuums. Aber ganz abgesehen von dieser Eigentümlichkeit der Geschichte gibt es im Film Matrix nicht zwei gleichberechtigte Welten, sondern nur *eine* reale Welt, in der sich die Bewohner systematisch über vieles irren, weil ihre Erkenntnisorgane, ihre Gehirne, auf andere Weise kausal in die Welt eingebettet sind, als es ihrer evolutionär entstandenen funktionalen Rolle entspricht. In dem Film Matrix gibt es höherstufige Individuen mit einer reichen Innenperspektive. Sie befinden sich in einer Nährlösung und sind an Schläuche angeschlossen. Sie täuschen sich allerdings über eine Menge ihrer Eigenschaften, wie zum Beispiel das Aussehen ihrer Körper und ihre Lokalisation im Raume. Es ist ja nichts anderes als das alte kartesische Bild des *Genius malignus* in moderner Form: eine systematische Täuschung der in dieser Welt lebenden Individuen. Aber durch systematische Täuschung entsteht nicht neben der realen Welt eine zweite gleichberechtigte Welt, denn wäre die durch Täuschung vorgestellte Welt real, wären die Gedanken über sie nicht mehr falsch, sondern wahr. Die Menschen in der Matrix lebten dann nicht mehr in einer illusionären Welt, aus der sie befreit werden müssten. Es ist die Pointe einer Illusion, gerade nicht die Realität zu treffen. Wenn Agent Smith nur ein Programm in der Maschine ist, dann ist er eben kein echtes Individuum wie Neo oder Morpheus, weil ihm eine bewusste phänomenale Innenperspektive fehlt.

Das Problem des Fremdpsychischen

Eine unserer am tiefsten verwurzelten Überzeugungen ist, dass die anderen Menschen ähnliche bewusste Empfindungen haben wie ich selbst. Wie gewinnt man diese Überzeugung und wie lässt sie sich rechtfertigen? Man gewinnt diese Überzeugung nicht dadurch, dass man einen wie auch immer gearteten Zugang zu den bewussten Zuständen der anderen erlebenden Wesen hat. Hier besteht eine eigentümlich epistemische Asymmetrie zwischen der Selbsterfahrung und der Erfahrung der Außenwelt. Der radikale kartesische Zweifel macht dies deutlich. Es ist nicht widersprüchlich anzunehmen, dass ich mich über die Existenz aller anderen bewussten Erlebnisperspektiven täusche, dass ich die ganze Welt inklusive all ihrer erlebenden Wesen nur träume. Aber ich kann nicht ohne Widerspruch denken, dass ich mich selbst darüber täusche, ein mit Bewusstsein ausgestattetes Wesen, eine *res cogitans*, zu sein. Wenn die Eigenschaften des phänomenalen Erlebens zu den intrinsischen Eigenschaften von natürlichen Individuen, zumindest den höherstufigen, gehören, dann befinden wir uns in der misslichen Lage, dass wir kein Erkenntnisorgan haben, um diese bei Anderen direkt zu erkennen. Einzig bei uns selbst ist uns der Strom des Bewusstseins unmittelbar gegeben. Die epistemische Asymmetrie wird auch durch das bekannte Gedankenexperiment der perfekten Neurophysiologin verdeutlicht. Nehmen wir an, eine Hirnforscherin kenne alle kausalen Mechanismen im Gehirn lückenlos, sie hat also ein vollkommenes Wissen über die physiologischen Tatsachen im Gehirn. Auf dem Gebiet der Hirnforschung ist sie *ex hypothesi* allwissend und kann nichts mehr dazulernen. Nehmen wir weiter an, dass diese Hirnforscherin in einer Schwarz-Weiß-Welt lebt und niemals eine Farbe gesehen hat. Wenn sie nun ihre Schwarz-Weiß-Welt verlässt und zum ersten Male eine Farbe sieht, hat sie dann etwas Neues gelernt? Sie scheint gelernt zu haben, wie es sich anfühlt, Farben zu sehen. Das wusste sie vorher nicht. Sie hat zumindest die Welt auf eine neue Weise kennengelernt, einen Zugang eröffnet bekommen, der ihr bisher verschlossen war. Kein noch so genaues Studium des Gehirns erschließt den Zugang zu den intrinsisch phänomenalen Eigenschaften eines erlebenden Wesens. Selbst das komplette Wissen um das Fledermaushirn ermöglicht uns nicht zu wissen, wie es sich anfühlt, eine Fledermaus zu sein. Mehr noch: Selbst wenn wir die

Gefühle eines anderen Wesens oder einer anderen Person doch irgendwie „wahrnehmen" könnten, dann könnte ich sie nur als meine eigenen empathischen Gefühle und nicht als Gefühle des Anderen wahrnehmen.

Wenn wir zu dem zu Anfang eingeführten Gedankenexperiment der Partikelwelt und der Plenumswelt zurückkehren, so kann man jetzt analog feststellen, dass die Weise, wie unsere Sinnesorgane uns die Außenwelt präsentieren, völlig neutral gegenüber der Frage ist, ob die Wesen, denen wir begegnen, intrinsische Erlebnisperspektiven haben oder nicht. Die Sinne liefern uns also eine Abstraktion der Realität. Es kann sein, dass die wahrgenommenen Wesen eine intrinsische Erlebnisperspektive haben, es könnte aber auch sein, dass sie gar nichts erleben, sondern nur eine Art von Roboter, eben metaphysische Zombies, sind. Wir erleben die Welt so, dass sie uns außer im Falle unseres eigenen Bewusstseins die intrinsischen phänomenalen Eigenschaften nicht enthüllt. Dies ist ein entscheidender Grund, warum virtuelle Welten, in denen höherstufige Individuen vorkommen, überhaupt als real erlebt werden können. Sie unterscheiden sich nämlich in der Weise, wie sie uns empirisch gegeben sind, idealerweise nicht von der realen Welt. Weder in der realen Welt noch in einer virtuellen Welt können wir die intrinsischen Erlebnisgehalte anderer Wesen direkt wahrnehmen. Die reale und die virtuelle Welt sind funktional äquivalent, jedenfalls wenn die virtuelle Welt die reale Welt isomorph abbildet. Dennoch besteht zwischen der realen Welt und der virtuellen Welt ein fundamentaler Unterschied, wenn die hier entwickelte Metaphysik korrekt ist. In der virtuellen Welt gibt es keine Individuen mit Erlebnisperspektiven. Es mag etwa bei einem interaktiven Computerspiel im Hintergrund Individuen mit Erlebnisperspektiven geben (die Mitspieler), aber die sind mir sinnlich nicht direkt gegeben. Die virtuellen Individuen als virtuelle Individuen erleben nichts. Sie sind ja keine realen höherstufigen Individuen, sondern nur eine Anordnung von Elementarteilchen, die gewisse räumliche und funktionale Eigenschaften von höherstufigen Individuen abbilden. In einem Spiel ohne reale Mitspieler hat man es dann nur noch mit Simulationen von Individuen zu tun. Dieses Spiel findet in diesem Sinne vollständig in einer virtuellen Welt statt. Wenn die Simulation aber gut genug gemacht ist, unterscheidet sie sich kaum von der sinnlichen Wahrnehmung der realen Welt. Funktionale Äquivalenz ist ja die Pointe einer Computersimulation. Weil uns in der realen Welt die intrinsischen phänomenalen Eigenschaften ebenfalls nicht direkt gegeben sind, kann die nahezu perfekte Illusion der Virtualität gelingen.

Wenn die reale Welt unserer durch die Sinne vermittelten Beobachtung aber gewisse Eigenschaften wie die des phänomenalen Erlebens nicht zugänglich macht, dann fragt sich, wie wir trotzdem zu der begründeten Überzeugung gelangen, dass andere Wesen, die sich so verhalten wie ich selbst, ebenso mit einer bewussten

Innenperspektive ausgestattet seien. Das ist eine vieldiskutierte und sehr schwierige Frage. Es soll hier die These vertreten werden, dass es sich um einen Schluss auf die beste Erklärung handelt. Ein Schluss auf die beste Erklärung liegt dann vor, wenn eine Erklärung unter einer Anzahl von Konkurrenten die Beste zu sein scheint. Eine deduktive Erklärung leitet eine Konsequenz *b* aus einer Annahme *a* ab. Eine induktive Erklärung schließt von mehreren Fällen von *a* und *b* zur gleichen Zeit auf einen universellen Zusammenhang der Art „*a impliziert b*". Ein solches induktives Element liegt hier auch vor, da man von der eigenen Erfahrung auf alle anderen Fälle schließt. Allerdings hat man nur den einen einzigen Fall des eigenen Bewusstseins als Grundlage des induktiven Schlusses. Man sollte daher besser von einem abduktiven Schluss sprechen, wo *a* als eine *Erklärung* von *b* angenommen wird. Da es aber mehrere Erklärungen für *b* gibt, handelt es sich bei dieser Schlussfigur strikt genommen um einen logischen Fehlschluss. Es wird aber den philosophisch kritischen Leser nicht überraschen oder gar beunruhigen, dass sich unsere fundamentalen metaphysischen Überzeugungen wie etwa die Existenz der Außenwelt, die Realität der Vergangenheit oder auch die Existenz anderer bewusster Wesen nicht logisch (und schon gar nicht empirisch) beweisen lassen. Wann gilt eine Erklärung nun als gut? Diese Frage muss vorab beantwortet werden, will man die beste Erklärung in einem konkreten Fall bestimmen. Eine Erklärung ist dann besonders gut, wenn sie gleichzeitig einfach und kraftvoll ist. Sie sollte also ohne komplizierte theoretische Zusatzannahmen einen möglichst großen Phänomenbereich verständlich machen. Die Annahme, dass andere Personen und Lebewesen, deren Verhalten meinem eigenen Verhalten in relevanter Hinsicht ähnelt, über eine ebensolche bewusste Innenperspektive verfügen wie ich, ist eine solche einfache und kraftvolle Erklärung *par excellence*. Ein solcher abduktiver Schluss ist – wie erwähnt – nie zwingend, denn er beruht immer auf einer subjektiven Einschätzung dessen, was eine gute Erklärung ist. Schon Voltaire hatte darauf hingewiesen, dass zudem eine ungeprüfte Annahme vorausgesetzt wird; nämlich die, dass unsere Welt so beschaffen ist, dass in ihr epistemisch gute Erklärungen wahr sind und epistemisch weniger gute Erklärungen (weil z. B. weniger einfach) falsch sind. Woher wissen wir das? Aber lassen wir das auf sich beruhen. Um den Bogen des Gedankengangs zu schließen, müssen wir abschließend zur Frage der Genese des moralischen Bewusstseins übergehen.

Die Entwicklung des moralischen Bewusstseins

Auch dieser Frage soll hier aus rein philosophischer, nicht aus evolutionsbiologischer, entwicklungspsychologischer oder soziologischer Perspektive nachgegangen werden. Der philosophisch zentrale Punkt in der Entwicklung des moralischen Bewusstseins liegt in einer *Anerkennung*. Moralisches Empfinden und Urteilen hängen davon ab, dass man ein anderes Wesen als ein solches anerkennt, das einen sittlichen Anspruch an mich stellen kann. Der fundamentale Grund dafür, dass ein anderes Wesen, sei es Tier oder Mensch, einen sittlichen Anspruch an mich stellen kann, liegt nun darin, dass es empfindungsfähig ist. Ein Wesen, das sich wie ein Mensch verhielte, aber keine phänomenalen mentalen Zustände hätte, also ein empfindungsloser menschenähnlicher Roboter, stellt keinen sittlichen Anspruch an mich. Man kann ihn behandeln wie eine Sache. Ein Tier, das nicht in kartesischer Tradition als Maschine, sondern als empfindungsfähiges Wesen betrachtet wird, ist hingegen genau deshalb keine bloße Sache und stellt daher auch einen moralischen Anspruch, selbst wenn es keine Person ist. Woher weiß man, dass das Tier und auch der andere Mensch etwas empfinden? Wir haben nichts anderes als den weiter oben erwähnten Schluss auf die beste Erklärung. Die Anerkennung des Fremdpsychischen, die Anerkennung von anderen Wesen als solche, die mit Bewusstsein ausgestattet sind, beruht auf dem Schluss auf die beste Erklärung. Damit ruht aber eine wesentliche Säule der Sittlichkeit und der Moral, unsere natürliche moralische Einstellung, auf genau diesem Schluss auf die beste Erklärung. Sollte dieser Schluss in seiner Stärke, das heißt in seiner universellen Anwendbarkeit, fraglich werden, so würde das Fundament unserer natürlichen moralischen Einstellung ebenso unterminiert werden.

Und damit ist nach langer Vorrede der eigentliche Punkt dieser Darlegung endlich erreicht. Die philosophisch brisante Frage ist, ob das Leben in virtuellen Welten, in denen empfindungslose Simulationen, die sich verhalten wie Tiere oder Menschen und von ihnen zunehmend ununterscheidbar werden, aber eben nicht mit Bewusstsein ausgestattet sind, die intuitive Kraft des Schlusses auf die beste Erklärung und damit die natürliche moralische Einstellung unterminiert. Der Film mag hier als Übergangsfall aufschlussreich sein. Hier treten zwar echte Individuen auf, aber ihre psychische Innenwelt ist meist bereits simuliert (außer im Dokumentarfilm). Ein guter Schauspieler ist eben jemand, der bestimmte intrinsische phänomenale Zustände wie beispielsweise Schmerz funktional im Verhalten gut vorspiegeln kann. Wer sich zunehmend in einer Welt von TV-Serien zuhause fühlt, hat es daher schon in Ansätzen mit einer Pseudowelt zu tun, deren Bewohner eben keine sittlichen Ansprüche an den Zuschauer stellen. Es ist letztlich eine „feige Liebe am fernen Objekt", die nichts „kostet", kein Risiko eingeht, weil vom Gegenüber kein sittlicher Anspruch an mich gestellt wird, jedenfalls nicht in dem Maße, wie das ein Mensch in einer realen, nicht gespielten Situation vermöchte. Damit ist nicht geleugnet, dass man im Spielfilm durch den transportierten kognitiven Gehalt das moralische Bewusstsein des Zuschauers stärken kann. Das stimmt, steht aber mit dem Thema der Virtualität in keinem direkten Zusammenhang. Im Spielfilm sind aber wegen der Dissoziation von Verhalten (funktional-relational) und Erleben Handlungen bedenkenlos möglich, die in der Realität unmoralisch sind, eben weil der „verprügelte" Stuntman keinen wirklichen Schmerz erleidet, sondern sich nur verhält wie jemand, der Schmerzen empfindet.

Die so vom Zuschauer beobachteten Verhaltensmuster könnten dann aber vertraut werden (Abstumpfung) oder sogar zur Nachahmung einladen. Wenn dies so wäre, dann erfolgte hier schon ein erster Schritt der Abschwächung des Schlusses auf die beste Erklärung, der – wie gezeigt wurde – eine unverzichtbare Grundlage des moralischen Empfindens ist. Die Dissoziation von menschlichem Verhalten mit den normalerweise mit diesem Verhalten verbundenen Empfindungen wäre bereits im Gange. Unmerklich vielleicht wegen der insulären Partikularität der filmischen Erfahrung, die daher gegenüber der Fülle der Realität eben letztlich doch noch blass und irreal wirkt, aber die Stärke und Generalität des Schlusses auf die beste Erklärung wäre bereits verringert. Würde ein Mensch immer mehr und immer jünger und damit prägbarer in eine solche filmische Welt eintauchen, so sollte man vermuten, dass der unterminierende Effekt stärker würde. Die natürliche moralische Einstellung könnte abgeschwächt werden. Auf die jetzt naheliegende Frage, ob man diesen Effekt empirisch nachweisen kann, wird weiter unten noch eingegangen werden. Zunächst soll der Gedankengang weiter entwickelt werden.

Der Film stellt aber nur ein Übergangsphänomen zwischen realer und virtueller Welt dar. Das Computerspiel kommt einer virtuellen Welt im hier entwickelten Sinne schon viel näher. Die auftretenden Individuen sind reine Simulationen, keine höherstufigen Individuen mit einer Erlebnisperspektive. Sie sind nur komplexe Anordnungen von physischen Elementarteilchen auf einer Projektionsfläche, denen jede innere Einheit fehlt. Sie sind lediglich in einer Weise so arrangiert, dass sie gewisse funktionale Eigenschaften von Lebewesen (z. B. Bewegung im Raum) simulieren. Das geschieht heute noch unvollkommen, aber das Fernziel ist eine Isomorphie, die eine praktische Ununterscheidbarkeit impliziert. Da der Spieler durch aktives Eingreifen in das Spielgeschehen ein intensiveres Eintauchen (Immersion) in die virtuelle Welt erlebt, werden sich auch Verhaltensmuster nicht nur durch Abstumpfung oder Nachahmung verändern, sondern direkt praktisch eingeübt. Unter Berücksichtigung der lebenslangen Lernfähigkeit und neuronalen Plastizität wäre es naiv anzunehmen, dass dieses Verhalten nicht kausale Spuren im Nervensystem hinterlassen würde. Diese Spuren sind nichts anderes als erlernte Muster des Verhaltens, die in späteren Situationen wieder abgerufen werden können oder sich spontan einstellen oder aufdrängen. Gerade in diesem Zusammenhang ist es von

Bedeutung daran zu erinnern, dass die reale Welt sich empirisch prinzipiell nicht von der virtuellen Welt unterscheidet, da die Eigenschaften des phänomenalen Erlebens anderer Personen nicht empirisch wahrnehmbar sind. Das neuronale Netzwerk wird also eine Tendenz zeigen, sich auch in der realen Welt auf die in der virtuellen Welt eingeübten Muster einzupendeln, um so auf Umweltsituationen adäquat und wie gelernt zu reagieren. Wenn das nicht so wäre, wäre ein Training von Piloten im Simulator unsinnige Zeitverschwendung. Auch Soldaten üben heute bereits das Kampfgeschehen in virtuellen Simulationen. Wenn die dort erworbenen Verhaltensmuster sich nicht bis zum quasi-automatischen Ablauf auch in der realen Welt verfestigen würden, wäre ein solches Training sinnlos. Genau hier liegt aber das Problem. Da der Spielende oder Trainierende weiß, dass in der virtuellen Welt Verhalten und Erleben dissoziiert sind, der relevante Schluss auf die beste Erklärung also nicht gilt, wird die Stärke dieses Schlusses, seine generelle Gültigkeit, unterminiert. Damit wird aber, wie gezeigt wurde, potenziell eine Säule des moralischen Bewusstseins unterminiert. Der Blick ins Gesicht der anderen Person impliziert nicht mehr direkt einen moralischen Anspruch an mich, weil ich äußerlich einen von diesem ununterscheidbaren Blick tausendmal erlebt habe, ohne dass er irgendeinen Anspruch an mich stellte.

Nun kann man mit guten Gründen vermuten, dass diese Unterminierung des Schlusses auf die beste Erklärung in der Praxis oft gering ausfällt, weil die dissoziierenden Erfahrungen partikulär und abgeschottet sind und von einer Reihe intensiver Erfahrungen in der realen Welt ausgeglichen werden. Solange dies der Fall ist, wird die handelnde Person den Bereich der virtuellen Welt sozusagen in Quarantäne isolieren können. Verhaltensmuster, die dort möglich sind, dürfen diesen eng umgrenzten Bereich nicht verlassen. Es wäre schön, wenn wir immer derart souverän mit unserem Gehirn umgehen könnten. Die Idee eines souverän über den verschiedenen neurophysiologisch eingespielten Verhaltensmustern schwebenden „Ichs", das dann völlig autonom je nach Kontext entscheidet, welches Modul gerade aktiviert wird, ist aber sehr kartesisch, dualistisch und vermutlich falsch. Es gibt keinen Homunculus, der die neuronale Symphonie dirigiert. Fest eingespielte Muster haben eine Eigendynamik, bringen sich in das Konzert mit ein, ob man es will oder nicht.

Hinzu kommt, dass die Ausflüge in die virtuellen Welten oft genug mit einer gewissen Suchttendenz wiederholt und intensiviert werden, da sie mit gewissen Belohnungserfahrungen verbunden werden. Suchterzeugende Substanzen erhöhen die Menge an Dopamin an der Synapse. Über die Dopaminfreisetzung bei Computerspielen gibt es genügend Literatur, die im Kontext einer rein philosophischen Erörterung aber nicht weiter beachtet werden soll. Philosophisch sollte man eher an die eigene Erfahrung der Leserschaft appellieren, insbesondere an Erfahrungen des

Eskapismus in Situationen, die von den Sorgen des Alltags vorübergehend entbinden und unmittelbare Bedürfnisbefriedigungen versprechen. Nicht wenige Eltern kennen die Notwendigkeit, das Spielverhalten ihrer Kinder in virtuellen Welten zeitlich rationieren zu müssen und werden dabei nicht selten mit einer Art von Entzugsphänomenen (craving) konfrontiert. Je perfekter die virtuellen Welten in den nächsten Jahrzehnten werden, desto häufiger wird sich eine schwer zügelbare Tendenz zum lang andauernden völligen Eintauchen in eine virtuelle Welt bemerkbar machen. Desto mehr werden dann aber auch die dort erworbenen Verhaltensmuster verfestigt und sie werden auch schwerer situativ isolierbar. Die natürliche moralische Einstellung, die auf einem Schluss auf die beste Erklärung beruht, wird dann fast unausweichlich weiter unterminiert. Weil sich der Schluss auf die intrinsische Ähnlichkeit des anderen mit mir nämlich in den virtuellen Welten nicht nur nicht bewährt, sondern sich zum Beispiel in einem Computerspiel als direkt hinderlich und kontraproduktiv erweist, muss er zwangsläufig bei einigen oder vielen Menschen seine universelle Gültigkeit, und damit an Stärke, einbüßen. In welchem Maße das auf das Verhalten Auswirkungen hat, ist eine offene, und sicherlich auch keine philosophische Frage. Die Philosophie kann gleichsam nur das Thema der gesellschaftlichen Aufmerksamkeit nahe legen, mehr als eine besorgte Frage denn als eine Antwort. Eine medienpädagogisch und medienpolitisch reflektierte Gesellschaft wird daher diesen Zusammenhang bedenken müssen und sich gegenüber einer unkontrollierten Tendenz zu immer stärkerem Eintauchen in virtuelle Welten gerade ihrer jüngeren und damit prägbareren Mitglieder kritisch zeigen. Wenn die hier vorgelegte Analyse korrekt ist, dann stehen die virtuellen Welten der realen Welt nicht einfach gleichwertig gegenüber. Weil es in ihnen keine intrinsischen Erlebnisperspektiven gibt, sind sie in gewisser Weise hohl, es fehlt ihnen der Reichtum der Erfahrung, der letztlich der realen Welt erlebte Intensität und Wert gibt.

Man wird sich nun fragen, ob die hier entwickelte philosophische These empirisch untersuchbar und bestätigbar ist. Dies mag bei einigen Einzelphänomenen gelingen, wird für die These in ihrer umfassenden Stärke aber nicht gelingen können. Man kann beispielsweise messen, ob Kinder direkt nach dem Spielen eines an gewaltsamen Aktivitäten reichen Computerspiels mehr zu aggressiven Handlungen neigen als eine Kontrollgruppe. Das sind ohne Zweifel interessante Untersuchungen. Die hier vorgelegte These legt es aber nahe, dass ein so tief verwurzeltes Verhaltensmuster wie die natürliche moralische Einstellung auf Grund der Anerkennung des Fremdpsychischen sich nicht im Rahmen von isolierbaren Versuchsbedingungen auf signifikante Weise ändern wird. Ein solcher Prozess ist so großflächig und schleichend, so holistisch und implizit, dass er sich gegen die Isolation unter Laborbedingungen sträubt. Um hier zu empirisch verwertbaren Ergebnissen zu kommen, müsste man zwei Gesellschaften vergleichen, die sich in allen Aspekten weitgehend ähneln, nur dass sie im Umgang mit medial vermittelten virtuellen Welten völlig andere Wege einschlagen. Dies ist in der globalisierten Welt nicht der Fall. Eine solche Kontrollgruppe gibt es nicht und wird es vermutlich nie geben. Im Tractatus schreibt Ludwig Wittgenstein den vielzitierten Satz: „Wir fühlen, dass selbst, wenn alle möglichen wissenschaftlichen Fragen beantwortet sind, unsere Lebensprobleme noch gar nicht berührt sind." (2007, 6.52) Die Frage danach, in welchem Umfang wir die reale Welt zu Gunsten von immer verfeinerten virtuellen Welten verlassen wollen, ist genau so ein Lebensproblem, auf das wir vernünftigerweise von den empirischen Wissenschaften keine Antwort erwarten können. Es ist letztlich eine Frage der Weltanschauung, der implizit gelebten oder explizit entwickelten Philosophie der Realität und der Virtualität, die eine Antwort auf diese Frage nahe legt, weil sie ein Werturteil impliziert. Die Welt, die durch reiche intrinsische Erlebnisperspektiven charakterisiert ist, die reale Welt, realisiert einen höheren Wert. Ich habe zu argumentieren versucht, dass ein ausufernder Aufenthalt in medial vermittelten virtuellen Welten den Blick auf diesen Reichtum und Wert der realen Welt trüben kann. Dieser liegt vor allem in der Intensität des bewussten Erlebens der Bewohner der realen Welt. Es ist diese Dimension, die in einer bloß simulierten Welt weitgehend fehlt. Wer diesen Verlust an Intensität und damit auch an Wert nicht mehr spürt, hat sich vielleicht schon eine rein funktionalistische Sicht der Wirklichkeit zu eigen gemacht. Aber das ist eben eine philosophische Entscheidung, die uns die empirische Wissenschaft nicht abnehmen kann.

Literatur

Brüntrup, Godehard (2004): Zur Kritik des Funktionalismus. In: Köhler, Wolfgang/ Mutschler, Hans-Dieter (Hrsg.): Ist der Geist berechenbar? Philosophische Reflexionen. Darmstadt: WBG, S. 58-76

Brüntrup, Godehard (2009): Natural Individuals and Intrinsic Properties. In: Honnefelder, Ludger/ Edmund Runggaldier/ Benedikt Schick (Hrsg.): Unity and Time as Problem in Metaphysics. Berlin: Walter de Gruyter, S. 237-252

Haugeland, John (1993): „Pattern and Being". In: Dahlboom, Bo (Hrsg.): Dennett and his Critics. Cambridge: Blackwell, S. 53-69

Hume, David (1886): A Treatise of Human Nature (zuerst 1739). London: New Edition

Russell, Bertrand (1927): The Analysis of Matter. London: Routledge

Unger, Peter (2006): All the Power in the World. Oxford: OUP

Whitehead, Alfred N. (1997): Science and the Modern World (zuerst 1925). New York: The Free Press

Wittgenstein, Ludwig (2007): Logisch-Philosophische Abhandlung. In: Ostwald, Wilhelm
    (Hrsg.): Annalen der Naturphilosophie 14 (1921). Abgedruckt in Band 1 der Wittgen-
    stein Werkausgabe. Frankfurt a. M.: Suhrkamp

Entwicklung und Erziehung unter den Bedingungen von Medialität

Dieter Spanhel

Für den Zusammenhang Mensch – Medien sind die anthropologischen Konstanten Entwicklung und Erziehung von fundamentaler Bedeutung. In der Medienpädagogik ist meist vom Aufwachsen in der Mediengesellschaft (Spanhel 2006), vom Medienzeitalter (Moser 1999), von der Wissensgesellschaft oder der Netzwerkgesellschaft die Rede (Castells 2001). Dabei geht es um Probleme der Mediensozialisation, um Medienwirkungen oder um Bildungschancen für die Heranwachsenden in der Folge der rasanten Medienentwicklungen und gesellschaftlichen Veränderungen. Nach der anthropologischen Dimension dieser Veränderungen wird selten gefragt (Liedtke 1997; Spanhel 2003): Was bedeuten diese Veränderungen im Medienbereich für die Entfaltung und Gestaltung des Menschseins im Lebenslauf? Wie vollzieht sich auf der Grundlage der heutigen medialen Gegebenheiten die ontogenetische Entwicklung der Heranwachsenden? Um diese anthropologischen Fragen soll es hier gehen.

In der Medienpädagogik hat kürzlich Theo Hug (2007) eine genauere Klärung der Begriffe Medien, Medialität und Medialisierung auch aus anthropologischer Sicht eingefordert. Die Medienpädagogik müsse nach seiner Auffassung einen „mediatic turn" vollziehen, um wichtige Konsequenzen beschreiben zu können, die sich aus der Tatsache ergeben, dass „die grundlegende Medialität unserer Selbst- und Wirklichkeitsbezüge angesichts technologischer und medienkultureller Entwicklungsdynamiken in besonderer Weise fragwürdig geworden ist" (S. 28).

Auch Manfred Faßler (2003) kommt zu dem Ergebnis, dass sich unsere gegenwärtigen zeichen-, bild- und textgestützten, technikverstärkten, medienintegrierten Kulturen in einem Prozess der „medialen Reorganisation" befinden, der mit globalen technologischen Standardisierungs- und Individualisierungsprozessen in den Bereichen der Nutzung, Rezeption und Gestaltung verbunden ist. In der Konsequenz seien in gleicher Weise problematisch „die Realität und wissenschaftliche Terminologie gesellschaftlicher Integration, personaler Identität und kultureller Selbstdefinition". (S. 42)

Angesichts dieser Probleme als Folge der Beschleunigung der kulturellen Evolution ist es an der Zeit, dass wir unsere Aufmerksamkeit verstärkt auf die mediale Dimension des Menschseins richten. „*Mediales* meint (…) die menschliche Fähigkeit und Absicht, sich mit Zeichen von Gegenständen und Umwelten zu unterscheiden und diese in denkbarer Nähe zu halten, *Symbole* als *Kohärenzmuster* für künstliche Umwelten zu entwickeln und Netze symbolischer Beziehungen als Weltbeschreibung oder -versprechen durchzusetzen." (Faßler 2003, S. 35) Erst auf diesem Fundament wurde es dem Menschen im Verlaufe seiner Geschichte möglich, reflexive, repräsentative, symbolische Ordnungen und eigene künstliche, virtuelle, fiktionale Umwelten zu erzeugen, also Kultur hervorzubringen. Der Mensch ist zugleich Schöpfer und Geschöpf der Kultur (Landmann 1961). Jede Generation muss in die vorhandene Kultur hineinwachsen, sie übernehmen, weiter entwickeln und an die nächste Generation weitergeben. Die menschliche Entwicklung vollzieht sich daher in jeder historischen Epoche in der Auseinandersetzung mit den symbolischen Sinnwelten der Kultur auf der Grundlage des Erwerbs der Zeichen- und Medienfähigkeit im Lebenslauf. Angesichts der Dynamik der kulturellen Evolution werden diese Rahmenbedingungen vielfach problematisch. Daher sind die Heranwachsenden beim kulturellen Lernen (Tomasello 2002) und bei der Ausbildung ihrer Persönlichkeit mehr als je zuvor in der Geschichte auf Lernhilfen in Form von Erziehung angewiesen, die sich im Laufe der kulturellen Evolution als eigenes gesellschaftliches System ausdifferenziert.

Die Untersuchung des Zusammenhangs von Entwicklung und Erziehung unter diesen Bedingungen von Medialität muss daher aus einer genetischen Perspektive erfolgen: Es geht um die wechselseitig sich bedingende Entwicklung psychischer, sozialer, kultureller Systeme und Mediensysteme. Dafür bietet sich eine systemtheoretische Betrachtungsweise an (Maturana/ Varela 1987; Willke 1991; Büeler 1994; Spanhel 2006). Aus dieser Sicht ergeben sich folgende pädagogische Fragen:

- Wie vollzieht sich die Entwicklung des Menschen in einer Umwelt, in der er von Geburt an mit allen, auch den neuesten digitalen, multifunktionalen Medien konfrontiert ist? Welche Erfahrungsmöglichkeiten und Lernchancen sind damit verbunden?

- Welche besonderen Lernanforderungen und Erziehungsaufgaben resultieren aus der zunehmenden Medienkonvergenz auf der Grundlage der Digitalisierung und Vernetzung und mit der Besonderheit der computergenerierten Zeichen und Zeichensysteme?

- Welche pädagogischen Hilfen müssen daher den Heranwachsenden gegeben werden, damit sie ihre Fähigkeiten zum Zeichengebrauch entwickeln und ihre Identität ausbilden können, um sich in eine von symbolischen Sinnsystemen dominierte Gesellschaft integrieren und aktiv und produktiv an ihr teilhaben zu können?

Der Zusammenhang von Mensch, Medien und kultureller Evolution aus historischer Sicht

Die Schwierigkeit einer genetischen Betrachtungsweise liegt in der Gleichzeitigkeit und wechselseitigen Bedingtheit der strukturellen Transformationen in den unterschiedlichen Systemen, dem biologischen und psychischen System des Menschen, den Sozialsystemen und den symbolischen/ zeichenhaften Sinnsystemen der Medien. Um die zunehmende Beschleunigung der kulturellen Evolution im Zusammenhang mit der Entwicklung der Zeichensysteme und der Medien verstehen zu können, möchte ich einige Entwicklungslinien nachzeichnen (Spanhel 2003).

Die Strukturen des biologischen Systems haben es den Menschen ermöglicht, in der Auseinandersetzung mit ihrer Umwelt Unterscheidungen zu treffen und Muster zu abstrahieren. Diese wurden zuerst an körperunabhängige materielle Zeichen (z. B. auf Stein oder Rinde, Höhlenmalereien) gebunden. Mit Hilfe von Zeichen konnten sich die Menschen ihre Erkenntnisse und Erfahrungen gemeinsam machen: Mittels Zeichen konnten sie sich über die Welt, über einander und über sich selbst verständigen. Das sind über die Jahrtausende hinweg bis zu den modernsten Medien heute die anthropologischen Funktionen der (Kommunikations-) Medien (Boeckmann 1994). Mit der Ablösung der Zeichen vom menschlichen Körper werden eine orts- und zeitunabhängige Vermittlung von Erfahrungen und eine Ausdifferenzierung der Zeichensysteme möglich. Die Weitergabe an entfernte Personen und die Tradierung der Erfahrungen über Generationen hinweg bringt die kulturelle Evolution in Gang. Jede Generation kann nun auf den kulturellen Errungenschaften der vorausgehenden Generation aufbauen und diese weiter entwickeln. Dabei wirkt die Kultur über die Medien auf die menschliche Abstraktions-, Zeichen-, Kommunikations- und Medienfähigkeit zurück. Sie bilden die Grundlage der menschlichen Lernfähigkeit, die sich im Verlaufe der kulturellen Evolution enorm verbessert. Die Vermehrung kultureller Erkenntnisse erzwingt jedoch auch eine Ausdifferenzierung der medialen Repräsentationen, der symbolischen/ zeichenhaften Sinnsysteme.

Um die Weiterentwicklung der Medien zu verstehen, brauchen wir daher einen *Begriff von Medien*. Nach Boeckmann (1994, S. 35) sind Kommunikationsmedien Systeme, die den Bezug zwischen den Gedanken der Kommunikationspartner ermöglichen. Sie bestehen aus Zeichen, die den gedanklichen Bezug herstellen (die kognitiv-semiotische Komponente), aus Signalen (die materiell-sensorische Komponente), die die Verbreitung und Wahrnehmung der Zeichen ermöglichen und sie erfordern schließlich den Kontakt (die soziale Komponente) als Grundlage des medialen Prozesses.

Mit der Erfindung der *Zeichen* wurde es dem Menschen möglich, in seinem Kopf symbolische Repräsentationen der Welt zu konstruieren und mit der Entwicklung der Zeichensysteme ein immer differenzierteres inneres Weltbild aufzubauen. Das erlaubte ihm geplantes Handeln sowie die Reflexion und Verbesserung seines Handelns, eröffnete neue Handlungsmöglichkeiten und verschaffte ihm damit in der Evolution einen ungeheuren Anpassungsvorteil im Kampf ums Überleben. Der gedankliche Bezug bei der Übertragung von Wissen und Erfahrungen wurde anfangs mittels realistischer Bildzeichen hergestellt. Daraus entwickelten sich durch Abstraktion die Schriftzeichen, Symbole, die keinerlei Ähnlichkeit mehr mit der Realität haben. Darauf aufbauend wurde die Lautsprache erfunden, die zum Aufstieg der frühen Hochkulturen in Kleinasien führte.

Die weitere kulturelle Evolution und ihre unglaubliche Beschleunigung in den letzten Jahrzehnten gründet sich auf immer neue technische Erfindungen im *Signalbereich*, angefangen beim Buchdruck, über die elektrischen und elektronischen, audiovisuellen Medien bis hin zu den neuesten digitalen Medien und der weltweiten Vernetzung von Computern. Bereits die Erfindung der „registrativen Zeichen" hatte zu einer unglaublichen Beschleunigung der kulturellen Evolution in der zweiten Hälfte des 20. Jahrhunderts geführt. Diese mit Hilfe technischer Aufzeichnungen erzeugten registrativen Medien und ihre Verbreitung als Massenmedien (Film, Funk, Fernsehen) hatten auf der Zeichenebene die Möglichkeiten menschlicher Wahrnehmung, Phantasie und Selbstdarstellung revolutioniert (Boeckmann 1994, S. 156). Sie verdrängten die Jahrhunderte lange Vorherrschaft der Schriftzeichen durch technisch erzeugte und massenhaft verbreitete Bildzeichen.

Der letzte Schritt in diesem Entwicklungsprozess ist eine *Medienrevolution*, die durch die Erfindung der Informations- und Kommunikationstechnologien und ihre rasante Ausbreitung in alle Lebensbereiche ausgelöst wurde. Die Computer wurden ursprünglich nicht als Medien, sondern als Rechenmaschinen konstruiert, aber durch entsprechende Softwareprogramme und die weltweite Vernetzung wurden sie zum mächtigsten Mediensystem (Schelhowe 2007). Ihre revolutionäre Wirkmacht erwächst aus dem Zusammenspiel der tief greifenden Veränderungen in allen drei Komponenten des Mediums, im Bereich der Zeichen, Signale und Kontaktmöglichkeiten sowie aus der zunehmenden Konvergenz aller Medien, die durch eine Digitalisierung der unterschiedlichen Zeichensysteme (ob Bild-, Schrift-, Symbolzeichen) möglich geworden ist. Über die Leistungen des Computers bei der Produktion, Be- und Verarbeitung, Speicherung und Darstellung komplexer Zeichensysteme und ihre Vorbereitung über globale Datennetze will ich gar nicht reden (Schelhowe 2007; Issing/ Klimsa 2002).

Viel wichtiger für die menschliche Entwicklung sind die neuen Zeichentypen und Zeichensysteme, die auf der Grundlage digitaler Datensätze mittels unterschiedlicher Softwareprogramme/ Rechenroutinen durch den Computer konstruiert und auf dem Bildschirm dargestellt werden. Ich nenne sie *Rechnerbilder*. Alle Informationen, die in digitalisierter Form vorliegen, können in der Form unterschiedlicher Zeichensysteme als Bild- oder Schriftzeichen auf dem Bildschirm dargestellt werden. Auf diese Weise entstehen virtuelle Bilderwelten, die keiner Wirklichkeit mehr entsprechen. In Computerspielen werden virtuelle Parallelwelten konstruiert (z. B. World of Warcraft), die zunehmend mit der Wirklichkeit verschmelzen. Über die Möglichkeiten der Vernetzung können auch andere Menschen an einer virtuellen Welt teilnehmen und unabhängig von Raum und Zeit vernetzte Gemeinschaften bilden.

Folgende Aspekte dieser Rechnerbilder sind anthropologisch von besonderer Bedeutung, weil sich damit auf ganz neue Weise die Frage nach dem Verhältnis des Menschen zur Wirklichkeit und nach dem Verhältnis von Wirklichkeit und Medienwirklichkeit stellt:

- Virtuelle Modelle, Simulationen: Mit Hilfe entsprechender Softwareprogramme können abstrakte Sachverhalte oder Prozesse auf höherem Niveau *veranschaulicht* werden (Computertomographie; Simulationen mathematischer Funktionen oder biologischer Prozesse). Diese Veranschaulichungen auf höherem Niveau erleichtern nur dann die Verstehens- und Lernprozesse, wenn die Mediennutzer bereits über ein theoretisches Wissen über die dargestellten Zusammenhänge verfügen.

- Vorstellungsbilder, Phantasien können mit Hilfe des Computers objektiviert und anderen Menschen zugänglich gemacht werden. Damit entstehen für den Menschen nicht nur völlig neue Möglichkeiten der Artikulation und Konstituierung des Erlebens, der Imagination und Selbstdarstellung. Vielmehr ist es auch möglich, in die von anderen erzeugten virtuellen Welten einzutauchen und sie handelnd zu verändern.

- Bei den Rechnerbildern beschränkt sich der Zeichengebrauch auf Eingaben an der Computertastatur. Weil die Generierung, Bearbeitung, Speicherung und Weitergabe sich immer auf die digitalen Datensätze, nicht auf die komplexen Zeichen selbst bezieht, kann der Nutzer an jeder Stelle dieses Prozesses verändernd eingreifen. Deshalb ist am Ende nie klar, welchen Bezug ein Rechnerbild zu welcher Wirklichkeit hat und welche Botschaft es vermittelt.

- Trotz der hochkomplexen technischen Prozesse, die hier beim Zeichengebrauch im Verborgenen ablaufen, sind die Medien schon für Heranwachsende intuitiv handhabbar und faszinierend, weil sie nicht nur Zugänge zu immer neuen Welten, sondern vielfältige und interessante Handlungserfahrungen allein und mit anderen eröffnen.

In Analogie zu der historischen Entwicklung lässt sich eine Beschleunigung der ontogenetischen Entwicklung des Menschen beobachten. Das hängt damit zusammen, dass die mediale Alltagswelt den Heranwachsenden eine anregungsreiche Umwelt mit vielfältigen Lernanreizen bietet, die zu einer großen Zunahme informeller, zufälliger Lernprozesse mit Medien führt (Theunert 2005). Die enorme Ausweitung an Erfahrungsmöglichkeiten trägt dazu bei, dass die Kinder ihre Fähigkeiten zum Zeichengebrauch und ihre Medienfähigkeit rascher ausbilden und dadurch auch ihre Lernfähigkeit verbessern.

Die strukturellen Bedingungen der Mediengesellschaft als Rahmen für Entwicklung und Erziehung

Der Erwerb der Zeichenfähigkeit als fundamentale Entwicklungsaufgabe
Die Heranwachsenden erleben die Mediengesellschaft ganz konkret in den Räumen ihrer alltäglichen Lebenswelt in der Familie, in der Wohnung, in ihrem Zimmer, bei Freundinnen oder Freunden, an den Orten ihrer Freizeit- und Konsumwelt (Kino, Kaufhaus), in der Peergroup, in Kindergarten oder Schule. Manche Medien tragen sie dauernd oder gelegentlich bei sich (Walkman, CD-Player, Handy, Digitalkamera). Fast zu jeder Zeit und an jeden Ort können sie mit den verschiedensten Medien in Kontakt kommen, weil die ganze Palette der in der Geschichte der Menschheit entwickelten Medien nebeneinander existiert und genutzt wird. Die Frage ist, wie sich unter diesen Bedingungen die Fähigkeit zum Zeichengebrauch als Grundlage des menschlichen Entwicklungsprozesses herausbilden kann.

Die Zeichenfähigkeit umfasst die Fähigkeit zur Bedeutungskonstitution und zur Generierung, Verwendung und zum Verstehen von Zeichen. Sie ist zwar im Menschen biologisch angelegt, muss jedoch in frühester Kindheit entfaltet und im Lebenslauf immer weiter entwickelt werden. In der ersten Phase nach der Geburt finden die Interaktionen des Säuglings mit seiner Mutter, mit anderen Familienmitgliedern und mit den Dingen in seiner unmittelbaren Umgebung ohne Verwendung von Zeichen statt. Für einen Säugling sind die sozialen Beziehungen viel wichtiger als mediale Anreize. Er wird von Anfang an in die kommunikativen Prozesse einbezogen, auch wenn er sich noch gar nicht richtig daran beteiligen kann. Er wird erst in dem Maße zum Mitglied des sozialen Systems, wie er an zeichenhaften Interaktionen teilnehmen kann und zum Zeichengebrauch mittels Medien fähig wird (Spanhel 2006, S. 114ff.).

Schon in den ersten beiden Lebensjahren lernt das Kleinkind, in seinen Interaktionen Zeichen (Mimik, Gestik, Laute) zu produzieren und so in seinem Handeln einzusetzen, dass sie die anderen verstehen können. Und es muss dabei zugleich die von den anderen Personen in seinem Umfeld eingesetzten Zeichen in ihrer Zeichenhaftigkeit erkennen, interpretieren und verstehen lernen. Indexikalische Zeichen ermöglichen die ersten Prozesse gegenseitiger Verständigung, in der Menschen sich etwas (eine Sache) gemeinsam machen, dabei eine Beziehung zueinander herstellen und sich gleichzeitig als eigenständige Person erfahren. Diese basale Fähigkeit zur Kommunikation kann nur in direkten, sozialen Beziehungen aufgebaut werden. Eine wesentliche Voraussetzung für den Erwerb zur symbolischen Repräsentation sind soziale Situationen, in denen Mutter und Kind gemeinsam ihre Aufmerksamkeit auf einen bestimmten Gegenstand richten (vgl. Tomasello 2002, S. 71 ff.). Dies geschieht häufig im spielerischen Umgang mit den frühesten Medien, z. B. beim gemeinsamen Betrachten eines Bilderbuchs. Der Ursprung der Bedeutungskonstitution in engen sozialen Beziehungen ist von höchster Bedeutung für die Erziehung in frühester Kindheit. Das findet bei uns wenig Beachtung. In England erhalten die Eltern bei Geburt eines Kindes einige Bilderbücher und neue Bücher bei jeder folgenden ärztlichen Pflichtuntersuchung!

Der Erwerb der Fähigkeit zur Bedeutungskonstitution mittels Zeichen ist damit eine fundamentale Entwicklungsaufgabe, die jedes Kleinkind bewältigen muss. Sie ermöglicht erst den Gebrauch der ersten indexikalischen (d. h. körpergebundenen) Zeichen, wie z. B. Gestik, Mimik oder Laute. Die Bewältigung dieser Entwicklungsaufgabe ist Voraussetzung dafür, dass ein Kind sozialisiert werden und Medien sinnvoll nutzen kann. Und jede Weiterentwicklung der Medienfähigkeit setzt zu allererst diese Fähigkeit zum sozialen Handeln mittels Zeichengebrauch voraus, unabhängig davon, ob körperhafte indexikalische Zeichen verwendet werden, an welche technischen Geräte (Medien) dieser Zeichengebrauch gebunden ist oder um welche Zeichensysteme (Gesten, Bilder, Sprache, Texte) es sich dabei handelt (Spanhel 2006, S. 124ff.).

Medien als Entwicklungsfaktor

Das Mediale, die im psychischen System des Menschen verankerte Zeichenfähigkeit, ist nicht nur Voraussetzung für jegliche Mediennutzung, sondern auch für die Entwicklung der Lern-, Kommunikations-, Handlungs- und Reflexionsfähigkeit des Menschen. Umgekehrt gilt aber auch: Die Entwicklung dieser Fähigkeiten ist an einen vielfältigen Gebrauch der unterschiedlichsten Medien gebunden. Erst wenn die Kinder die basalen Fähigkeiten des Zeichengebrauchs durch die Teilnahme an den Kommunikationsprozessen in ihrer sozialen Umwelt erworben haben, können sie sich den Bilderwelten der Medien zuwenden. Und dann *müssen* die flexiblen Zeichensysteme der Medien auch für die weitere Entwicklung der Zeichen- und Medienfähigkeit (Medienkompetenz) genutzt werden. Dann werden die Medien im Rahmen relevanter sozialer Umwelten der Heranwachsenden zu einem zentralen *Entwicklungsfaktor* (Spanhel 2006, S. 45ff.). Zur Beschreibung dieses Zusammenhangs benötigen wir einen Begriff von Entwicklung.

Entwicklung lässt sich als *Strukturgenese* beschreiben: Sie ist das Ergebnis einer ununterbrochenen Abfolge von strukturellen Transformationen des psychischen Systems, damit sich der Heranwachsende immer besser an die Anforderungen relevanter Umwelten anpassen bzw. entsprechend seinen eigenen Zielen angemessen auf sie einwirken kann (Büeler 1994, S. 176ff.). Nur durch aktiv handelnde Auseinandersetzung mit den Gegebenheiten ihrer relevanten Umwelt machen Heranwachsende neue Erfahrungen und gewinnen Erkenntnisse. In diesen Prozessen spielen die symbolischen Sinnsysteme der Medien eine immer größere Rolle (Spanhel 2006, S. 31ff.).

Entwicklung heißt, dass sich die Instrumente des Erkennens (das sind die inneren Teilsysteme: siehe Abbildung) ausdifferenzieren und sich dadurch die Eigenkomplexität des psychischen Systems erhöht. Die grundlegenden Instrumente der Erkenntnisgewinnung des Menschen in den Austauschprozessen mit seiner Umwelt sind Schemata bzw. Handlungspläne oder *Muster* (Bateson 1990). Schemata sind innere Vorstellungsbilder, Symbole im Sinne einer abbildhaften, figurativen Repräsentation von Wirklichkeit. Ein Plan ist die Struktur oder Organisation der Handlungen (Aktionen), so wie sie sich bei der Wiederholung dieser Aktionen unter ähnlichen oder analogen Umständen übertragen oder verallgemeinern lässt. Den sensomotorischen Handlungsmustern entsprechen auf der Ebene des Denkens mentale, kognitive Pläne in Form sprachlicher Symbole von Begriffen oder Operationen. Im Entwicklungsprozess bauen auf den sensomotorischen Plänen des ersten Lebensjahres rasch kognitive Operationen auf, die zu immer komplexeren Verbindungen koordiniert werden.

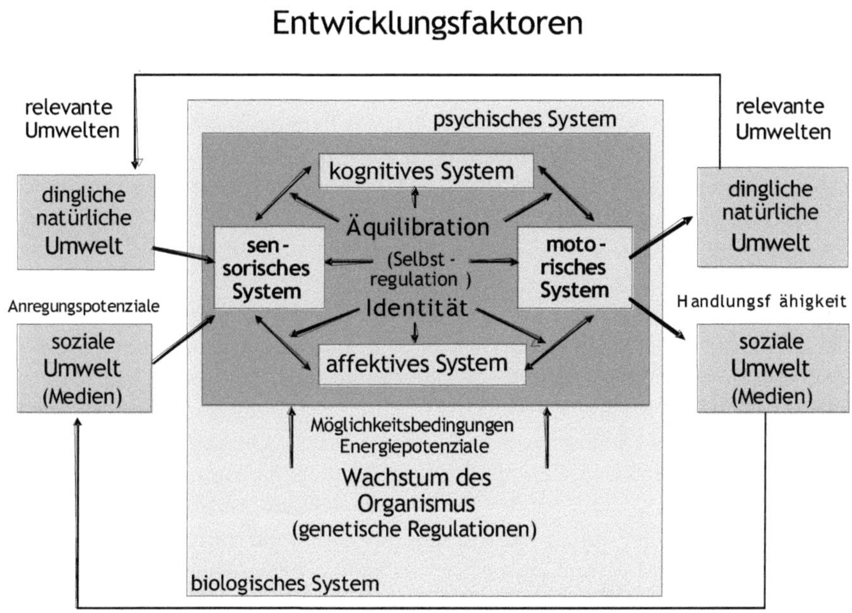

Entwicklungsfaktoren

relevante
Umwelten

psychisches System

relevante
Umwelten

dingliche
natürliche
Umwelt

kognitives System

dingliche
natürliche
Umwelt

Äquilibration

Anregungspotenziale

sen-
sorisches
System

(Selbst-
regulation)

Identität

moto-
risches
System

Handlungsf ähigkeit

soziale
Umwelt
(Medien)

affektives System

soziale
Umwelt
(Medien)

Möglichkeitsbedingungen
Energiepotenziale

**Wachstum des
Organismus**
(genetische Regulationen)

biologisches System

Abbildung 1.   (in Anlehnung an Spanhel 2006, S. 43)

Auf der Grundlage dieses Begriffs von Entwicklung als Transformation der inneren Strukturen als Folge ständiger Interaktionen mit der Umwelt lässt sich die Bedeutung der Medien für den Entwicklungsprozess beschreiben. Sie erweitern die Erfahrungsmöglichkeiten der Kinder und Jugendlichen um

- dingliche Erfahrungen auf der sensomotorischen Ebene im Umgang mit der materiellen Dimension der Medien, seien es Bücher, Kassettenrekorder oder Computer;
- soziale Erfahrungen auf Grund der Einbettung des Medienumgangs in bestimmte soziale Situationen und auf Grund der Medialität aller Kommunikationsprozesse;
- symbolische Erfahrungen in der Auseinandersetzung mit den Medieninhalten in ihrer je spezifischen zeichenhaften Darstellung in Form von Bildern, geschriebenen Texten, Hörkassetten oder audiovisuellen Präsentationen oder von Computerspielen.

Auf der Basis dieser Erfahrungen erwerben die Heranwachsenden vielfältige Wahrnehmungs-, Gefühls-, Wertungs-, Denk- und Verhaltens- bzw. Handlungsmuster. Sie differenzieren sich ständig weiter aus, organisieren sich neu und müssen sich untereinander immer wieder im Sinne eines Fließgleichgewichts neu äquilibrieren (Spanhel 2006, S. 37 ff.). Diese Prozesse sind sehr eng mit dem biologischen System, d. h. mit den körperlichen Gegebenheiten der Person gekoppelt. Deshalb sind Lern- und Entwicklungsprozesse immer sehr stark an die physischen Bedingungen des Menschen (Hunger, Müdigkeit, Schmerz, Krankheit, Behinderungen) gebunden. Lern- und Entwicklungsprozesse können durch innere oder äußere Anstöße ausgelöst werden (etwa Ungleichgewichte zwischen inneren Teilstrukturen: z. B. durch kognitive Dissonanzen, Ehrgeiz) oder durch Anregungen, Reize, Störungen aus der Umwelt (von psychischen Systemen, z. B. Mutter, Lehrer; von sozialen Systemen, z. B. Peergroup oder von medialen Systemen, z. B. einem Buch oder einer Fernsehsendung oder einem Videospiel). Sie werden nur *ausgelöst*, aber der Ablauf der Prozesse wird allein durch interne Regelungsprozesse im System gesteuert. Sie können von außen nicht direkt pädagogisch beeinflusst werden. Die selbstgesteuerte Entwicklung beruht zunächst auf den Steuerungsgrößen des biologischen Systems, den Bedürfnissen, Motiven, Gefühlen. Im Verlaufe des Kindes- und Jugendalters bilden diese Steuerungsgrößen durch strukturelle Koppelungen mit Wahrnehmungs-, Wertungs-, Denk- und Verhaltensmustern komplexere Einheiten, die der Heranwachsenden bewusst werden und ihnen dann intentionales Handeln und damit gezieltes Lernen und eine selbstbestimmte Ausrichtung des eigenen Entwicklungsprozesses ermöglichen.

Aus systemtheoretischer Sicht gewinnt durch das Zusammenwirken der Entwicklungsfaktoren das Mediale mit zunehmendem Alter immer mehr an Eigenkomplexität. Der Heranwachsende kann immer differenziertere *innere Modelle seiner Außenwelt in Form symbolisch-sinnhafter Repräsentationen* aufbauen. Diese mentalen Modelle beruhen auf einem ständigen Zusammenspiel von Vorstellungsbildern und abstrakten sprachlichen Symbolen (z. B. Begriffen). Die symbolischen Sinnwelten der modernen Medien liefern ihm dafür eine Vielfalt und schier unendliche Fülle an Anregungen, Vorformen und Beispielen. Welche Informationen aus den Medien er aufnimmt und wie er sie verarbeitet, hängt jedoch von den perzeptiven, motivationalen, operativen und kognitiven Präferenzen ab, die in seinem Denken verankert sind. Sie liefern die Sinnkriterien für die Selektion von Umweltdaten. Dadurch werden sinnorientiertes Handeln, Reflexivität und Selbstbewusstsein möglich. Das gelingt immer besser, wenn die ursprünglich unbewusst ablaufenden Selbstregulationsprozesse zunehmend durch bewusste Regulationen ergänzt werden. Die Heranwachsenden setzen ihr Verhalten bewusst zur Verwirklichung ihrer Absichten ein und damit wird es ihnen auch möglich, ihren Medienumgang entsprechend ihren Interessen, Wünschen oder Zielen selbst zu steuern. Die Gesamtheit dieser Steuerungsfaktoren schlägt sich in einer Präferenzordnung nieder, einem selbst konstruierten System an Wertorientierungen, nach denen Medien und Medienangebote beurteilt werden. Auf diese Weise erreicht der Mensch im Verlaufe seiner Entwicklung eine partielle *Autonomie* gegenüber Umweltzwängen (z. B. eigensinnige Interpretation eines Medieninhalts). So gelingt der sinnhafte Aufbau des psychischen Systems einer Person mit eigener *Identität* und Handlungsfähigkeit. Eine Person stellt sich als ein „geschlossenes System" dar, weil sie ihre Identität nach eigenen, selbst hervorgebrachten Regeln und in selbstgesteuerten internen Prozessen erzeugt und gegenüber einer externen Realität durchhält (vgl. Abb.). Entscheidend für den Entwicklungsprozess sind nicht die Vielfalt der Medienangebote, ihre leichte Zugänglichkeit und ihre Verfügbarkeit, sondern die *Qualität der Interaktionen*, die sie ermöglichen.

Medien eröffnen Möglichkeitsräume zur Bewältigung der Entwicklungsaufgaben
Im Laufe ihrer Entwicklung sind die Heranwachsenden auf jeder Altersstufe mit spezifischen Entwicklungsaufgaben konfrontiert, für deren Bewältigung die Medien und Medienangebote schier unerschöpfliche Möglichkeitsräume zur Verfügung stellen, „Spielräume zum Leben" (Schäfer 1986) in Form von Erfahrungs-, Erkundungs-, Spiel-, Übungs-, Handlungs- und Lernräumen.

Schon im *Säuglingsalter* bieten die Medien als Teil der dinglichen Umwelt des Kleinkindes vielfältige Reize für die sinnliche Wahrnehmung und dienen bald als interessante Handlungsobjekte, z. B. die Computertastatur, bei deren Betätigung Veränderungen auf dem Bildschirm sichtbar werden. Dabei baut das Kind bereits erste, gefühlsmäßige Beziehungen zu Radio, Fernseher, Handy oder Computer auf, die sich auf spätere Medienpräferenzen auswirken können. Den jungen Eltern fällt es meist schwer, ihr eigenes Medienhandeln unter dem Aspekt möglicher Auswirkungen auf ihr Baby zu kontrollieren und die mediale Umwelt des Säuglings angemessen zu gestalten.

Möglichkeitsräume zur Einübung in einen flexiblen Zeichengebrauch
In der sensomotorischen Phase lernt das *Kleinkind*, immer neue indexikalische Zeichen sowie erste sprachliche Zeichen zu produzieren und als Beziehungsbotschaften im sozialen Kontakt einzusetzen. Dafür bieten alte und neue Medien im familiären Alltag ein weites Übungsfeld. Noch vor einem differenzierteren Gebrauch der Sprache können sich die Kinder eine wachsende Welt der Bilder und Töne in den Medien erschließen, weil sie bildhafte Darstellungen aufgrund ihrer Ähnlichkeit mit dem bezeichneten Objekt verstehen. Kleinkinder interessieren sich vor allem für

lebendige Objekte, Tiere und Personen, deren Verhalten von ihnen im Sinne indexikalischer Zeichen gedeutet wird. D.h., sie „verstehen" die Körpersprache, Gestik, Mimik, Tonfall, Lautstärke beim Sprechen als Ausdruck von und Reaktion auf Eindrücke und Erfahrungen in sozialen Beziehungen, wie sie sie selbst täglich erleben. Sie können daher mitfühlen und ihre Erfahrungen mit sozialen Beziehungen bestätigen und erweitern. Über solche impliziten Beziehungsbotschaften stellen sie teilweise sehr intensive gefühlsmäßige Beziehungen zu Medienfiguren her. Für diese Botschaften sind die Kinder sensibler als für die Bilder selbst, daher auch ihre Vorliebe für Bilderbücher, Hörkassetten und Zeichentrickfilme.

Übungsräume für Vorstellungsbildung und Spracherwerb
Von entscheidender Bedeutung für die gesamte Entwicklung ist die frühe Förderung der Vorstellungsbildung (Imagination) und des Wortgebrauchs als Fundament für die Ausdifferenzierung der inneren Repräsentationsfähigkeiten. Die massiven Eindrücke der Massenmedien, mit denen die Kinder von klein auf konfrontiert werden, bieten reichlich Material für die Vorstellungsbildung, tragen aber nur sehr bedingt etwas zur Sprachförderung bei. Denn die Eindrücke der „präsentativen Symbole" und Beziehungsbotschaften in den Massenmedien sprechen vornehmlich das Unbewusste an, lösen Gefühle aus und regen die Phantasie an. Das Problem liegt darin, dass diese „registrativen Zeichen" der Aufzeichnungsmedien, z. B. des Fernsehens, weitgehend *reale* Wahrnehmungsverhältnisse schaffen, Wahrnehmungsreize, die in dieser Fülle, Dichte und Abwechslung in natürlichen Situationen kaum vorkommen. Das macht die außergewöhnliche Faszination, aber auch die besonderen Anforderungen dieser Medien schon bei Kleinkindern verständlich. Sie müssen sich erst von der Wucht dieser Eindrücke und den dadurch ausgelösten Emotionen freimachen, ehe sie versuchen können, die komplexen Zeichenkombinationen zu deuten. Die Kontrolle der Wahrnehmungseindrücke und die Interpretation der indexikalischen und ikonischen Zeichen wird zusätzlich erschwert, weil das Kleinkind keinen sinnvollen Zusammenhang mit den zumeist noch unverständlichen Inhalten herstellen kann. Die Medieneindrücke verlangen nach Bearbeitung, Beziehungsstiftung, Ordnung, Ausdruck und Mitteilung. In dieser Situation ist das Kind überfordert, wenn es nicht im direkten Kontakt mit Eltern oder Geschwistern in seiner Deutungsarbeit und im Umgang mit den ausgelösten Gefühlen unterstützt wird. Eine Distanz zu den Erlebniseindrücken kann letztlich nur im Medium der Sprache hergestellt werden (abgesehen von körperlichen Reaktionen). Dabei sind die kleinen Kinder auf Hilfen in Form sprachlicher Kommunikation mit den Eltern, mit älteren Geschwistern oder anderen Erwachsenen angewiesen. Erst hieraus können sich Möglichkeiten zur Sprachförderung ergeben.

Spielräume für den Aufbau eines Selbstbildes und eines Weltbildes
Kinder im *Kindergarten- und Grundschulalter* konsumieren Fernsehen und Hörmedien nicht nur, um sich unterhalten und berieseln zu lassen. Sie setzen die Medien aktiv und gezielt ein, um neue Erfahrungen zu machen, ihre Gefühle auszudrücken, innere Konflikte oder Ängste zu bearbeiten, nach Wertorientierungen und Vorbildern zu suchen oder um sich Bestätigungen für ihre Verhaltensmuster, Denkweisen und Urteile zu holen. Für diese Formen aktiven Medienhandelns bieten die multifunktionalen Medien vielfältige Möglichkeiten zu einem *spielerischen Umgang.* Dies ist deshalb möglich, weil die Medienangebote keinen direkten Anpassungsdruck auf die Kinder ausüben, weil sie beliebig ausgewählt, jederzeit abgeschaltet und entsprechend den subjektiven Vorstellungen und Vorlieben, Bedürfnissen und Wünschen, Hoffnungen und Ängsten interpretiert werden können. In diesem Zusammenhang gewinnen die digitalen Medien schon für Kinder an Bedeutung. Sie nutzen den Computer als „Spielmaschine", sowie die gestaltbaren Erfahrungsräume von Internet und Handy als neue spielerische Kommunikationsformen. Solange das Kind allein bleibt, kann es in der Phantasie und im Handeln das Spiel mit Medien und virtuellen Bilderwelten beliebig ausweiten und sich im Spiel ausleben. Damit ist jedoch eine grundsätzliche pädagogische Ambivalenz verbunden.

In diesen Spielen gibt es keine klare Trennung zwischen Phantasie und Realität, aber gerade dadurch erwerben die Kinder die Fähigkeit zur Integration innerer und äußerer Realität. Wichtig ist, dass sie im Spiel zur „kreativen Setzung von Zwecken" befähigt werden, eine grundlegende Voraussetzung für vernünftiges, rationales Handeln. Auf der einen Seite brauchen die Kinder „Spielräume zum Leben" (Schäfer 1986), auf der anderen Seite birgt die Ausweitung des spielerischen Medienhandelns die Gefahr, dass die in anderen Spielformen wichtige körperliche und soziale Dimension und das tätige Handeln mit den Dingen zu kurz kommen. Die Kinder können dabei kaum mehr die Widerständigkeit der Wirklichkeit erfahren und so die Grenzen des Spiels kennen lernen. Positiv erscheint, dass durch die Kommunikationsmöglichkeiten mit neuen Medien neue Formen von kindlichen Spielgruppen entstehen, in denen reale und virtuelle Spielräume kreativ miteinander verbunden werden. Sie bieten den Kindern interessante und vielgestaltige Erfahrungsmöglichkeiten, wie viele Projekte zur Kindermedienarbeit belegen (Spanhel 2006, S. 144f.).

Erfahrungs- und Erkundungsräume für reflexiven Zeichengebrauch und Identitätsbildung
Im *Jugendalter* werden die Medien zur Konstruktion medialer Handlungsrahmen als eigene Wirklichkeiten eingesetzt. Das bedeutet, dass die Jugendlichen selbst die Kontexte etablieren, in denen sie den Medien eine spezifische Bedeutung verleihen.

Innerhalb solcher *selbstbestimmter Handlungsrahmen* werden die Medien durch die Jugendlichen für ihre individuellen Bedürfnisse, Vorhaben, Interessen und Wünsche instrumentalisiert. Auf Grund der großen Vielfalt an fiktionalen Darstellungen und virtuellen Medienwelten fungieren die Medien auch als Widerspiegelung und Ausdruck der eigenen Phantasien und Ideen. Die Konstruktion dieser medialen Handlungsrahmen wird durch die Einordnung in größere Sinnzusammenhänge gesteuert, die als Metarahmen fungieren:

- *Entwicklungsaufgaben:* Köperkonzept; Ablösung von den Erziehungsautoritäten; Geschlechtsrollenidentität; Aufbau eigenständiger Wertorientierungen; Berufswahlentscheidung; Aufbau einer eigenen Identität;
- *Jugendkulturen* bzw. die spezifische Kultur einer Peergroup, der sich die Jugendlichen als Bezugsgruppe zugehörig fühlen;
- *Botschaft der Medienangebote* in einer konvergenten Medienwelt, die bei den Jugendlichen die Ausbildung jugendkultureller Stile und Geschmackskulturen ermöglichen und unterstützen (Spanhel 2006, S. 161ff.).

Die entscheidende Steuerungsgröße für mediale Handlungsrahmen sind die Entwicklungsaufgaben, weil sie von den Jugendlichen unter schwierigen Bedingungen eigenständig bewältigt werden müssen. Da es in ihrer Alltagswelt jedoch nur wenige Räume gibt, in denen sie eigenverantwortlich handeln können, bieten die Medienwelten ein ideales Feld, um sich der Kontrolle durch Erzieher oder Erwachsene zu entziehen. Die Jugendlichen entwickeln eigene Rezeptionsmodi, sie streben nach „Involvement", d. h., dass sie die Distanz zum Mediengeschehen möglichst aufheben und sich als Teil dieses Geschehens erleben möchten. Sie suchen nicht nach tieferen Bedeutungen und Sinn, sondern nach Erlebnissen. Das geschieht vorzugsweise in Gleichaltrigengruppen, in denen eigene mediale Handlungsrahmen als Ausdruck spezifischer jugendkultureller Stile ausgestaltet und ständig kreativ weiter entwickelt werden können. Dabei bieten ihnen die zunehmende Medienkonvergenz auf der Basis von Computer und Internet, die Fülle der auf ihre Bedürfnisse ausgerichteten Jugendmedien und die Angebote jugendspezifischer Plattformen im Web 2.0 unerschöpfliche Möglichkeiten.

Medienhandeln dient den Jugendlichen als ein wichtiges Mittel, während der Entwicklung ihrer Identität sich mit unterschiedlichen Vorbildern auseinanderzusetzen und in verschiedenen Rollen unterschiedliche Selbstbilder zu erproben. Um sich schließlich auf bestimmte Aspekte des eigenen Selbst festzulegen und ihre Identität zu stabilisieren, benötigen sie jedoch auch stabile Orientierungen und Rückmeldungen auf ihre Selbstdarstellung und ihr Handeln, die sie nicht durch Medien, sondern nur in der realen Welt bekommen können. Die Besonderheit der medialen Handlungsrahmen, die sich die Jugendlichen selbst schaffen, liegt darin, dass sie beide Ebenen der Wirklichkeit strukturieren, die reale Lebenssituation und die vermittelte symbolische Wirklichkeit in den Medien, die einander bedingen. Sie bieten spezielle Formen von Erfahrungen, die sich vom Lernen in den pädagogisch gesteuerten und kontrollierten Rahmen von Schule und Ausbildung grundlegend unterscheiden. Das Jonglieren zwischen den beiden Wirklichkeiten kann als Prozess der Selbstregulation der Jugendlichen gesehen werden, um die Bewältigung ihrer Entwicklungsaufgaben zu unterstützen. Ihr wichtigster Effekt besteht darin, ihre Selbstachtung zu stabilisieren und durch vielfältige Identifikationsangebote und Ausdrucksmöglichkeiten den schwierigen Weg zu einem eigenen Selbstbild zu begleiten.

Die Ausrichtung der Entwicklung durch Sozialisation
Bisher habe ich auf der Grundlage einer analytischen Trennung den Entwicklungsprozess als Transformation der *inneren Strukturen* im psychischen System betrachtet. Aber ein System besteht immer aus der Einheit zwischen System und relevanten Umwelten (Luhmann 1991, S. 242). Deshalb muss nun die Außenseite des Systems, der Entwicklungszusammenhang zwischen dem psychischen System eines Kindes oder Jugendlichen und dem sozialen System der Familie beschrieben werden. Das Kind wächst in engen Beziehungsverhältnissen zu Mutter, Vater und Geschwistern auf. Eltern und Kinder sind jeweils füreinander relevante Umwelten, sie passen sich wechselseitig einander an und entwickeln sich gemeinsam. In der Systemtheorie wird dieser Prozess als „Ko-Ontogenese" bezeichnet. Er beruht auf „strukturellen Koppelungen", d. h. die Transformationen in den psychischen Systemen von Eltern und Kindern führen auf Grund von Rückkoppelungsschleifen zu strukturellen Angleichungen. Im *Rahmen der Ontogenese* bildet jede Familie eine eigene Identität aus, verbunden mit einer *Präferenzordnung*, in der in symbolischer Form die Normen, Verhaltenserwartungen, Wertorientierungen, Wünsche und Ziele der Familie repräsentiert sind. Diese Identität ist die Steuerungsinstanz für die Entwicklung der Familie. Sie wird auf der Basis fortlaufender Kommunikationen durch Reflexion und Selbstthematisierung geklärt und gesichert.

Das Kind bestimmt durch Teilnahme an diesen Kommunikationsprozessen die Identität der Familie mit und bildet dabei zugleich seine eigene Identität aus. Dabei muss es durch innere Regulationsprozesse ein Gleichgewicht zwischen seinen subjektiven Präferenzen und der Präferenzordnung der Familie herstellen, damit es Mitglied im sozialen System bleiben kann. Gelingende Kommunikation setzt einen „konsensuellen Bereich" voraus, ein Minimum an Gemeinsamkeiten in der Sprache (als basalem Medium der Verständigung), in den Werten und Normen sowie in den kulturellen Erfahrungen. Ko-Ontogenese beruht auf der Entwicklung eines konsensuellen Bereichs auf der Grundlage ständiger Äquilibrationsprozesse, in denen die Familie als soziales System und die einzelnen Familienmitglieder ihre Präferenzordnungen in ein Gleichgewicht bringen. Und neben der Familie wachsen die Kinder und Jugendlichen in weitere soziale Systeme hinein: In Kindergarten, Schule, Peergroup entwickeln sie sich auf der Basis unterschiedlich langer und enger struktureller Koppelungen weiter. Diese Prozesse werden als *Sozialisation* bezeichnet und dadurch bekommt die Entwicklung eine bestimmte Ausrichtung (Spanhel 2006, S. 11ff.).

In diesen Prozessen der Ko-Ontogenese sind die Medien Träger, Mittler, Ausdrucksformen und Garanten dieser gemeinsamen Bedeutungen des konsensuellen Bereichs. In den Kommunikationsprozessen können die Heranwachsenden daran teilhaben, indem sie selbst Bedeutungen konstruieren, verarbeiten, speichern oder weitergeben. Die Bedeutung, die ein Medienhandeln in einer konkreten Situation für einen Heranwachsenden hat, hängt allein vom *Kontext*, von der Einordnung in einen größeren Sinnzusammenhang ab, denn ohne Kontext haben Medientexte, Worte oder Handlungen überhaupt keine Bedeutung (Bateson 1990, S. 25). Kontexte sind nach Bateson (1990, S. 154) Muster, Strukturen oder Regeln darüber, wie Informationen zusammengefügt werden. In der Ko-Ontogenese wirken daher Medien und ihre Inhalte nie direkt auf die Heranwachsenden ein, sondern immer im Kontext dieser sozialen Systeme.

Der Kontext für das Medienhandeln eines Kindes oder Jugendlichen in einer konkreten Situation wird von der handelnden Person selbst gesetzt. Sie allein entscheidet darüber, ob ihr Medienhandeln als Bedürfnisbefriedigung, Spiel, Unterhaltung, Lernen, Informations- oder Orientierungssuche, Arbeit, Wettstreit, Kampf um soziale Anerkennung oder Erprobung der eigenen Identität zu verstehen ist. Aber dieser Kontext ist weder beliebig noch zufällig. Er hängt davon ab, wie die konkrete Situation vom Heranwachsenden auf Grund seiner augenblicklichen Befindlichkeit, seiner Biographie, seiner Identität und seiner Lebensentwürfe im Rahmen ihrer *sozialen Realitäten* wahrgenommen wird. Die Bedeutung des Medienhandelns in einer konkreten Situation ist also stets das Ergebnis von internen Regulationsprozessen zwischen der Identität des sozialen Systems, in dem ein Kind oder Jugendlicher gerade agiert, und seiner eigenen Präferenzordnung (Spanhel 1999).

Nun wird klar, was die Öffnung von Möglichkeitsräumen durch die Vielfalt der Medienangebote und Medienwelten im Entwicklungsprozess bedeutet: Sie erweitert einerseits die Erfahrungsmöglichkeiten und Lernchancen und beschleunigt den Entwicklungsprozess. Andererseits sind mit dem ungehinderten Zugang zu allen Bereichen der Wirklichkeit, mit den unkontrollierbaren Medieneindrücken und der Vielzahl an Handlungsmöglichkeiten auch Gefährdungen und Belastungen für den Entwicklungsprozess verbunden. Es kann zu Überforderungen, Verunsicherungen, Orientierungsschwierigkeiten, Lernstörungen und Fehlentwicklungen kommen. Dadurch wächst die Gefahr, dass die selbständige Bewältigung der Entwicklungsaufgaben durch psychische Störungen, Formen selbstschädigenden Verhaltens, durch unerwünschtes, abweichendes Verhalten und mangelnde Mitwirkung in sozialen Gemeinschaften beeinträchtigt wird. Die Kehrseite der Beschleunigung des menschlichen Entwicklungsprozesses ist also eine erhöhte *Erziehungsbedürftigkeit*, wie sie in dieser Form in der Menschheitsgeschichte noch nicht aufgetreten ist. Diese Erziehungsbedürftigkeit wird seit Jahren geleugnet. Stattdessen wurden die neuen Medien als Heilsbringer euphorisch begrüßt. Inzwischen haben sich allerdings die Erwartungen weitgehend zerschlagen, mit der Integration der neuen Medien in das Erziehungs- und Bildungssystem könnten alle pädagogischen Probleme gelöst werden (Spanhel 2005). Mit Nachdruck möchte ich darauf hinweisen, dass nicht nur die Kinder, sondern auch noch die Jugendlichen in ihrer Entwicklung auf gezielte und begründete pädagogische Hilfen, auf Erziehung im umfassenden Sinne angewiesen sind.

Erziehungs- und Bildungsaufgaben unter der Bedingung von Medialität

Erziehung in der Mediengesellschaft
Erziehung als ein soziales System stellt einen einheitlichen symbolischen Sinnzusammenhang dar, der durch eine *pädagogische Identität* ausgezeichnet ist (Büeler 1994, S. 117ff.). Sie hat zugleich zwei grundlegende Leistungen zu erbringen: Einerseits muss sie entsprechend ihrer Präferenzordnung Umweltkomplexität reduzieren, also die Erfahrungs- und Handlungsmöglichkeiten der Heranwachsenden eingrenzen und damit dem Entwicklungsprozess eine Ausrichtung an bestimmten Denk-, Wertungs- und Handlungsmustern geben – das ist die Gebundenheit jeder Erziehung an Moral. Andererseits muss Erziehung dafür sorgen, dass Heranwachsende innerhalb dieser Grenzen mit vielfältigen anregungs- und abwechslungsreichen Umwelten konfrontiert werden, die sie an ihre inneren Strukturen anschließen können. Dadurch soll die Eigenkomplexität ihres psychischen Systems erhöht, die Entwicklung ihrer intellektuellen und moralischen Autonomie vorangetrieben und ihre Fähigkeit zur bewussten und verantwortlichen Selbststeuerung verbessert werden. Die Schwierigkeit der Erziehung besteht heute mehr denn je darin, diese beiden Komponenten im Gleichgewicht zu halten.

Für vielfältige, anregungs- und abwechslungsreiche Umwelten sorgen die Medien im Übermaß. Die Heranwachsenden erlangen schon sehr früh relative Eigenständigkeit im Umgang mit diesen Medienwelten. Daraus erwächst jedoch die Gefahr, dass die pädagogische Kontrolle über die Ausrichtung und inhaltliche Ausgestaltung des Entwicklungsprozesses verloren geht. Denn die Medienwelten bieten eine Fülle widersprüchlicher Orientierungen und Weltauffassungen, die alle scheinbar gleich-gültig nebeneinander stehen. Deshalb ist es die vordringliche Aufgabe der Erziehung, dem Entwicklungsprozess der ihnen anvertrauten jungen Menschen eine begründete, an Überzeugungen und Werten orientierte Ausrichtung zu geben.

Als Teil der sozialen Umwelt ist Erziehung (entsprechend der obigen Abbildung) ein Entwicklungsfaktor wie die Medien! Sie hat nicht die Möglichkeit, direkt auf die inneren Regulationsprozesse im psychischen System der Heranwachsenden einzuwirken. Sie kann daher den jungen Menschen keine bestimmte Ausrichtung ihrer Entwicklung vorgeben oder gar aufzwingen. Ihre Aufgabe liegt darin, die Werte und Ziele, die für den Entwicklungsprozess maßgeblich sein sollen, in der Präferenzordnung der sozialen Gemeinschaft zu verankern, in der ein Kind lebt. Erfolg versprechende Erziehung ist nur möglich in Form der Ko-Ontogenese, in der Erzieherin und Kind wechselseitig füreinander bedeutsame Umwelten sind. Das Kind muss sich an der pädagogisch ausgerichteten Präferenzordnung orientieren und abarbeiten. Seine Entwicklung erhält eine Ausrichtung in der Mitarbeit am gemeinsamen Aufbau eines konsensuellen Bereichs im System Erziehung. In diesem Rahmen entscheiden die pädagogisch Verantwortlichen darüber, welchen Stellenwert welche Medien erhalten sollen. Damit die Medienangebote auf positive Weise für den Entwicklungsprozess genutzt werden können, ist angesichts der Vielfalt der Medienwelten und der Komplexität der Zeichensysteme *Medienerziehung* ein unabdingbarer Bestandteil jeder Erziehung.

Die Medienentwicklungen stellen die Erziehung jedoch vor besondere Herausforderungen, die über Medienerziehung als Hilfe für den direkten Umgang mit den Medienwelten weit hinausgehen. Als Folgen der sich beschleunigenden kulturellen Evolution zeigen sich bei der Integration der nachwachsenden Generation in die Gesellschaft und bei der Übernahme der kulturellen Errungenschaften eine *Wissensproblematik*, eine *Kommunikations-* und *Identitätsproblematik,* die nur mit pädagogischen Hilfen bewältigt werden können. Daraus resultieren drei weitere grundlegende *Aufgabenbereiche der Erziehung*. Sie hängen mit den tief greifenden Veränderungen in den anthropologischen Verhältnissen des Menschen zusammen, in denen die Heranwachsenden auf der Grundlage ihrer Medialität ihren Bildungsprozess gestalten und in Richtung auf intellektuelle und moralische Autonomie entfalten sollen.

Besondere Aufgaben von Erziehung unter den Bedingungen von Medialität

Medienerziehung mit dem Ziel der Medienbildung

Die Aufgabe der Medienerziehung wurde bisher vor allem in der Vermittlung von Medienkompetenz gesehen. Dabei wurde meist die kognitive Seite überbetont und die Genese von Medienkompetenz im Entwicklungsprozess und ihre Verankerung in der psychischen Struktur der Person außer Acht gelassen (Spanhel 2002). Ich verstehe unter *Medienerziehung* die kontinuierliche Begleitung des Medienhandelns von Geburt an. Dazu gehört die Gestaltung der relevanten Umwelt (das Zusammenleben, gemeinsames Lernen, Spielen, Arbeiten) unter Berücksichtigung der Medien (Spanhel 2006, S. 58f.). Die Bedeutung, die den einzelnen Medien in den jeweiligen sozialen Systemen Familie, Kindergarten, Schulklasse zugesprochen wird, muss den Kindern und Jugendlichen entsprechend ihrem Verständnis klar gemacht, begründet und mit zunehmendem Alter mit ihnen ausgehandelt werden. Das ist das gemeinsame Bemühen um einen konsensuellen Bereich. Gleichzeitig müssen die Heranwachsenden entsprechend ihrer kognitiven Entwicklung zunehmend befähigt werden, die durch die Medien eröffneten und in der Erziehung zugestandenen Möglichkeitsspielräume aktiv, kreativ und eigenverantwortlich für ihren Entwicklungsprozess zu nutzen. Das ist der Rahmen für die vielfach beschriebene Vermittlung von Medienkompetenz (Spanhel 2006, S. 195ff.). Wichtig ist, dass sie sich am Ziel der Medienbildung orientiert.

Medienbildung zielt auf ein wachsendes Bewusstsein von der Medialität der Lebensräume und auf die Reflexion der Medialität aller Bildungsinhalte und Bildungsprozesse. Die Auseinandersetzung mit der medialen Dimension der Bildungsräume und Kommunikationsprozesse ist nur im abstrakten Symbolsystem der Sprache möglich. Nur im Medium der Sprache kann der Mensch die von den Medien ausgelösten Sinneseindrücke und Wahrnehmungen und die darauf folgenden gefühlsmäßigen, motivationalen und somatischen Prozesse symbolisch repräsentieren, sich bewusst machen und sie kontrollieren: D. h., er kann sie entsprechend seinen subjektiven Wertorientierungen und Zielen bewerten, verarbeiten und schließlich für die weitere Auseinandersetzung Handlungspläne entwerfen und aktivieren. Das bedeutet in der Konsequenz, dass Medienbildung und alle Bildung grundsätzlich an Sprachbildung gebunden sind (Spanhel 2006, S. 205 und S. 210f.). Die Schule darf deshalb ihre bisherige zentrale Bildungsaufgabe der Sprachförderung im Zusammenhang mit dem Medieneinsatz auf keinen Fall vernachlässigen.

Medienbildung reflektiert auch die mediale Gestaltung der Lernumgebungen und der Kommunikationsprozesse in den Erziehungs- und Bildungseinrichtungen. Dies ist die Grundbedingung dafür, dass die Heranwachsenden im Verlaufe ihrer Entwicklung immer besser fähig werden, ihre Lebensräume mit Hilfe der verfügbaren Medien eigenständig zu gestalten und die darin ablaufenden Lern- und Bildungsprozesse selbst zu regulieren. Erst von daher erhalten die immer wieder beschworenen Medienkompetenzen ihren eigentlichen pädagogischen Sinn und ihre Relevanz für Bildung. Wie dies konkret in der Praxis aussehen kann, zeigen sehr schön die Bemühungen um Medienbildung am Evangelisch Stiftischen Gymnasium in Gütersloh (Bertelsmann Stiftung 2001).

Hilfen beim Aufbau einer neuen Lernkultur

Nach Castells (2001) ist unsere Gesellschaft durch eine „informationelle Entwicklungsweise" gekennzeichnet, d. h. die Einwirkung des Wissens auf das Wissen selbst ist als die Hauptquelle der Produktivität anzusehen. Er spricht daher von „Wissensgesellschaft", deren „Rohstoffe" die Generierung, Reproduktion, Verteilung und Verwertung von Ideen sind. In dieser sich rasch wandelnden Gesellschaft reichen Tradierung und Aneignung bewährter Kenntnisse und Fähigkeiten nicht aus. Die Anforderungen in ihrer Zukunft verlangen von den Heranwachsenden nicht in erster Linie den Erwerb fertiger Inhalte oder Wissensbausteine, sondern die Befähigung zur gemeinsamen *Konstruktion, Bearbeitung und Verwertung und Weitergabe von Wissen*. Dazu müssen sie sich spezifische Schlüsselqualifikationen und Methodenkompetenzen aneignen.

Das erfordert die Entwicklung einer *neuen Lernkultur* auf der Basis selbstgesteuerten Lernens in den Erziehungs- und Bildungseinrichtungen (Spanhel 2006, S. 307ff.). Dafür müssten die Formen des informellen selbstgesteuerten Lernens der Heranwachsenden mit Medien (Theunert 2005) systematisch nutzbar gemacht werden. Erziehung und Unterricht in Form *offener medialer Lernumgebungen* sollten es den Heranwachsenden ermöglichen, ihre eigenen Lernkontexte zu konstruieren. Formen selbstgesteuerten Lernens können jedoch nur gelingen, wenn den Heranwachsenden metakognitive Fähigkeiten vermittelt werden, also ein Wissen über den Ablauf von Lernprozessen, die sichere Beherrschung von Lernstrategien und Strategien zur Steuerung, Gestaltung und Überwachung des Lernfortschritts. Dazu müssten auch die Curricula offener gestaltet werden, ohne dass die Einrichtung ihre grundlegenden Bildungsziele aufgibt. Es geht dabei nicht um Einzelheiten, sondern um eine Übereinkunft darüber, was Heranwachsende in einem bestimmten Alter wissen und können und an welchen Werten und Normen sie sich orientieren sollten. Als grundlegende Forderung zur praktischen Umsetzung gilt: In offenen medialen Lernumgebungen sollen die Heranwachsenden nicht nur bestimmte fachliche Lerninhalte konstruieren, sondern soziale Erfahrungen machen und dabei ihre inneren Lerninstrumente in Form von Schemata/Mustern weiterentwickeln sowie ihre Identitätsarbeit vorantreiben können. Am besten geeignet halte ich dafür das Konzept des „situierten Lernens" (Mandl et al. 2002). Dementsprechend sollen

Lernumgebungen kontextabhängig, fallbasiert, problemorientiert oder aufgabengeleitet gestaltet werden. Wenn die Heranwachsenden angemessene Möglichkeiten zur Selbstorganisation ihrer Lernprozesse bekommen, dann können die erforderlichen Voraussetzungen, die Ausbildung vielfältiger Interessen und die Motivation zum Weiterlernen sowie die Befriedigung der Grundbedürfnisse Erleben von Selbstwirksamkeit, Autonomie-Erfahrung und soziales Eingebundensein geschaffen werden.

Hilfen zur Integration der Heranwachsenden in die sozialen Systeme
Durch die rasanten Medienentwicklungen haben sich die sozialen Strukturen und Kommunikationsmuster in der Gesellschaft geändert. Daraus resultieren besondere Anforderungen an das soziale Lernen als Aufgabenbereich der Erziehung. Die erste Herausforderung liegt in der Aufgabe einer kontinuierlichen Entwicklung der Fähigkeiten zur *Kommunikation und Metakommunikation* auf der Basis der Sprachfähigkeit. Je vielfältiger und komplexer diese medialen Darstellungsformen und die symbolischen Sinnwelten sind, desto häufiger ist eine Verständigung *über* die medial vermittelten Bedeutungen erforderlich. Dazu benötigen die Kinder und Jugendlichen die Fähigkeit zur Meta-Kommunikation: Nur mittels Sprache können sie eine kritisch-reflexive Distanz zu den Medien und Medieninhalten sowie zu ihrem eigenen Medienhandeln herstellen. Die besondere Herausforderung liegt darin, dass diese kommunikativen Kompetenzen in medialen Situationen unter den Bedingungen fehlender direkter sozialer Kontrolle ausgebildet werden müssen. Mehr als in allen anderen Lebenssituationen wird daher von den Heranwachsenden bei einem adäquaten Umgang mit den Medien die *Fähigkeit zur reflexiven Selbstkontrolle* gefordert. Mehr und früher als je in der Geschichte der Menschheit sind sie darauf angewiesen, sich selbst nach gesellschaftlichen Normen zu kontrollieren und dafür ein internes Steuerungssystem aufzubauen.

Die zweite Herausforderung ergibt sich daraus, dass heute Kinder und Jugendliche aus ganz unterschiedlichen Lebenswelten, Kulturen, Weltanschauungen miteinander aufwachsen und sich verständigen müssen. Sie müssen lernen, durch Austausch zwischen diesen unterschiedlichen Lebensauffassungen und Verstehensweisen der Welt sich selbst besser zu verstehen. Sie müssen lernen, ihren Horizont zu überschreiten und mediale Erfahrungen über fremde Lebensbereiche in die eigene Weltdeutung aufzunehmen. Für den Umgang mit Fremdheit und Andersartigkeit in ihrer Alltagswelt brauchen sie Hilfen beim Aufbau einer *interkulturellen Kompetenz*. Dieser Herausforderung stehen die Erziehungs- und Bildungseinrichtungen immer noch ziemlich hilflos gegenüber. Die Aufgabe besteht darin, die Medien in den Dienst der sozialen Kommunikation und der gemeinsamen Suche der Menschen nach Wahrheit, Frieden und Gerechtigkeit zu stellen (Spanhel, 2006, S. 105 f. und S. 196 ff.).

Hilfen beim Aufbau einer eigenen Identität

Alles Medienhandeln der Heranwachsenden hat eine emotive Dimension: Es werden dabei persönliche Erlebniswelten konstituiert und gestaltet, die sich auf die Gefühle, Stimmungen und die Selbstdefinition auswirken. Dabei sind stets eine expressive und impressive Komponente im Spiel: Medien bieten Möglichkeiten des Ausdrucks und der Selbstdarstellung sowie der Modellbeobachtung und der Identifikation mit Helden und Vorbildern. Die Medienangebote stellen zugleich Antworten auf alle Fragen zur Verfügung, die mit der Ausarbeitung der Identität zu tun haben. Dazu gehören Fragen der Moral, der kulturellen Normen, der Körperlichkeit und Geschlechtlichkeit, der Konsummöglichkeiten und Lebensziele. In dem Zwang zur ständigen Auseinandersetzung der Heranwachsenden mit diesen variationsreichen Angeboten vollzieht sich ein kontinuierlicher Prozess der Ausarbeitung und Stabilisierung der eigenen Identität. Diese Form der Selbstdefinition vollzieht sich allerdings ohne direkte soziale Kontrolle. Dies bringt zwar eine Ausweitung der personalen Autonomie, aber gleichzeitig auch die Gefahr einer individualistischen Selbstgenügsamkeit mit sich. Deshalb müssen die Heranwachsenden ihre Identität parallel dazu in sozialen Prozessen mit direkten Rückmeldungen ausarbeiten. Aber es wird immer schwieriger für sie, sich in soziale Systeme zu integrieren und dabei eine personale Identität aufzubauen. Diese sozialen Systeme bilden oft selbst keine klare Identität mehr aus und können daher kaum noch als stabile sinngebende Instanzen fungieren. Die Heranwachsenden suchen daher zunehmend Orientierungen in den Angeboten der Medien und werden dort mit dieser unglaublichen Vielfalt an unterschiedlichen und widersprüchlichen Lebensstilen und -formen, Lebensentwürfen und -zielen, Normen und Werten konfrontiert. Je jünger die Kinder sind, desto weniger sind sie dieser Situation gewachsen. Als pädagogische Hilfe reicht es nicht aus, ihnen Kritikfähigkeit und Beurteilungskompetenz zu vermitteln.

Die Ambivalenz zunehmender Wahlfreiheiten bei gleichzeitig wachsenden Entscheidungszwängen stellt die größte Herausforderung für die Lebensführung und Lebensbewältigung in unserer Zeit dar. Die fundamentale Aufgabe der Erziehung besteht darin, den Heranwachsenden bei der Entwicklung einer stabilen Präferenzordnung zu helfen. Es geht um den Aufbau und die Stabilisierung einer Verantwortungshaltung nicht nur gegenüber den Medien, sondern auch im sozialen Zusammenleben. Das erfordert die Integration eines differenzierten Wertwissens und wertbegründeter Muster des Medienhandelns in die Strukturen des psychischen Systems. Beispiele zeigen, wie Medienerziehung und moralische Erziehung miteinander verbunden werden können (Kleber 2003).

Zusammenfassend lässt sich festhalten: Die Beschleunigung der kulturellen Evolution erzwingt eine Beschleunigung der Entwicklungsprozesse im Kindes- und Jugendalter. Durch die Entwicklungen im Medienbereich werden die dafür erforderlichen Erfahrungsräume und Lernmöglichkeiten bereitgestellt. In der Auseinandersetzung mit den komplexen Zeichensystemen der multifunktionalen Medien können die Heranwachsenden ihre Zeichenfähigkeit und damit auch ihre Lernfähigkeit verbessern. Erziehung hat in diesem Zusammenhang die schwierige aber unverzichtbare Aufgabe, die Heranwachsenden zur Selbststeuerung ihrer Lernprozesse zu befähigen und sie beim Aufbau einer Präferenzordnung zu unterstützen. Nur durch die gemeinsame Gestaltung der medialen Lebensräume ist es möglich, dem Entwicklungsprozess der jungen Menschen eine Ausrichtung zu geben, damit sie sich in die Gemeinschaft integrieren und ihren Entwicklungsprozess auf das Ziel intellektueller und moralischer Autonomie ausrichten.

Literatur

Bateson, Gregory (1990): Geist und Natur. Eine notwendige Einheit (2. Aufl.). Frankfurt a. M.: Suhrkamp

Bertelsmann Stiftung/ Evangelisch Stiftisches Gymnasium (Hrsg.) (2001): Medienbildung in der Schule. Das Beispiel des Evangelisch Stiftischen Gymnasiums in Gütersloh. Gütersloh: Bertelsmann Stiftung

Büeler, Xaver (1994): System Erziehung. Ein bio-psycho-soziales Modell. Bern: Haupt

Boeckmann, Klaus (1994): Unser Weltbild aus Zeichen. Zur Theorie der Kommunikationsmedien. Wien: Braumüller

Castells, Manuel (2001): Der Aufstieg der Netzwerkgesellschaft, Teil 1. Das Informationszeitalter. Opladen: Leske + Budrich

Faßler, Manfred (2003): Medienanthropologie oder: Plädoyer für eine Kultur- und Sozialanthropologie des Medialen. In: Manfred L. Pirner/ Rath Matthias (Hrsg.): Homo medialis. Perspektiven und Probleme einer Anthropologie der Medien. München: kopaed, S. 31-48

Hug, Theo (2003): Medien – Generationen – Wissen. Überlegungen zur medienpädagogischen Forschung. In: Bachmair, Ben et al. (Hrsg.): Jahrbuch Medienpädagogik 3. Opladen: VS, S. 13-26

Hug, Theo (2007): Medienpädagogik unter den Auspizien des mediatic turn – eine explorative Skizze in programmatischer Absicht. In: Kerres, Michael/ Moser, Heinz/ Sesink, Werner (Hrsg.): Jahrbuch Medienpädagogik 6. Medienpädagogik – Standortbestimmung einer erziehungswissenschaftlichen Disziplin. Wiesbaden: VS, S. 10-32

Issing, Ludwig J./ Klimsa, Paul (Hrsg.): Information und Lernen mit Multimedia und Internet (3. vollst. überarb. Aufl.). Weinheim: Beltz Psychologie Verlagsunion

Kleber, Hubert (2003): Konflikte gewaltfrei lösen. Medien- und Alltagsgewalt: Ein Trainingsprogramm für die Sekundarstufe I. Berlin: Cornelsen

Landmann, Michael (1961): Der Mensch als Schöpfer und Geschöpf der Kultur: Geschichts- und Sozialanthropologie. München: Reinhardt

Liedtke, Max (Hrsg.) (1997): Kind und Medien. Zur kulturgeschichtlichen und ontogenetischen Entwicklung einer Beziehung. Bad Heilbrunn: Klinkhardt

Luhmann, Niklas (1991): Soziale Systeme. Grundriß einer allgemeinen Theorie (2. Aufl.). Frankfurt a. M.: Suhrkamp

Mandl, Heinz/ Gruber, H./ Renkl, A. (2002): Situiertes Lernen in multi-medialen Lernumgebungen. In: Issing, Ludwig J./ Klimsa, Paul (Hrsg.): S. 138-148

Maturana, Humberto/ Varela, Franzisko J. (1987): Der Baum der Erkenntnis. Die biologischen Wurzeln des menschlichen Erkennens. Bern: Scherz, Goldmann

Moser, Heinz (1999): Einführung in die Medienpädagogik. Aufwachsen im Medienzeitalter (2. Aufl.). Opladen: Leske und Budrich

Moser, Heinz (2003): Von der Medienkompetenz zur Medienbildung. In: Medienwissenschaft Schweiz, Heft 2, S. 26-24

Schäfer, Gerd E. (1986): Spiel, Spielraum und Verständigung. Untersuchungen zur Entwicklung von Spiel und Phantasie im Kindes- und Jugendalter. Weinheim. Juventa

Schelhowe, Heidi (2007): Technologie, Imagination und Lernen. Grundlagen für Bildungsprozesse mit digitalen Medien. Münster: Waxmann

Schnotz, Wolfgang (1999): Imagination beim Sprach- und Bildverstehen. In: Fauser, Peter/ Wulffen, Dorothee von (Hrsg.): Einsicht und Vorstellung. Imaginatives Lernen in Literatur und Geschichte. Seelze-Velber: Kallmeyer, S. 25-45

Spanhel, Dieter (1999): Vom Text zum Kontext: Überlegungen zu einer medienpädagogischen Theorie auf systemtheoretischer Grundlage. In: Amman, Daniel/ Moser, Heinz/ Vaissière, Roger (Hrsg.): Medien lesen. Der Textbegriff in der Medienwissenschaft. Zürich: Pestalozzianum, S. 274-295

Spanhel, Dieter (2001): Thesen zu ethischen Grundfragen der Medienpädagogik. In: Medienimpulse. Beiträge zur Medienpädagogik, 10. Jg., Heft 38, S. 31-32

Spanhel, Dieter (2002): Medienkompetenz als Schlüsselbegriff der Medienpädagogik? In: forum medienethik. Medienkompetenz – Kritik einer populären Universalkonzeption. Heft 1, S. 48-53

Spanhel, Dieter (2003): Die Bedeutung anthropologischer bzw. kulturanthropologischer Aspekte für die Medienpädagogik. In: Pirner, Manfred L./ Rath, Matthias (Hrsg.): Homo medialis. Perspektiven und Probleme einer Anthropologie der Medien. München: kopaed, S. 91-106

Spanhel, Dieter (2005): Zur Entwicklung der Medienpädagogik in der Schule seit 1995. In: merz. Medien und Erziehung, 49. Jg., Heft 2, S. 70-73

Spanhel, Dieter (Hrsg.) (2006): Medienerziehung. Handbuch Medienpädagogik Bd. 3. Stuttgart: Klett-Cotta

Theunert, Helga (2005): Medien als Orte informellen Lernens im Prozess des Heranwachsens. In: Sachverständigenkommission 12. Kinder- und Jugendbericht (Hrsg.): Kompetenzerwerb von Kindern und Jugendlichen im Schulalter, Bd. 3. München: DJI, S. 175-300

Tomasello, Michael (2002): Die kulturelle Entwicklung des Denkens. Frankfurt a. M.: Suhrkamp

Willke, Helmut (1991): Systemtheorie. Eine Einführung in die Grundprobleme der Theorie sozialer Systeme (3. Aufl.). Stuttgart: Fischer

Leben in mediatisierten Gesellschaften
Kommunikation als anthropologische Konstante und ihre Ausdifferenzierung heute

Friedrich Krotz

Einleitung: Kommunikation und Medien in mediatisierten Gesellschaften

Der immer weiter gehende Medienwandel mit den immer neuen Medien, die er hervorgebracht hat, hat das Misstrauen gegen Medien und deren Bedeutung und Wirkung in Kultur und Gesellschaft nicht abgeschwächt, sondern eher verstärkt. Seit Sokrates' Vorbehalten gegen die Schrift und das Lesen haben sich die Kritik an den Medien und die damit verbundenen Ängste, was wohl mit der Kommunikation zwischen Menschen und mit früheren medialen Kommunikationsformen geschehe, immer wieder erneuert. Neil Postmans (1988) Kassandra-Rufe, was aus Politik, Bildung und Wissenschaft werde, wenn alles „entertainisiert" werden würde, Max Horkheimers und Theodor Adornos (1971) Analyse der Kulturindustrie, die – letztlich über eine Art Vergiftung der Kommunikation – zum Ende der Aufklärung, zur Verdummung der Menschen und zum Erhalt der Ungerechtigkeiten des Kapitalismus beitrüge, oder die heute immer wieder zu hörenden Vorbehalte gegen Computerspiele, Chats und „virtuelle" Kommunikation – was immer das sein soll – sind Beispiele für diese These.

Medienanthropologie beschäftigt sich mit der Frage nach der Bedeutung der Medien für den Menschen und ihren grundlegenden Besonderheiten. Was immer Medien sind, sie modifizieren Kommunikation. Kommunikation steht dem Menschen als Gattung wie als Individuum zur Verfügung. Mehr noch, der Mensch ist das einzige Wesen, das zu höchst komplexer Kommunikation befähigt und das zugleich davon existenziell abhängig ist. Kommunikation ist damit eine grundlegende Praxis individuellen wie auch gattungsbezogenen menschlichen Lebens, und wenn es mit ihr Probleme gibt, dann sind dies dementsprechend schnell existenzielle Probleme für das Zusammenleben der Menschen.

Offensichtlich lassen sich mindestens zwei Entwicklungen identifizieren, die für einen Wandel von Kommunikation relevant sein können und die umgekehrt durch einen Wandel von Kommunikation vorangetrieben werden können: *die Entwicklung der Gesellschaft und die Entwicklung der Medien.* Was geschieht mit der Kommunikation in den sich sozial und medial schnell wandelnden Gesellschaften von heute, die sich in den letzten Jahren in vieler Hinsicht radikal geändert haben und etwa globalisierte, ökonomisierte, individualisierte und mediatisierte Gesellschaften sind? Und was bedeutet das für unser Zusammenleben? Das sind die Fragen, mit denen sich der vorliegende Aufsatz beschäftigt. Dabei steht zunächst der Zusammenhang zwischen Individuum, Kommunikation und Gesellschaft im Mittelpunkt, weil man erst, wenn dieser geklärt ist, die Bedeutung des medialen Wandels herausarbeiten kann.

Dazu begründen wir im nächsten Punkt 2 etwas ausführlicher, warum Kommunikation als anthropologische Konstante gesehen werden muss. Dies führt in Abschnitt 3 zu einer differenzierten Diskussion der Frage, wie Kommunikation in einem solchen Zusammenhang verstanden werden muss – jedenfalls nicht als schlichter Transport von Informationen, wie es die frühere Massenkommunikationsforschung gesehen hat. Auf der Basis des so entwickelten Kommunikationsverständnisses beschäftigen wir uns dann in Kapitel 4 mit den zahlreichen offenen Fragen, wie Kommunikation und Gesellschaft zusammenhängen, und in Abschnitt 5 und 6 mit der Rolle der Medien und dem Leben in mediatisierten Gesellschaften. In einem kurzen Schluss werden daraus resultierende Probleme angesprochen.

Kommunikation als anthropologische Konstante: Der Mensch als kommunikatives Wesen

Es gibt viele Wege, wie man Menschen als Lebewesen einer besonderen Art definieren kann. Prägend für die Soziologie des 19. und zum Teil auch des 20. Jahrhunderts war beispielsweise die Aussage von Karl Marx: „Man kann den Menschen durch das Bewußtsein, durch die Religion, durch was man sonst will, von den Tieren unterscheiden. Sie selbst fangen an, sich von den Tieren zu unterscheiden, sobald sie anfangen, ihre Lebensmittel zu *produzieren,* ein Schritt, der durch ihre körperliche Organisation bedingt ist. Indem die Menschen ihre Lebensmittel produzieren, produzieren sie indirekt ihr materielles Leben selbst." (Marx/Engels 1969, S. 21, Hervorhebung im Original). Wie bekannt, setzt die hierfür notwendige Kollektivität natürlich die Fähigkeit der Menschen zur Kommunikation voraus, jedoch hat die Soziologie des 19. Jahrhunderts sich im Wesentlichen darauf beschränkt, Kommunikation als instrumentelles Mittel zu berücksichtigen.

Dagegen haben George Herbert Mead und Jürgen Habermas den Menschen eher von seiner Fähigkeit zur Kommunikation her bestimmt. Mead hat mit dem, was dann später Symbolischer Interaktionismus genannt wurde, den Menschen als Symbolwesen und damit im Hinblick auf seine Fähigkeit zur Kommunikation beschrieben; Habermas hat versucht, Gesellschaft mittels einer Theorie kommunikativen Handelns zu rekonstruieren. Auch in anderen Disziplinen finden sich Ansätze, die den Menschen explizit oder implizit als kommunikatives Wesen beschreiben und definieren, so in der Sprachwissenschaft mit den Semiotikentwürfen von Ferdinand de Saussure und Charles S. Peirce, in der Philosophie mit den Arbeiten von Ludwig Wittgenstein (1969) oder dem „Animal symbolicum" von Ernst Cassirer (1994) oder auch in der Psychologie – wie etwa das Diktum Paul Watzlawicks et al. (1969), dass der Mensch nicht nicht kommunizieren kann.

Aus der Perspektive der Kommunikations- und Medienwissenschaft liegt es nahe, den Menschen als das einzige Wesen zu betrachten, das zu komplexen kommunikativen Formen befähigt und gleichzeitig von dieser Kommunikation abhängig ist. Diese besondere Rolle von Kommunikation wird unmittelbar erkennbar, wenn man die *Möglichkeit und die Notwendigkeit des menschlichen Sprechens* und die darin gründenden differenzierten Ausdrucks- und Interaktionspotenziale berücksichtigt, die den Menschen entscheidend formen. Sprache und Sprechen prägen nicht nur die Beziehungen der Menschen zu sich und zu anderen und damit „das Soziale und Kulturelle", sondern auch Denken und Bewusstsein, Reflexion und Selbstbewusstsein. Mit diesem Bild vom Menschen als komplex-kommunizierend unterscheidet sich Kommunikations- und Medienwissenschaft von anderen Wissenschaften.

Natürlich und bekanntlich ist der Mensch nicht das einzige Lebewesen, das kommuniziert – dies tun auch Bienen, Orang Utans oder Delphine. Der Mensch ist aber das einzige Wesen, von dem man sagen kann, dass es innerhalb einer von ihm selbst kommunikativ erzeugten *komplexen Symbolwelt* lebt, in der sie und er mit Begriffen unterschiedlicher Art und komplexen Beziehungen zwischen ihnen operieren, Konditionalsätze und Konjunktiv verwenden, sogar lügen können. Er ist nicht nur mit Stimme und Gehirn dafür ausgerüstet, Sprache zu praktizieren und Gesprochenes in seiner Komplexität zu verarbeiten, er denkt, handelt und interagiert vielmehr in sprachlich präformierten Kommunikationsstrukturen, durch die er seine Welt konstituiert. Und er ist umgekehrt als Individuum mit seinen Gewohnheiten und Möglichkeiten wie als Gattungswesen mit seinen Traditionen, Wissensbeständen und Kooperationsnotwendigkeiten von seiner Sprache, und allgemeiner, von seinen Kommunikationsformen abhängig. Norbert Elias (1989) hat den Menschen deshalb als ein fünfdimensionales Wesen beschrieben, das nicht nur in den vier Dimensionen von Raum und Zeit, sondern auch einer fünften, der von ihm selbst erzeugten Symbolwelt lebt – und diese ist kommunikativ hergestellt.

Deshalb ist Kommunikation eine grundlegende anthropologische Konstante. Sie ist zugleich für alle anderen menschlichen Besonderheiten konstitutiv – für seine Arbeitsfähigkeit und für seine Fähigkeit, die Natur umzuformen, die organisiert stattfinden müssen, für seine innere psychische Struktur, die in Kommunikation und Interaktion entsteht und sich entwickelt, und für seine Kreativität, Entwicklungsfähigkeit und Traditionsgebundenheit, in denen er sich ausdrückt und von denen er abhängt. Deshalb ist es natürlich von Bedeutung, wohin sich Kommunikation entwickelt, wenn sich Medien und Gesellschaft wandeln. Die Frage, die sich in diesem Zusammenhang aber zunächst einmal stellt, ist, was für ein Verständnis von Kommunikation hinter einer derartigen Sichtweise von Kommunikation als anthropologischer Konstante stehen muss – wie man also Kommunikation definieren und verstehen muss, damit der Mensch auf eine angemessene Weise bestimmt ist. Dies ist vor allem deshalb im hier verfolgten Zusammenhang wichtig, weil wir auf die Besonderheiten des Lebens in mediatisierten Gesellschaften hinauswollen und dazu zunächst klären müssen, wie Mensch und Gesellschaft von Kommunikation geprägt sind, die sie beide umgekehrt ebenfalls prägen, um dann die Folgen der medialen Entwicklungen herausarbeiten zu können. Diese Bedeutung von Kommunikation soll die differenzierte Diskussion verschiedener Kommunikationsbegriffe deutlich machen.

Kommunikation als Handlungsmuster und der Zusammenhang zwischen Kommunikation und Gesellschaft

Was Kommunikation ist, ist strittig, vor allem in der Kommunikations- und Medienwissenschaft, soweit sie sich mit dieser Frage überhaupt auseinandersetzt. Das Problem dabei ist, dass Kommunikation ebenso wie andere Begriffe, etwa Kultur, Gefühl, Spiel oder Gesellschaft, zu den zahlreichen Konzepten gehört, die sich nicht in einer analytisch-formalen Definition zusammenfassen lassen. Denn bei all diesen Konzepten handelt es sich um elementare Grundbegriffe, die nicht nur paradigmatisch (Kuhn 1978), kulturell und historisch (Elias 1989) unterschiedlich gebraucht und bestimmt werden, sondern die bei jeder Bestimmung auch von den je theoretischen Vornahmen, den verfolgten Intentionen und den je eingenommenen Standpunkten abhängig gefasst werden. Der Ausweg, den Empiriker in solchen Fällen wählen, nämlich auf eine klare Begrifflichkeit zu verzichten und einfach nur Operationalisierungen zu verwenden, ist nicht wirklich hilfreich, sondern eher pseudoobjektv. Stattdessen muss man damit leben, dass Kommunikation eben in Abhängigkeit von Standpunkt und Perspektive definiert wird, und dass es deswegen in dem vorliegenden Aufsatz darum geht, eine Definition zu finden, die dem Menschen als Lebewesen, das in einer kommunikativ konstruierten Welt lebt, angemessen ist. Eine derartige Definition verlangt die Entwicklung einer Reihe von Perspektiven, die dann auch nebeneinander stehen bleiben können.

Das Kommunikationsverständnis der Massenkommunikationsforschung

Beginnen wir hier die Diskussion der Frage danach, was Kommunikation ist, mit dem Hinweis auf das reduktive Kommunikationsverständnis der klassischen (Massen-)Kommunikationsforschung. Damit habe ich mich in verschiedenen Arbeiten auseinandergesetzt (Krotz 1999; 2001; 2007, S. 60ff.) – hier werde ich nur einige Überlegungen zusammenfassen.

Das klassische Konzept der mainstream-Kommunikationsforschung ist der an die mathematische Informationstheorie von Claude Shannon und Warren Weaver (1949) angelehnte Versuch, Kommunikation als Informationstransport zu definieren. Daran knüpft auch der heute gelegentlich zu findende Versuch an, Kommunikation als Bedeutungsübertragung zu bestimmen. Beide Ansätze versuchen, Kommunikation auf ihre Inhalte zu reduzieren und an kausale Wirkungsmechanismen zu binden; beide privilegieren den Sprecher gegenüber dem Zuhörer, wofür es keinen Grund gibt; beide ignorieren, dass „etwas verstehen" auf die kontextuelle Bedeutung von Aussagen verweist und dass Bedeutung ein Praxisbegriff und nicht eine Eigenschaft von Zeichen ist. Beide Ansätze gehen deshalb an den Formen zwischenmenschlicher Kommunikation vorbei – für die sie ja auch nie konzipiert waren, aber wofür sie z. B. im Hinblick auf mediatisierte interpersonale Kommunikation oder Computerspiele heute auch angewandt werden.

In Erweiterung eines derartigen Modells hat Denis McQuail vier Kommunikationsmodelle als relevant für die Kommunikations- und Medienwissenschaft einander gegenübergestellt und darauf hingewiesen, dass es dabei um verschiedene Perspektiven geht, die je nach Zweck und theoretischer Position verwendet werden, und von denen jede Perspektive und damit jedes der vier Modelle für bestimmte Fragestellungen sinnvoll sein kann (McQuail 1994): Er nennt erstens das verhaltenstheoretisch begründete Anzeige- und Wahrnehmungsmodell, das nicht zwischen Kommunikationsformen auf der einen Seite und Reizen/Reaktionen auf der anderen Seite unterscheidet und so das Charakteristische des Kommunizierens ignoriert, zweitens das oben als Informationstransportmodell bezeichnete Transmissionsmodell, drittens das rituelle bzw. expressive Modell von Kommunikation, nach dem es auf Inhalte überhaupt nicht ankommt, weil Kommunikation im Wesentlichen Teilhabe an situativer oder übersituativer Gemeinschaft ist, und viertens das Rezeptionsmodell, das Kommunikation primär als Interpretationsprozess des Empfängers betrachtet.

Jede dieser Perspektiven fasst offensichtlich bestimmte Eigenschaften bestimmter Kommunikationsformen und ignoriert gleichzeitig andere. Jede ist deshalb ein reduktives Modell, das nicht ausreicht, eine breit angelegte Kommunikationswissenschaft oder gar ein Bild von Menschen zu begründen, weil sich darauf höchstens

Theorien mittlerer Reichweite aufbauen lassen. Keines dieser Modelle fasst jedoch Kommunikation in ihrer Breite und Bedeutung oder auch nur als fortlaufenden Prozess, in dem Wirklichkeit erzeugt und Verständigung oder Dissens möglich werden. Keines der Modelle taugt, die Bedeutung eines Gesprächs zwischen zwei Menschen zu rekonstruieren. Für eine anthropologische Betrachtung taugen diese Konzepte auch deswegen nicht, weil sie es nicht ermöglichen, eine Kommunikationsgeschichte zu verfassen, die kommunikative Handlungsmuster mit Sozialformen, Medien und Kulturen verbindet. Dass solche Fragen von zentraler Bedeutung für eine Kommunikationswissenschaft und eine Medienanthropologie des 21. Jahrhunderts sind, zeigen gerade die Arbeiten von Jürgen Habermas. Sie machen nämlich deutlich, wie ich gleich zeigen werde, dass die demokratischen Lebensverhältnisse in Europa an spezifische Kommunikationsformen gebunden sind. Kommunikation differenziert sich aus sozialen und medialen Entwicklungen heraus, und nur, wenn unsere Kommunikationsformen zu unseren Lebensformen passen, lassen uns Kultur und Gesellschaft eine Chance zu einem selbstbestimmten Leben.

Kommunikationsformen als Voraussetzung für Demokratie: Habermas' Theorie der Öffentlichkeit und des kommunikativen Handelns
Habermas (1990) hat mit seiner historischen, auf Mitteleuropa angelegten Analyse von Öffentlichkeit eine wichtige Basis für jede Massenkommunikationsforschung gelegt. Mit seiner Theorie kommunikativen Handelns (Habermas 1987) hat er zudem eine komplexe, anspruchsvolle und breit angelegte Theorie vorgelegt, welche die Gesellschaft vom kommunikativen Handeln und dessen historischer Entwicklung her begreift. Sein Entwurf, der in der Soziologie gründet, ist in seiner Art einmalig, entwicklungsfähig und überwindet beispielsweise ältere bewusstseinstheoretische Konzeptionen; Habermas ermöglicht damit eine wechselseitige Bezugnahme zwischen Soziologie und Kommunikations- und Medienwissenschaft. Denn damit ist die Soziologie nun nicht mehr nur darauf beschränkt, Kommunikation als funktionales Geschehen, als Überbau-Phänomen oder unter dem Aspekt des Ideologieverdachts zu analysieren. Man kann von daher sagen, dass Habermas zwar vielleicht nicht die, aber auf jeden Fall eine wichtige Basistheorie für eine Kommunikationswissenschaft des 21. Jahrhunderts entworfen hat, die langfristig ihren Platz auch einnehmen wird – auch wenn die Kommunikations- und Medienwissenschaft das noch nicht recht zur Kenntnis genommen nat.

Allerdings hat Habermas den Begriff des kommunikativen Handelns, wie bekannt, radikal eingeschränkt auf das, was wir hier angemessener verständigungsorientiertes Handeln nennen wollen, indem er dieses einem strategisch genannten instrumentellen Handeln bzw. einem zweckorientierten Kommunizieren gegenübergestellt. Im Sinne der Kommunikations- und Medienwissenschaft und im Sinne einer Anthropologie der Medien und der Kommunikation sind aber auch ein militärischer Befehl oder eine auf die Auslösung von Kaufverhalten gerichtete Werbebotschaft kommunikativ – deshalb ist Habermas' Bezeichnung unglücklich. Stattdessen werden wir die beiden Formen kommunikativen Handelns hier verständigungsorientiert vs. ziel- oder ergebnisorientiert nennen und damit zugleich eine wichtige Unterscheidung zwischen verschiedenen Kommunikationsformen einführen.

Mit dieser Präzisierung ist es möglich, aus den Schriften Habermas' zwei Schlussfolgerungen zu ziehen, die für das hier verhandelte Thema von Bedeutung sind. Erstens hat Habermas bekanntlich verständigungsorientierte Kommunikation auf die Sphäre der gewordenen Lebenswelt eingeschränkt, und diesen Kommunikationsmodus der instrumentellen, also ergebnisorientierten Kommunikation gegenübergestellt, die er als für Kommunikation in Systemen charakteristisch beschrieben hat. Diese Unterscheidung ist zweifelsohne verkürzt, aber sie gestattet es, einen klaren Zusammenhang zwischen Kommunikation und Gesellschaft auszudrücken: Habermas macht damit deutlich, dass Kommunikationsmuster kulturell, gesellschaftlich und historisch variabel sind und sich verändern können. Und zweitens hat er herausgearbeitet, dass das westliche Modell von Demokratie unabdingbar verständigungsorientierter Kommunikationsformen bedarf, wenn es funktionieren soll – nur darüber kann eine Zivilgesellschaft, die in den nicht kolonialisierten Lebenswelten wurzelt, bestehen und über die wesentlichen Entwicklungslinien von Kultur und Gesellschaft entscheiden. Anders ausgedrückt: Die Existenz demokratischer Lebensformen hängt davon ab, dass verständigungsorientierte Kommunikationsformen nicht nur abstrakt möglich bleiben, sondern alltäglich gelebt werden und gesellschaftliche Wertschätzung genießen. Es wäre dementsprechend eine zentrale Frage einer breit aufgestellten Kommunikations- und Medienwissenschaft des 21. Jahrhunderts, diesen Zusammenhängen genauer nachzugehen. Dies würde wichtige Zusammenhänge zwischen Kommunikation und Gesellschaft erkennbar machen, vor allem, wenn hier nicht nur Öffentlichkeit als Medienöffentlichkeit berücksichtigt würde, sondern etwa das viel weiter gehende Öffentlichkeitsverständnis von John Dewey (1927; vgl. etwa auch Lingenberg 2009) zur Analyse herangezogen würde.

Kommunikatives Handeln lässt sich also differenzieren, es hat eine Geschichte und ist in seinen spezifischen Ausprägungen Teil spezifischer Kultur, die es umgekehrt relevant beeinflusst. Die in dieser Hinsicht allgemeiner an Habermas anschließende These wäre, dass Gesellschaften und Kulturen durch für sie typische kommunikative Handlungs- und Interaktionsmuster beschrieben und charakterisiert werden können. Dabei verstehen wir unter kommunikativen Handlungsmustern kommunikative Handlungen wie das Grüßen, wenn man in eine neue Situation eintritt, das Herstellen einer Telefonverbindung, das Klären eines Sachverhalts am Telefon, das Schreiben oder Lesen eines Briefes, das Zappen durch das

Fernsehen, das Rezipieren eines Teils eines Musikstücks oder eben ein verständigungsorientiertes Streitgespräch oder Liebesgeflüster. Mit dem Begriff Kommunikationsmuster meinen wir also alle möglichen kommunikativen Handlungsmuster ganz unterschiedlicher „Art und Größe", sie können sich auch überschneiden oder wechselseitig beinhalten. Überlegungen zu derartigen Entitäten gibt es aber bisher kaum.

Elementare Kommunikationsformen: Sprache, Zeichen, Gesten, Bilder, Töne
In einer weiteren Perspektive auf Kommunikation können wir von einer Reihe elementarer Begriffe ausgehen, die etwas beschreiben, was jedenfalls zur Kommunikation zählt: Sprechen und Sprache, Gesten bzw. allgemeiner zeichenhafte Kommunikation sowie Kommunikation mittels Bildern und Tönen.

Über visuelle Kommunikation und Kommunikation mittels Tönen liegen nur wenige kommunikationswissenschaftliche Erkenntnisse vor – hier ist vor allem auf Susan K. Langer (1992) zu verweisen. Ebenso wird aber auch die Rolle der Sprache in der mainstream-Kommunikations- und Medienwissenschaft und ebenso in den wenigen theoretischen Ansätzen, über die die Kommunikations- und Medienwissenschaft verfügt, unterschätzt (und spielt übrigens auch bei Habermas nicht die Rolle, die sie in seiner Theorie kommunikativen Handelns eigentlich spielen müsste; vgl. auch Kuchler 2005), obwohl mit der Semiotik als Wissenschaft von den Zeichen und ihren Beziehungen ein umfassendes Wissen vorliegt, wie Kommunikation funktionieren kann. Auf dieser Baustelle haben bekanntlich vor allem die Cultural Studies gearbeitet (vgl. Hepp/ Krotz/ Thomas 2009), auch wäre dabei auf das Wissen der Sprachwissenschaft genauer zu rekurrieren, was hier nicht geschehen kann. Deswegen beschränken wir uns auch in diesem Punkt auf drei Anmerkungen:

- Zum einen wären, wenn man an dieser Perspektive und der Sprache als einem wesentlichen Moment von Kommunikation weiter arbeiten will, vor allem das Sprechen und sein Komplement, das Verstehen, Interpretieren und Antworten genauer zu konzeptionalisieren; sowie insbesondere auch die Sprache als Potenzial in ihrer sozialen Entwicklung zu untersuchen. Wichtig wäre also insbesondere für die Kommunikations- und Medienwissenschaft eine breit angelegte Soziosemiotik, die aber so meines Wissens noch nicht existiert.
- Dies verweist zweitens auf die Notwendigkeit, auch von dem menschlichen Gespräch abweichende Formen sprachlicher Kommunikation in ihrem Bedingungsgefüge mit Bezug auf Sprache, Zeichen und Gesellschaft genauer zu untersuchen – eben auch Kommunikation im Rahmen von Computerspielen oder als Fernsehnutzung. Wie bereits erwähnt, und weiter hinten noch genauer begründet, betrachten wir diese medial bezogenen Formen als gesellschafts-

und medienspezifische Modifikationen der hier unterstellten Basisform von Kommunikation, dem Gespräch.

- Drittens wollen wir betonen, dass die Semiotik behilflich ist, Kommunikation auf eine spezifische Weise zu verstehen, nämlich derart, dass Sprache und jede Kommunikation zwischen Menschen etwas ist, das in der symbolischen Welt stattfindet und kein Äquivalent in der „wirklichen" Welt besitzen muss. Präziser ausgedrückt: Der Sinn von Zeichen entsteht aus dem Bezug dieser Zeichen zu den anderen Zeichen, die relevant sind oder von Beteiligten für relevant gesetzt sind, sowie weiterer herangezogener Kontexte, und dies gilt ebenso auch für Töne, Bilder und Gesten. Sie alle haben keinen absoluten Sinn, sondern nur einen relativen, bezogenen, der in sie hineingelegt wird und dementsprechend von den Kontexten abhängig ist, in denen dieses Zeichen, dieser Ton, dieses Bild steht oder von dem aus es interpretiert wird. Das bedeutet insbesondere, dass es keinen fixen, euklidischen Punkt gibt, von dem aus man Kommunikation unbezweifelbar beschreiben kann, sondern dass sie immer Teil von Kultur und Gesellschaft ist, die darüber hergestellt werden. Die dadurch gegebene, grundlegende Bezogenheit von Kommunikation und Kommunizieren auf Kultur und Gesellschaft ist es, die wir im nächsten Absatz verwenden werden, um den symbolisch-interaktionistischen Ansatz von Kommunikation zu skizzieren.

Ein integratives Praxismodell zum Verständnis von Kommunikation und ihres Zusammenhangs zur Gesellschaft: Der Ansatz George H. Meads
In einer weiteren Perspektive, die ich mehrfach in Aufsätzen entwickelt habe (ich beziehe mich im Folgenden wie auch zum Teil in den Formulierungen insbesondere auf Krotz 2008) kann man Kommunizieren als eine Form sozialen Handelns, genauer als einen Prozess wechselseitig aufeinander bezogenen Handelns, begreifen. Damit wird Kommunizieren als sinngeleitetes Handeln verstanden, wie Max Weber (1978) diesen Begriff konzipiert hat.

Erläutern wir dieses Kommunikationsverständnis am folgenden Beispiel: Person A hat Rückenschmerzen und bittet Person B, ihr den Rücken zu massieren. Person A will dazu Person B zeigen, wie das am besten zu tun ist. Person A fasst also Person B am Rücken so an, wie Person B dann Person A behandeln soll: A teilt B mit diesem kommunikativ gemeinten Akt mit, wie B A danach massieren soll. Person B ist dann, wie wir wissen, in vielen Fällen in der Lage, Person A tatsächlich so zu massieren, wie diese das erwartet. Die darauf erfolgende eigentliche Massage, die B dann A erteilt, ist gewissermaßen die Antwort von B an A.

Wie kann das aber eigentlich funktionieren? Person A weiß zunächst ja eigentlich nur, wie sie massiert werden will und wie sich das an ihrem Rücken anfühlen soll. Wenn sie das B mitteilt, teilt sie aber nicht das Gefühl mit, sondern fasst B so an, dass B das fühlt, was hinterher A fühlen will; genauer, so, wie A meint, dass B dann fühlt, wie sich A hinterher fühlen will. Damit A das kann, muss A eine erhebliche Leistung vollbringen und sich in B einfühlen, ohne die eigene Perspektive aus den Augen zu verlieren. Denn A muss B ja so massieren, wie A sich vorstellt, dass man den Rücken von B anfassen muss, damit B nicht nur genau die Gefühle hat, wie A sie sich für sich vorstellt, sondern so, dass die Erfahrung, die B macht, B bewegt, A so anzufassen, wie A es dann fühlen will. Auch umgekehrt ist ein erhebliches Maß an Einfühlung durch B notwendig, damit das alles klappt, denn nur so kann B das erfahrene Gefühl an seinem Rücken in eine Bewegung und in einen Druck seiner Hand umsetzen und A so berühren wie A dies erwartet; diese Umsetzung ist nur über innere Überlegungen auf der Basis von Einfühlung möglich. Denn dies verlangt, dass B sich sehr genau vorstellen kann, was A intendiert hat, als A B am Rücken berührt hat. Umgekehrt weiß A erst, wenn A von B am Rücken massiert wird, ob und inwieweit B seine Anweisungen verstanden hat bzw. ob er sie umsetzen kann. Erst durch die Antwort erhält A eine Rückmeldung, und das „Gespräch" kann weitergehen, auch wenn nicht alles im Detail übereinstimmt – im Kommunikationsprozess können Verstehen und Wissen im Verlauf des Gesprächs präzisiert werden und so auf etwas Gemeinsames konvergieren.

Das Beispiel zeigt, dass Kommunikation ohne Einfühlung nicht möglich ist, wobei wir mit „Einfühlung" nicht eine Gefühlsübernahme meinen, sondern die situationsbezogene Übernahme von Standpunkt und Handlungsperspektive im Sinne Robert Selmans (1984) bzw. Meads (1973). Nur weil A und B über Kommunikationsmuster verfügen, die unabhängig von jedem einzelnen sind, weil sie sozial geteilt werden, und nur weil sie diese mit eigenen Erfahrungen, wie etwas gemeint sein kann, ausfüllen können, und nur, weil sie dann über ihre so verstandene Einfühlung einen Zugang dazu konstruieren können, was sie selbst in dessen Position und Rolle wohl meinen würden und nur, weil sie daraus auf die Intentionen des anderen schließen können (wenn sie auch in der Regel nie vollkommen übereinstimmen und das auch nicht wichtig ist), können sich die Menschen miteinander verständigen und gegenseitig verstehen. Kommunikation ist dementsprechend ein wechselseitiger Prozess, der auch in seinen einzelnen Phasen auf Einfühlung beider Beteiligter beruht und einer Fortführung bedarf, damit Übereinstimmungen, was gemeint ist und wie die Situation definiert ist, hergestellt, verfeinert und verbessert oder Missverständnisse aufgeklärt werden können. Soweit Kommunikation beobachtbar ist, besteht sie aus *einer Kette wechselseitig hergestellter Kommunikate, die ihren Sinn dadurch bekommen, dass die Beteiligten sich miteinander verständigen wollen, indem sie sich aufeinander beziehen und sich dazu gegenseitig Symbole anzeigen.*

In dem Wort „anzeigen" ist festgehalten, dass Kommunikation als Gespräch nicht als Informationstransport verstanden werden kann. Auch wenn Schallwellen in der Luft oder beim Telefonieren elektrische Ströme von einer Person zur anderen laufen und hier tatsächlich eine Art Transport stattzufinden scheint, so ist die Tatsache, dass eine Schallwelle vom Mund von A zum Ohr von B geht, eine bloße physikalische Voraussetzung für Kommunikation, aber mehr nicht: Kommunikation als Gespräch besteht vielmehr darin, dass sich zwei Menschen durch die Verwendung tradierter Kommunikationsmuster sowie in Bezug auf eigene Erfahrungen und darauf gründende Vorstellungen wechselseitig ineinander einfühlen, um Bedeutungsmuster im Prozess der Kommunikation konvergieren zu lassen. Wie gerade die nonverbale Kommunikation zeigt, geht es dabei um Zeichen, die der eine – intendiert und unter Berücksichtigung des aktuellen Kontextes – präsentiert und die der andere als sinnvoll versteht, indem er sie seinerseits kontextualisiert. Transportiert wird dabei nichts, und nicht anders ist es auch, wenn jemand etwas sagt – erst die rahmende Situation, zu der auch die Erwartungen aller Beteiligten gehören, wie die Dinge weiter gehen, veranlasst die teilnehmenden Menschen, das Ausgedrückte als etwas an sie Adressiertes zu interpretieren, „das bei ihnen ankommt". Dass sie es dann verstehen, liegt aber natürlich nicht am geglückten Transport, sondern daran, dass sie dem Gehörten bzw. allgemeiner, dem in der Situation Erlebten, (ihren) Sinn und Bedeutung möglichst passend zuweisen und auf dieser Basis dann weiter handeln und kommunizieren.

Kommunikation besteht insbesondere also nicht nur aus beobachtbaren Teilen. Kommunikation setzt vielmehr eine gemeinsame Situationsdefinition aller Beteiligten sowie die (sich abwechselnden) Aktivitäten eines „Sprechers" und eines „Zuhörers" voraus, baut also auf einem vorher bzw. dadurch konstellierten Rahmen auf. Deshalb gehören zu Kommunikation über das beobachtbare Geschehen von aufeinander folgenden kommunikativen Akten und präsentierten Symbolen hinaus *komplexe innere Prozesse bei allen Beteiligten, für die wir beim Zuhörer Ausdrücke wie „Verstehen", „Interpretieren" oder „Kontextualisieren", beim Sprecher Ausdrücke wie „Beabsichtigen", „Zum Ausdruck bringen wollen", „Darstellen" oder „Zuschreibe" verwenden.*

Diese inneren Prozesse, ohne die keine menschliche Kommunikation möglich ist und die nicht unmittelbar beobachtet werden können, müssen wir uns als eine Art *inneren Dialog der Beteiligten* mit sich selbst vorstellen, bei dem wir einmal unsere eigene Rolle als Zuhörer einnehmen, zum anderen aber auch einen Zugang dazu erlangen müssen, was der andere wohl sagen will: „Our thinking is an inner conversation in which we may be taking roles of specific acquaintances over against ourselves, but usually it is with what I have termed the ‚generalized other' that we converse, and so attain to the levels of abstract thinking, and that impersonality, that so-

called objectivity we cherish" so George Herbert Mead (nach Burkitt 1991, S. 41).
Mit anderen Worten: Wer verstehen will, muss sich im Rahmen der gegebenen
Situation *imaginativ in den anderen hinein versetzen und dessen Rolle in der eigenen Vorstellung
übernehmen, um dann in inneren Dialogen rekonstruieren zu können, was der andere mit seinen
Äußerungen verbaler oder nonverbaler Art gemeint hat und wie er selbst darauf reagieren will*
(Krotz 2001). Denn was wir hören, ist ein Satz, aber was der Sprecher mit diesem
Satz meint, ist über den gesprochenen Satz alleine nicht feststellbar: Der Sinn eines
Satzes ergibt sich aus dem Kontext, in dem der Satz gesprochen wird.

Auch das wird am besten aus einem Beispiel klar: Wenn jemand hinter uns
„Hände hoch" sagt, so werden wir im Fasching von Köln damit anders umgehen als
bei einer Terroristenkontrolle auf dem Flughafen, wir werden auf eine Kinderstim-
me anders reagieren als auf eine Männerstimme, die, vielleicht mit einem ausländi-
schen Akzent, Ängste und Vorurteile bei uns weckt, und wenn wir den Sprecher
sehen, werden wir auch die Art der Pistole, die uns umgebende Situation und der-
gleichen berücksichtigen – alles nicht nur, um eine Antwort planen zu können,
sondern vor allem um erst einmal herauszufinden, wie der Satz gemeint ist.

Wenn wir bis dahin das face-to-face-Gespräch und zugleich die nonverbale
Kommunikation als Muster von Kommunikation skizziert haben, so können wir
nun die Annahme von oben aufgreifen, *dass jede andere, und insbesondere jede mediatisierte
Kommunikation „so ähnlich" funktioniert, also insbesondere eine situations- und medienspezifische
Modifikation dessen ist, was wir als face-to-face-Kommunikation gelernt haben.* Beim Telefonieren ist das Gespräch technisch vermittelt und gleichzeitig weitgehend auf Sprache verkürzt, beim Buch schreibt der Kommunikator erst alles hin, was der Leser
dann insgesamt liest usw.: Geht man also vom *Gespräch und von der Geste als den Ur-
formen jeder Kommunikation* aus, die als Charakteristikum des Menschen fungieren,
muss man *mediatisierte Kommunikationsformen, wenn man sie theoretisch und empirisch rekonstruieren will, in ihren Gemeinsamkeiten mit dieser Urform und in ihren jeweiligen technischen
und sozial vermittelten Besonderheiten konzipieren.*

In dieser Perspektive lassen sich heute prinzipiell drei Typen mediatisierter
Kommunikation finden, wobei hier nach der Art des Gegenübers, mit dem ein
„Gespräch" geführt wird, unterschieden wird:
- Kommunikation mit inszenierten medialen Inhalten, also Medienrezeption von
  Websites, Fernsehen oder Büchern usw.,
- Kommunikation mit Menschen mittels Medien – etwa per SMS, Brief, oder
  Telefon –, und
- Kommunikation mit „intelligenten" Computerprogrammen bzw. innerhalb
  von kommunikativen Rahmen, wie sie durch intelligente Software gegeben

sind – also etwa „Gespräche" mit Robotern oder intelligenten Anrufbeantwortern, oder kommunikative Aktivitäten innerhalb von Computerspielen.

Abschließend wollen wir erstens festhalten, dass damit ein Konzept von Kommunikation entwickelt ist, das die vier von McQuail benannten Definitionen von Kommunikation umfasst – sie können durch Abstraktion gewonnen werden, wie man sich leicht überlegt. Zugleich ist dieses Konzept aber auch sehr viel allgemeiner angelegt, weil es das Gespräch zwischen Menschen angemessen fassen kann, weil es die Entstehung des Menschen als gesellschaftliches Wesen durch Kommunikation beschreibt, weil es die Entstehung wesentlicher menschlicher Besonderheiten konzeptionell fasst und weil es so auch die Verschränkung von Kommunikation und Sozialisation zu beschreiben gestattet – dies alles kann aber hier nicht ausgeführt werden (vgl. Krotz 2007).

Zweitens soll auf die zentrale Bedeutung der imaginativen Übernahme der Rolle und Perspektive des anderen hingewiesen werden, in der das soziale und individuelle Erleben und darüber auch die Entwicklung des Menschen angelegt ist. Denn bei dieser imaginativen Übernahme von Rolle und handlungsleitender Perspektive des anderen, der sein kommunikatives Handeln ja auf mich abstimmt, wie ich es auch im Hinblick auf ihn tue, geschieht noch etwas, bisher nur angedeutetes: Ich erlebe mich selbst in der Perspektive des anderen. Zusammen mit dem inneren Dialog in der eigenen und der übernommenen Rolle sind diese beiden Voraussetzungen für Kommunikation umgekehrt auch dafür verantwortlich, dass ein Mensch ein Bewusstsein von der Situation und ein Selbstbewusstsein von sich entwickelt, wie es Mead (1969; 1973) herausgearbeitet hat. *Kommunikation wird damit auch als basaler und zentraler Vergesellschaftungsmodus kenntlich, der zugleich den einzelnen wie das Ganze konstituiert und aufeinander bezieht:* Den einzelnen, insofern die Übernahme der Perspektive des anderen durch das Individuum dazu führt, dass das Individuum sich selbst durch die Augen des anderen sieht und so ein Bewusstsein von sich entsteht, das zur Menschwerdung auch notwendig ist, weil nur so Reflexion möglich ist. Und als Vergesellschaftungsprozess, weil die traditionelle und gewohnte Struktur von Sprache und Zeichen und damit verbundener Bedeutung, also auch ihre Normiertheit darüber zustande kommen, dass Menschen die Zeichenverwendung und die Bedeutungskonstitution über die Perspektivverschränkung übernehmen und diese so zur gesellschaftlichen Praxis werden. Wichtig ist dafür der operationale Bezug auf vereinbarte bzw. tradierte kommunikative Handlungsmuster, die das erst ermöglichen und die zugleich dadurch als allgemeine hergestellt werden.

Damit haben wir nun eine Basis gelegt für eine genauere Analyse der Frage, wie sich Kommunikation entwickelt, wie sie vom Medien- und Gesellschaftswandel abhängt. Wir wenden uns diesen Fragen in den folgenden Kapiteln zu. Wichtig ist es dabei, im Blick zu haben, dass es nicht egal ist, in welchen Formen wir kommunizieren.

Kommunikation und sozialer Wandel

Bis hierher haben wir nun versucht deutlich zu machen, auf welchen elementaren Ebenen und wie Kommunikation, Individuum und Gesellschaft zusammenhängen. Aus den bisher vorgetragenen Überlegungen ergibt sich aber auch, dass die Formen menschlicher Kommunikation nichts Statisches sind, sondern vom sozialen (und vom medialen) Wandel beeinflusst werden und auf diesen Wandel zurückwirken. Dafür steht etwa die These von Habermas, dass Demokratie auf spezifische Kommunikationsformen angewiesen ist. In diesem Unterpunkt sollen deshalb einige Überlegungen skizziert werden, welche Zugänge sich zu diesem unbearbeiteten Forschungsfeld anbieten, bevor wir uns dem medialen Wandel zuwenden.

Wichtig wäre es in diesem Rahmen erstens, eine differenzierte Sprachgeschichte zu erarbeiten. Die Sprachen, die die Menschheit erfunden hat, sind sicherlich nicht in der komplexen Form entstanden, die sie haben. Welche Bedingungen haben dazu geführt, dass sich differenzierte Grammatiken ausgebildet haben? Wieso sind Konditionalsätze entstanden, unter welchen sozialen Bedingungen haben sich in den europäischen Sprachen Weil-, Umzu-und weitere an komplexe Denkstrukturen gebundene Satzformen entwickelt und wohin wird sich die Sprache in den nächsten Jahrzehnten entwickeln?

Zweitens erhebt sich die Frage, wie die gesellschaftlichen Verhältnisse sich in den Sprachstrukturen abbilden und wie diese umgekehrt auf die gesellschaftlichen Verhältnisse zurück wirken – wie sagt ein Mensch in der Sklavenhaltergesellschaft „Ich", was bedeutet der Identitätsbegriff vor 200 und in 200 Jahren? Notwendig wäre hier eine Sozial- und Kulturgeschichte der Kommunikation, die den sozialen Wandel mit dem Kommunikationswandel verknüpft, über die ich jedenfalls nichts weiß.

Drittens ist der Zusammenhang zwischen Sozialisation und Kommunikation genauer zu untersuchen – dass er besteht, ist aufgrund der oben vorgetragenen Überlegungen klar. Dies ist auf der Basis der symbolisch-interaktionistischen Entwicklungstheorie (z. B. Selman 1984) möglich.

In diesem Rahmen wäre viertens auch noch einmal auf die Habermas'schen und die von Adorno und Horkheimer vorgetragenen Überlegungen empirisch in Fallstudien zu untersuchen: Beide Ansätze haben gemeinsam, dass sie vorherrschende Kommunikationsformen mit den Lebensformen der Menschen in Bezug setzen – und angesichts der immer neuen Medien und neuen Kommunikationsformen heute wäre es nötig, diese Zusammenhänge genauer in den Blick zu nehmen.

Insgesamt wäre es dementsprechend wichtig, Kommunikation in ihren Traditionen zu behandeln, indem man etwa die Geschichte von Kommunikationsmustern untersucht. Menschen haben das Bedürfnis, Sprache zu lernen, und sie sind dafür biologisch ausgerüstet, aber welche Sprache sie lernen, ist zufällig, ist durch Tradition und Macht in den Handlungsfeldern vorgegeben, in die sie hineingeboren werden bzw. in die sie sich hinein entwickeln. Hier wäre noch einmal auf den Begriff der Kommunikationsmuster zu verweisen, die die Menschen von ihren Vorfahren übernehmen, und dabei kontinuierlich abwandeln und weiter entwickeln. Es ist erkennbar, dass der Zusammenhang zwischen Kommunikation und Gewohnheit für das Individuum ebenso von Bedeutung ist wie der Zusammenhang von Tradition und Kommunikation für Völker oder kulturelle Gruppen: Denken, Handeln, Erleben beruhen auf dem Kommunizieren und sind damit historisch abhängig, aber darüber wissen wir nichts.

Dies führt zu dem weiteren Hinweis, dass es hilfreich sein kann, nicht „das Soziale" insgesamt in den Blick zu nehmen, sondern so etwas wie gesellschaftliche Metaprozesse (Krotz 2007), um eine Kommunikationsgeschichte zu schreiben. Kultur und Gesellschaft befinden sich nicht zuletzt auch deswegen in einem ständigen Wandel, weil mit diesen beiden Begriffen die symbolische Wirklichkeit beschrieben ist, die immer wieder neu von den Menschen hergestellt wird. Um diesen Wandel begrifflich fassen und theoretisch einordnen zu können, verwenden wir Konzepte wie Individualisierung und Globalisierung (und auch Mediatisierung, siehe unten). Genauer besehen sind dies allgemeine *Konstrukte*, unter die wir bestimmte Entwicklungen, ihre Ursachen, Ausdrucksformen und Auswirkungen zusammenfassen und uns damit die Welt handhabbar machen. Begriffe wie Globalisierung (Hepp/ Krotz/ Winter 2005) oder Individualisierung (Beck 1986) bezeichnen demnach keine einzelnen Phänomene, deren Existenz wir empirisch überprüfen können, sondern *räumlich und zeitlich kaum beschränkte Entwicklungen*, die wir behaupten und unterstellen, um die sozialen, kulturellen und ökonomischen Entwicklungen zu ordnen und zu begreifen. Dabei können sie auf unterschiedlichen gesellschaftlichen Feldern angesiedelt sein: *Globalisierung gilt in erster Linie als ökonomisch bedingte Entwicklung, Individualisierung bezeichnet eine sozial bedeutsame kontinuierliche Veränderung und Mediatisierung wird meist als Ursache für kulturellen Wandel begriffen;* sie alle wirken sich natürlich aber auch auf die anderen Felder aus. Dass es sich dabei um Konstrukte handelt, besagt natürlich nicht, dass sie beliebig sind.

Medienwandel als Differenzierungsprozess

Damit können wir uns nun der Rolle der Medien und dem Leben in mediatisierten Gesellschaften zuwenden. Mit der Kommunikation – deren Geschichte erst noch zu schreiben ist – beginnt auch die Geschichte der Medien als eine endlose Folge von Versuchen, über das Gespräch, über Gesten und situative Ausdrucksformen hinaus Mitteilungen haltbar in der Zeit zu machen oder sie räumlich weiter zu verbreiten. Medien fungieren dabei als Techniken und gesellschaftliche Institutionen, die Kommunikation modifizieren – wenn die Menschen sie denn nutzen. Es beginnt ein globaler und ungleichzeitiger Mediatisierungsprozess, der immer neue Medien hervorbringt. Die neuen Medien ersetzen dabei die alten in der Regel nicht, es handelt sich vielmehr um einen *Prozess, in dessen Verlauf sich Medien und Kommunikation ausdifferenzieren und so die Medienumgebungen der Menschen immer komplexer werden:* Nicht die Techniken sind entscheidend, sondern das, was die Menschen machen, wie sie diese Medien mit ihrem kommunikativen Handeln verwenden und sie so in Alltag, Gesellschaft und Kultur integrieren und auch für die Produktion ihrer Identität und ihrer Wirklichkeit nutzen.

Diese Entwicklungen kulminieren heute in der zunehmenden Bedeutung der digitalen Medien, die über die programmierbare Universalmaschine Computer völlig neue Formen der Kommunikation, des medienbezogenen Erlebens und des kommunikativ gerichteten Handelns möglich machen. In der Mediengesellschaft von heute haben sich im Rahmen dieser Entwicklungen Kultur und Gesellschaft, Alltag und Identität untrennbar mit den Medien und ihren Leistungen verschränkt.

Wenigstens punktuell beschäftigt sich damit die so genannte Mediumstheorie, die nach der Bedeutung der Medien für das Zusammenleben der Menschen fragt: Beispielsweise Walter Ong (1995), Jack Goody et al. (1986), Joshua Meyrowitz (1990) und natürlich Harold Innis und Marshall McLuhan (vgl. für einen Einstieg wie auch für eine Kritik Krotz 2007). Leider ist die Mediumstheorie weder empirisch gesichert noch hat sie eine zusammenhängende Theorie hervorgebracht, auch ist sie wegen ihrer Technikzentriertheit sowie der Eindimensionalität fragwürdig, in der Medien als Träger gesellschaftlicher Veränderung betrachtet werden.

Demgegenüber soll hier der Mediatisierungsansatz (Lundby 2009; Krotz 2007) skizziert werden: Mediatisierung meint, dass durch das Aufkommen und durch die Etablierung von neuen Medien für bestimmte Zwecke und die gleichzeitige Veränderung der Verwendungszwecke alter Medien sich die gesellschaftliche Kommunikation und deshalb auch die kommunikativ konstruierten Wirklichkeiten, also Kultur und Gesellschaft, Identität und Alltag der Menschen verändern. (Insbesondere beinhaltet Mediatisierung als sozialer Prozess, dass nicht die Medien alleine für Veränderungen von Bedeutung sind, sondern dass es um die Medien in einer spezifischen Gesellschaft und Kultur und dementsprechend um spezifisch organisierte Medien geht. Sie werden für die Gesellschaft durch das Handeln der Menschen, das sich auf sie bezieht, von Bedeutung. Insofern ist der Prozess der Mediatisierung ein allgemeinerer, auf Kultur und Gesellschaft bezogener Prozess, der nicht durch die Mediumstheorie allein beschrieben wird.)

Seit der Erfindung der Schrift lassen sich historisch immer wieder Mediatisierungsschübe nachweisen, die die soziale Bedeutung von Zeit und Raum veränderten, die sozialen Beziehungen und Normen der Menschen, die Machtkonstellationen, Werte, Traditionen und soziale Regeln einerseits erodieren ließen, andererseits dafür entsprechende andere Bedingungen von Alltag und Leben schufen. Das Buch im ausgehenden Mittelalter und die Tageszeitung am Beginn der modernen Demokratie, das Radio als Rundfunk an der Front, der Volksempfänger bei den Nazis oder die Fernbedienung in der Fernsehgesellschaft, das Fernsehen als Emotionsmaschine, die digitale Vernetzung durch PC und Internet – sie alle haben mal mehr und mal weniger, mal schneller und mal langsamer die Kommunikation der Menschen als Basis sozialer und kultureller Wirklichkeitskonstruktion verändert (Krotz 2001).

Hinter einem derartigen Ansatz steht der Bezug auf eine Reihe von Erkenntnissen der Kommunikations- und Medienwissenschaft: Erster Ausgangspunkt ist die in diesem Aufsatz begründete Annahme, dass sich Kommunikation und Medien im Wesentlichen durch Ausdifferenzierung vermehren und weiterentwickeln und so in Bezug zueinander beschrieben und theoretisiert werden können. Zweiter Ausgangspunkt ist die These, dass Kommunikation basal für alle Formen menschlicher Existenz und für die Menschen insgesamt ist, wodurch ein Bezug zwischen Kommunikation einerseits und Alltag, Identität, sozialen Beziehungen, Kultur und Gesellschaft andererseits möglich ist. Eine dritte Annahme besagt, dass es sich beim Wandel der Medien nicht um eine Folge medial strukturierter Epochen handelt, wie es McLuhan oder Innis beschrieben haben, sondern um einen heterogenen und weder räumlich noch thematisch beschränkten Prozess, der mit der gesamten Kultur- und Gesellschaftsgeschichte in einem dialektischen Verhältnis steht. Und schließlich wird dabei auch nicht wie in anderen, vergleichbaren Ansätzen von einer immanenten Medienlogik ausgegangen, die sich auswirkt, sondern entscheidend ist, was die Menschen in ihren jeweiligen Handlungsbereichen damit machen (Lundby 2009; vgl. auch Meyen 2009).

Die daran anschließende Frage ist nun, wie sich dieser Mediatisierungsprozess als Prozess auswirkt bzw. wie und in was für einer Wechselwirkung die verschiedenen Mediatisierungsformen zu Alltag und Identität, Kultur und Gesellschaft stehen. Und die Frage ist, welche Form denn dieser Mediatisierungsprozess heute hat und was das Besondere der Digitalisierung ist. Dies ist das Thema des nächsten Abschnitts.

Leben in mediatisierten und globalisierten sozialen Zusammenhängen: Das Netz als Leitstruktur

Generell lässt sich sagen, dass von Medien beeinflusste Handlungsbereiche immer umfassender und bedeutsamer werden. Früher telefonierte man in der Wohnung meist in einem spezifischen Raum (etwa im Flur oder in den USA in der Küche), hatte woanders das Radio stehen und saß im Wohnzimmer im Sessel und sah fern. Die Zeitung las man morgens, abends entspannte man sich auf der Coach vor der „Glotze" usw.: Jedes Medium konstituierte früher einen eigenen, besonderen Erlebnisraum, eröffnete eine einzelne Sinnprovinz kommunikativen Handelns, und jedes Medium hatte so gesehen seine Zeit und seinen Platz im Alltag der Menschen. Heute dagegen beobachten wir einen Prozess der zunehmenden Entgrenzung und Vermischung der vorher vorhandenen Einzelmedien, die von begrenzten und relativ erwartungsstabilen sozialen Zwecken entkoppelt werden. Für den einzelnen entsteht so eine *dichte Medienumgebung aus unterschiedlichsten Medien*, die immer mehr Nutzungsmöglichkeiten anbietet und immer differenzierter genutzt wird.

Als Kern dieser Entwicklung können wir derzeit drei zum Teil noch getrennte medial definierte neue Erlebnisräume der Menschen beschreiben (soweit sie Zugang zu all diesen Kommunikationsmodi haben, was bekanntlich im Weltmaßstab gesehen nur für wenige gilt):

- Erstens entstehen *interaktive Erlebnisräume*. Sie offerieren etwas, das gewissermaßen „zwischen" interpersonaler mediatisierter Kommunikation (wie per Telefon) und Rezeption (wie beim Fernsehen) liegt, weil sie eine aktive Beteiligung erwarten, auf die das Computersystem individuell reagiert: Computerspiele, „Gespräche" mit Non-personal-characters (also nicht von Menschen, sondern vom Computer gesteuerte Mitspieler) in Spielen oder mit Softwarerobotern im Netz sind Beispiele dafür. Die Entwicklung geht hier, wie die Entwicklung der Spiele zeigt, von stand-alone-Computersystemen zu per Internet vernetzten Computersystemen.
- Die zweite wesentliche Neuigkeit ist die *globale kommunikative Vernetzung*, die heute als Internet bezeichnet wird und deren Endgeräte etwa die PCs sind, die als Universal- oder Hybridmedium dienen, insofern sie alle Arten mediatisierter Kommunikation ermöglichen. Dieses Netz hat unterschiedliche Schnittstellen für die Menschen. Schon heute sind aber die meisten Daten, die übers Netz laufen, Daten, die Maschinen untereinander austauschen; gleichwohl sind

hier eindrucksvolle neue Erlebnisräume entstanden, die sich für die Menschen auf alle Bereiche ihres Lebens beziehen.

- Daneben besteht drittens das bisher noch vom Internet getrennte *Mobilkommunikationsnetz*. Es vernetzt Menschen, indem es die Kleincomputer vernetzt, die sie ständig mit sich herumtragen, über die sie nicht nur ihre Beziehungen, sondern immer mehr Aktivitäten aus ihrem Alltag managen und die zum Teil ihrer Identität geworden sind.

Die Kombination dieser Netze mit den alten und neuen kommunikativen Potenzialen konstituiert *den neuen Kern eines zweiten, digital vermittelten, kommunikativen Netzes*, in dem wir uns bewegen und in dem sich unterschiedliche Funktionen ausdifferenzieren. Es legt sich über alle Lebensbereiche und verschränkt sich immer mehr und auf unentrinnbare Weise mit dem *ersten kommunikativen Netz*, in dem wir uns bewegen, dem traditionellen Netz von face-to-face-Kommunikation. Es ermöglicht und erzeugt immer mehr und auch neue Kommunikationsformen mit neuen „Gesprächs"-Partnern und darüber eine neue Einbindung der Menschen in Kultur und Gesellschaft. Vor allem verändern sich darüber die *Beziehungen der Menschen zueinander, insofern* das primäre Beziehungsnetz räumlich organisierter Beziehungen durch neuartige, etwa nach thematischen Interessen konstellierte Beziehungen ergänzt, erweitert, modifiziert wird. Auch der *Alltag und seine Struktur* werden vielfältiger, weniger klar gegliedert, es gibt mehr Brüche, und die Medien sind stets und überall präsent. Und schließlich lassen sich gravierende *Veränderungen von Sozialisationsbedingungen* beobachten: Aufwachsen ist nicht mehr so gut kontrollierbar durch die Erwachsenen wie in den letzten Jahrhunderten und funktioniert nicht mehr in einem einfachen Stufenmodell, sein Ergebnis wird offener und schwieriger zu kalkulieren.

Gleichzeitig wirft dieses zweite Kommunikationsnetz natürlich Probleme auf: Es verbraucht Energie, es kostet Geld, es ist kommerziell organisiert und voll von Werbung, es ist im Hinblick auf individuelles kommunikatives Handeln kontrollierbar, vielleicht ohne dass der Datenschutz auf Dauer eine Chance hat. Trotzdem wird dieses mediatisierte Kommunikationsnetz von immer mehr Menschen für immer mehr Zwecke verwendet, und es bekommt immer mehr „Schnittstellen" zum Netz der alltäglichen Kommunikation außerhalb der Medien. Langfristig wird es sich immer dichter über die verschiedenen Bereiche menschlichen Lebens legen. Dadurch werden sich Arbeit und Freizeit, soziale Beziehungen und alle Arten von Institutionen und überhaupt alle kulturellen und sozialen Phänomene in irgend einer Weise auf dieses Netz beziehen, es wird von daher eine der zentralen Strukturen nicht einer Weltgesellschaft, sondern von Formen sozialen Zusammenlebens sein – wobei offen bleibt und gestaltungsfähig ist, wie dies alles konkret aussieht.

Man kann dementsprechend sagen, dass heute ein integrierendes digitales Datennetz entsteht, in dem Daten unabhängig von Endgeräten kursieren, und welches für den Nutzer in komplexen Medienumgebungen auf unterschiedliche Weise erlebbar wird. Das ist meiner Meinung nach das Zentrale, was uns die neuen Medien im Hinblick auf die alten Medien zusammen mit der interaktiven Kommunikation bringen; wobei dazu gehört, dass dieses Netz von überall her und zu jeder Zeit erreichbar ist und alle „alten" Medien integriert. Der Mensch wird so zum Teil der Datennetze, während er gleichzeitig die Techniken in seinen Körper und in seine kommunikative Umgebung integriert.

Eine mögliche Vorstellung für die Zukunft ist demnach, dass sich die bisher vorhandenen sozialen Strukturen und kulturellen Sinnsysteme immer mehr auf das *Internet als Megastruktur* beziehen, in dem ein wachsender Teil des wahren Lebens der Menschen stattfindet. Damit ist aber keine zusammenhängende Weltgesellschaft gemeint, sondern eine im Kern kompakte, zusammenhängende und optimierbare Vernetzungsstruktur, in der alle anderen Institutionen aufgehen und in der die materielle Welt als eine Art verdoppelte Welt enthalten ist, und die in ausdifferenzierten Rändern traditionaler Kommunikationsformen versickert, aber auch verankert ist. Welche Probleme sich daraus ergeben, lässt sich heute nur erahnen. Beispielsweise ergibt sich daraus eine gigantische Zunahme von Komplexität, und wir wissen nicht, ob wir dem gewachsen sein werden.

Diese Vernetzung hat jedenfalls bereits jetzt und erst recht langfristig Konsequenzen für das Zusammenleben der Menschen, mit denen sich die Sozialwissenschaft und die Zivilgesellschaft beschäftigen müssen.

Kommunikation und Zivilgesellschaft

Die wichtigste Frage, die sich dementsprechend stellt, ist, inwieweit diese Entwicklungen zwangsläufig sind oder ob sie von uns Menschen, von der Zivilgesellschaft gestaltet werden können. Vieles spricht für eine unverstandene und ungeplante Entwicklung, die einfach immer weiter geht – der Einfluss der Wirtschaft nimmt zu, der Metaprozess „Ökonomisierung" durchdringt immer gründlicher die Lebensbereiche der Menschen. Medien sind in unserer Gesellschaft über Werbung und Sponsoring bedeutende Agenten der Märkte und ziehen die Menschen in Marktprozesse hinein: Wir werden zugleich immer abhängiger von Märkten und Institutionen. Gleichzeitig verfügen aber auch die Medien als Inszenierungsmaschinen bzw. diejenigen, die sie bedienen, über immer mehr Möglichkeiten, in den Alltag und das Bewusstsein der Menschen einzugreifen. Dabei verändert sich auch die Konstitution von Sinn, insofern etwa Überzeugungen durch Inszenierungen ersetzt werden,

Marken Werte substituieren, Sinn in Firmen-„Philosophien" aufgeht, Ethik zur Behauptung statt zum Maßstab von Strategien wird, Wissen und Orientierung im Sinne Horkheimers und Adornos systematisch verwirrt werden.

Andererseits hat der Prozess der Mediatisierung die Erlebnisräume der Menschen geöffnet, verbreitert und vertieft, neue Koalitionen, neue Erfahrungen ermöglicht. Bedrohliche und spannende Tendenzen zusammen prägen die zukünftige Entwicklung – wobei wir trotz neuer Medien auch hier von der Vergangenheit lernen können und müssen. Wenn wir an die zweihundert Jahre nach Erfindung der Druckerpresse in Europa denken, so finden wir gewaltige und gewalttätige Umwälzungen. Auch der Übergang in die digitale Vernetzung könnte solche Konsequenzen haben, weil er eben auch alle Bereiche menschlichen Lebens berührt, und zwar vermutlich schneller, als es nach der Erfindung des Buchdrucks der Fall war. Wenn es solche Umwälzungen – die derzeitige Finanzkrise ist zweifelsohne ein Bote solcher Geschehnisse – bisher nicht gegeben hat, so kann dies daran liegen, dass die Menschheit mit solchen Umwälzungen heute besser fertig wird als in vorindustriellen Zeiten; es kann auch daran liegen, dass es sich bei der Durchsetzung der computervermittelten Kommunikation nicht um eine vergleichbare Umwälzung handelt. Weil wir beides aber nicht wissen, wäre es gut, die Entwicklung im Auge zu behalten, nur so besteht Aussicht, dass das auch so bleibt.

Das Problem liegt dabei darin, wie diese Entwicklung vor sich geht, nämlich weitgehend bewusstlos (im Sinne von „ohne Bewusstsein") und hinter dem Rücken der Zivilgesellschaft, die doch eigentlich der Souverän ist, der über die Formen des menschlichen Zusammenlebens zu entscheiden hätte. Es ist einerseits die Technik, die Potenziale entwickelt, und es ist andererseits die Wirtschaft, die die Nutzung dieser Potenziale für ihre Zwecke durchsetzt. Sie übernimmt die medialen Kommunikationsweisen, die im Alltag der Menschen Platz finden, und instrumentalisiert sie für ihre Zwecke – seit 1984 das Fernsehen, seit den 1990er Jahren das Internet. Dies wirft langfristig große politische und soziale Probleme auf. Die Wirtschaft hat ihrerseits jedoch keine Kategorien für die damit begründeten Konsequenzen, die entstehen, sie kennt nur Kostenrechnungen und daraus resultierende Forderungen an Staat, Politik und Gesellschaft (und ihre Kunden).

Aber betroffen sind von diesen Entwicklungen die *fundamentalen Formen des menschlichen Zusammenlebens*. Es geht deshalb um die Frage, ob wir uns in eher *vernetzte Formen des Zusammenlebens* hinein entwickeln, in denen der und die einzelne seine bzw. ihre Wirklichkeit in freiem Bezug auf andere und in Realisierung der selbst definierten Interessen gestalten können. Oder ob die Beziehungen der Menschen zueinander immer mehr formalisiert, kontrolliert und ökonomisiert werden, so dass der einzelne dann im wesentlichen für sich bleibt und nur noch in den medialen

Kraftfeldern herumbewegt wird – das wäre eine Art *Pixelgesellschaft* wie auf einem Bildschirm: Wohin die Reise geht, hängt allerdings nicht von den Medien ab, sondern davon, wie sie in sozialen und kulturellen Zusammenhängen verwendet und in welche Richtung sie entwickelt und organisiert werden. Die beobachtbare Subsumption zwischenmenschlicher Kommunikation und kultureller Ausdrucksformen unter die Ziele privater Unternehmen und staatlicher Zwecksetzungen – wenn sie nicht ein Ende haben, und danach sieht es nicht so recht aus, wird das Leben in mediatisierten Welten bunt erscheinen, es aber trostlos werden lassen. Die Entwicklung hängt aber immer auch davon ab, wie wir als Zivilgesellschaft uns einmischen und durchsetzen.

Literatur

Beck, Ulrich (1986): Risikogesellschaft. Frankfurt a. M.: Suhrkamp

Berger, Peter L./ Luckmann, Thomas (1980, zuerst 1969): Die gesellschaftliche Konstruktion der Wirklichkeit. Frankfurt a. M.: Fischer

Burkitt, Ian (1991): Social Selves. London: Sage

Cassirer, Ernst (1994): Wesen und Wirkung des Symbolbegriffs. Darmstadt: Wissenschaftliche Buchgesellschaft

Dewey, John (1927): The Public and its Problems. New York: Holt

Elias, Norbert (1989): The Symbol Theory: An Introduction, Part One. In: Theory, Culture & Society, 6. Jg., S. 169-217. Part Two, in: Theory, Culture & Society, 6. Jg., S. 339-383. Part Three, in: Theory, Culture & Society, 6. Jg., S. 499-537

Goody, Jack/ Watt, Ian/ Gough, Kathleen (1986): Entstehung und Folgen der Schriftkultur. Frankfurt a. M.: Suhrkamp

Habermas, Jürgen (1987): Theorie kommunikativen Handelns (4. Aufl.), 2 Bände. Frankfurt a. M.: Suhrkamp

Habermas, Jürgen (1990): Strukturwandel der Öffentlichkeit (2. Aufl.). Frankfurt a. M.: Suhrkamp

Hepp, Andreas/ Krotz, Friedrich/ Thomas, Tanja (2009): Schlüsselwerke der Cultural Studies. Wiesbaden: VS

Hepp, Andreas/ Krotz, Friedrich/ Winter, Carsten (Hrsg.) (2005): Globalisierung und Medien. Eine Einführung. Wiesbaden: VS

Horkheimer, Max/ Adorno, Theodor W. (1971): Dialektik der Aufklärung. Frankfurt a. M.: Fischer

Krotz, Friedrich (1999): Die Mediatisierung kommunikativen Handelns. Zur empirischen und theoretischen Analyse eines gesellschaftlichen Prozesses vor dem Hintergrund eines Konzepts von Kommunikation als symbolisch vermitteltem Handeln. Habilitationsschrift an der Universität Hamburg

Krotz, Friedrich (2001): Die Mediatisierung kommunikativen Handelns. Der Wandel von Alltag und sozialen Beziehungen, Kultur und Gesellschaft durch die Medien. Opladen: Westdeutscher Verlag

Krotz, Friedrich (2007): Mediatisierung von Kommunikation: Fallstudien. Wiesbaden: VS

Krotz, Friedrich (2008): Kultureller und gesellschaftlicher Wandel im Kontext des Wandels von Medien und Kommunikation. In: Thomas, Tanja (Hrsg.): Medienkultur und soziales Handeln. Wiesbaden: VS, S. 43-62

Kuchler, Barbara (2005): Was ist in der Soziologie aus der Dialektik geworden? Münster: Westfälisches Dampfboot

Kuhn, Thomas S. (1978): Die Struktur wissenschaftlicher Revolutionen (3. Aufl.). Frankfurt a. M.: Suhrkamp

Langer, Susanne (1992): Philosophie auf neuem Wege. Das Symbol im Denken, im Ritus und in der Kunst. Frankfurt a. M.: Fischer

Lingenberg, Swantje (2009, im Druck): Europäische Öffentlichkeit – Öffentlichkeit ohne Publikum? Ein pragmatischer Ansatz mit Fallstudien zur europäischen Verfassungsdebatte. Wiesbaden: VS

Lundby, Knut (Hrsg.) (2009): Mediatization. Concept, Changes, Consequences. New York: Peter Lang

Marx, Karl/ Engels, Friedrich (1969): Werke, Bd. 3. Hrsg. vom Institut für Marxismus-Leninismus beim ZK der SED. Berlin: Dietz

McQuail, Denis (1994): Mass Communication Theory (3. Aufl.). London: Sage

Mead, George Herbert (1969): Philosophie der Sozialität. Frankfurt a. M.: Suhrkamp

Mead, George Herbert (1973): Geist, Identität und Gesellschaft. Frankfurt a. M.: Suhrkamp

Meyen, Michael (2009): Medialisierung. In: Medien und Kommunikationswissenschaft, 57. Jg., Heft 1, S. 23-38

Meyrowitz, Joshua (1990): Die Fernsehgesellschaft, 2 Bde. Weinheim: Beltz

Ong, Walter J. (1995): Orality and Literacy. The Technologizing of the World. London: Routledge

Postman, Neil (1988): Wir amüsieren uns zu Tode. Urteilsbildung im Zeitalter der Unterhaltungsindustrie. Frankfurt a. M.: Fischer

Selman, Robert L. (1984): Die Entwicklung des sozialen Verstehens. Entwicklungspsychologische und klinische Untersuchungen. Frankfurt a. M.: Suhrkamp

Shannon, Claude E./ Weaver, Warren (1949): The Mathematical Theory of Communication. Illinois: University of Illinois Press

Watzlawick, Paul/ Beavin, Janet H./ Jackson, Don D. (1969): Menschliche Kommunikation. Bern: Huber

Weber, Max (1978): Soziologische Grundbegriffe (4. durchgesehene Aufl.). Tübingen: Mohr

Wittgenstein, Ludwig (1969): Tractatus logico-philosophicus. Logisch-philosophische Abhandlung. Frankfurt a. M.: Suhrkamp

Kommunikation und Subjektivierung
Verbundenheit als anthropologische Größe und die Absage an das „starke Subjekt"

Christina Schachtner

Einführung

In diesem Beitrag wird der Frage nachgegangen, wie sich das Menschsein im Kontext webbasierter Kommunikationsräume formt. Die Frage so zu stellen, verweist auf die Annahme, dass sich Menschen nicht unabhängig von der sie umgebenden Sozial- und Dingwelt entwickeln. Das Soziale ist in virtuellen Kommunikationsräumen in zweifacher Hinsicht präsent: als Bestandteil der digitalen Kommunikationsstrukturen, die Soziales materialisieren, sowie im kommunikativen Geschehen, das sich auf der Basis digitaler Strukturen entwickelt.

Die Technik materialisiert das Soziale insofern, als in ihre Konstruktion Wertvorstellungen, gesellschaftliche Konsense, Visionen eingehen. Technische Artefakte einschließlich der digitalen Informations- und Kommunikationstechnologien sind Kulturobjekte im Sinne des Soziologen und Psychoanalytikers Alfred Lorenzer, d. h. „Niederschlag von Praxis, Niederschlag von sozialen Lebensformen (...), Entwürfe für unser eigenes Leben" (Lorenzer 1981, S. 18). Wir beziehen uns nach Lorenzer auf technische Artefakte, um sie instrumentell zu gebrauchen; sie bilden aber zugleich ein Gehäuse unseres Erlebens sowie das Spiel- und Experimentierfeld unserer Selbstverwirklichung (ebd., S. 19). Letzteres wird gerade dadurch möglich, dass technische Artefakte Sinnstrukturen materialisieren, die zur Interaktion auffordern. Der Historiker Bruce Mazlish sieht einen ähnlich engen Zusammenhang wie Lorenzer zwischen Mensch und Technik, wenn er schreibt: „Wir und die Maschinen, die wir geschaffen haben, bilden ein Kontinuum (...)" (1998, S. 358). Die Maschinen wachsen nach Mazlish aus uns heraus, z. B. aus unserem Bedürfnis ohne Fehler zu sein sowie aus unserem Wunsch, die Natur zu bändigen (ebd., S. 338).

Das Soziale begegnet den Netzakteur(inn)en in virtuellen Kommunikationsräumen aber nicht nur in Gestalt der Technik, die soziale Sinnstrukturen repräsentiert, sondern auch unmittelbar im zeitgleichen und zeitversetzten Austausch mit anderen Netzakteur(inn)en, in dem das Soziale in Form von Ideen, Positionen, Lebenskonzepten thematisiert wird. Die Interaktionsformen, die die Netzakteur(inn)en sowohl im Hinblick auf den Umgang mit Technik als auch im Umgang mit ihren Kommunikationspartner(inne)n im virtuellen Raum praktizieren, entwickeln sich als ein Wechselspiel zwischen dem Subjekt und seinem sozialen oder/ und technischen Gegenüber.

Das Erkenntnisinteresse der in diesem Beitrag verfolgten kulturwissenschaftlichen Subjektanalyse richtet sich auf mögliche und praktizierte webbasierte Diskurse und Praktiken im virtuellen Raum – insbesondere auf die Art und Weise der Kommunikation, auf den Umgang mit dem Unbekannten in transnationalen Netzwerken, auf die „Bewegungen" des Körpers im Cyberspace – mit dem Ziel, die digital gestützten Subjektivierungsweisen der Netzakteurinn(e)n zu identifizieren (Reckwitz 2008, S. 9). Die Verwendung des Begriffs ‚Subjektivierung' signalisiert, dass das Subjekt nicht per se existiert, noch jemals einen abgeschlossenen Zustand erreicht, sondern sich in seinen Praktiken und Diskursen permanent hervorbringt (ebd.; Meyer-Drawe 1990, S. 122).

Die vorliegende Analyse positioniert sich zwischen der klassischen Sozialphilosophie und einer sozialdeterministischen Subjektanalyse. Wird in der klassischen Sozialphilosophie von der Autonomie des Subjekts ausgegangen, eine Position, die in dem berühmt gewordenen Satz von René Descartes „Ich denke, also bin ich" repräsentiert ist, so wird in sozialdeterministischen Ansätzen den gesellschaftlichen Strukturen eine einseitig prägende Kraft zugeschrieben, denen sich Subjektivierungsversuche zu unterwerfen haben. Die gesellschaftliche Ordnung erscheint aus dieser Perspektive als das unumstößlich Vorgegebene, dem das Selbstverständnis der Subjekte, deren Verhaltensweisen und Orientierungen folgen (ebd.). Noch in seinen Versuchen der Selbstverwirklichung – so die Annahme – orientiert sich das Subjekt an „kulturellen Kriterienkatalogen" (ebd., S. 14). Die Autonomie des Subjekts kann aus sozialdeterministischer Sicht nicht mehr sein als eine „vorgebliche" (ebd.) und die diesem Ansatz entspringende Forschungsfrage lautet folglich: „Welche Codes, Körperroutinen und Wunschstrukturen muss sich der Einzelne in einem jeweiligen historisch-kulturellen Kontext einverleiben, um zum zurechenbaren, vor sich selber und anderen anerkannten ‚Subjekt' zu werden?" (ebd.). Im Unterschied dazu kann aus der Perspektive der klassischen Sozialphilosophie die Genese menschlicher Verhaltens- und Kommunikationsformen kontextunabhängig untersucht werden, da der Kontext nicht als Bedingung der Subjektentwicklung angenommen wird, sondern lediglich als Gegenstand der Beherrschung.

In der hier verfolgten Analyse werden die Technik und das Soziale zwar als Rahmenbedingungen für kulturelle Diskurse und Praktiken betrachtet, die aber ihrerseits von diesen Diskursen und Praktiken beeinflusst werden. Es wird von einem Wechselverhältnis zwischen dem Subjekt und den gesellschaftlichen Ordnungsstrukturen ausgegangen in Anlehnung an einen subjekttheoretischen Ansatz, den u. a. Käte Meyer-Drawe formuliert hat. Nach Meyer-Drawe steht und stand das

Subjekt niemals wirklich vor der Entscheidung, Souverän oder Untertan zu sein. Es nahm und nimmt vielmehr eine Doppelstellung ein, denn es erfährt sich als Zeug(e)in und als Akteur(in), als empfangend und als handelnd; selbst das Fehlschlagen seiner Handlung bekundet seinen Eingriff (1990, S. 16 ff.).

Auf der Basis einer subjekttheoretischen Position, die von einer Doppelstellung des Subjekts ausgeht, wird in dem Beitrag gefragt, welche Diskurse und Praktiken die Akteurinn(e)n im Cyberspace unter den spezifischen Bedingungen einer immateriellen Netzwerkarchitektur entfalten und wie sie sich als körperlich-geistig-emotionale und soziale Wesen subjektivieren. Der Schwerpunkt liegt auf der Diskussion von Möglichkeiten im Gebrauch der medialen Technik und im Umgang mit anderen Netzakteur(inn)en im Kontext von Technik. Meyer-Drawe argumentiert, dass sich die Subjekte über ihre Praktiken der Unterwerfung und über ihre Praktiken der Befreiung konstituieren (ebd., S. 156). Selbst- oder Fremdbestimmung sind jedoch nicht klar voneinander zu unterscheiden und nicht jede Geste der Unterwerfung – so lässt die These von Meyer-Drawe erahnen – ist schon eine Gefahr für das Subjekt. Wenn man die Gefährdungen und Chancen im Cyberspace benennen will, was hier geschehen soll, begibt man sich auf eine argumentative Gratwanderung, denn das Verständnis von Chance oder Gefährdung differiert. Hier soll als Gefährdung betrachtet werden, was die Formen, die Breite und Qualität der Subjektivierung beschneidet, als Chance dagegen, was deren Möglichkeiten erweitert.

Die Botschaft der digitalen Medien und ihre gesellschaftliche Entsprechung

„Das Medium ist die Botschaft" lautet die These des kanadischen Medienwissenschaftlers McLuhan (1968, S. 21). Die Botschaft eines Mediums ist die Veränderung des Maßstabs, die das Medium der Situation der Menschen bringt; sie existiert unabhängig vom Inhalt, den es transportiert (ebd., S. 11). Waren die Botschaften des Mediums Eisenbahn einst die Erweiterung der Bewegungsmöglichkeiten und der sogenannte Panoramablick, der das plastische Sehen abgelöst hat (Schivelbusch 1977, S. 43 ff.), so ist eine der zentralen Botschaften der digitalen Informations- und Kommunikationstechnologien Verbundenheit.

William J. Mitchell erklärt die Verbundenheit mit Blick auf die neuen Informations- und Kommunikationstechnologien sogar zum zentralen Phänomen des 21. Jahrhunderts, das in drei Erscheinungsformen zu beobachten sei:

1. Verbundenheit durch Technologie in Gestalt eines unglaublich verwickelten Diagramms an Internetverbindungen (Mitchell 2003, S. 10), das uns erlaubt, nahezu unabhängig von dem Ort, an dem wir uns befinden, mit Menschen im Nah- und Fernbereich zu kommunizieren.

2. Verbundenheit mit Technologie, die in Gestalt von Handys, Digitalkameras, USB-Sticks millionenfach in unsere Mantel- und Handtaschen wandert (Mitchell 2005, S. 182) oder in Gegenstände unseres Alltags integriert wird. Die immer billiger und leistungsfähiger gewordenen Mikrochips werden in Möbel, Zimmerwände, Autos und Kleidung eingebaut; so entstehen „intelligente Gegenstände", z. B. eine Krawatte, die eines Tages mehr Rechenleistung enthalten wird als ein heutiger Supercomputer (Kaku 2000, S. 37).

3. Verbundenheit der Technologien untereinander: Im Zuge ihrer Miniaturisierung fusionieren die einst separaten Geräte; Telefone haben mit Digitalkameras und Webbrowser fusioniert. Dies ermöglicht mit ein und demselben Gerät nicht nur spontan Termine zu vereinbaren, sondern sie auch auf elektronischem Weg wahrzunehmen und mit Hilfe von Fotos zu dokumentieren.

McLuhans These besagt, dass die Schöpfungen der Technik nicht neutral und – so füge ich hinzu – nicht unabhängig von der Gesellschaft sind, in der sie entstehen. Der aktuellen Technik- und Medienentwicklung korrespondiert derzeit ein gesellschaftlicher Prozess, der durch ein komplexes System grenzüberschreitender wirtschaftlicher, politischer, kultureller Wechselbeziehungen gekennzeichnet ist, den wir Globalisierung nennen. Die digitalen Kommunikationsstränge haben den Globalisierungsprozess mit ermöglicht und werden zugleich durch diesen geformt. Die Botschaften der Medien korrespondieren aber nicht nur der Form, die der gesellschaftliche Prozess annimmt, sondern auch der Formung des Subjekts. „Ich bin verbunden, also existiere ich", formulierte Jeremy Rifkin in Abwandlung des eingangs erwähnten cartesianischen Zitats „Ich denke, also bin ich" – die neue Formel der Ich-Bestätigung im digitalen Zeitalter.

Verbundenheit konstituiert das Soziale, das, wie mit Meyer-Drawe bereits angedeutet, eine unverzichtbare Voraussetzung für die Subjektbildung darstellt. Ich werde diese These zunächst begründen, um im Anschluss daran zu untersuchen, welche Formen Verbundenheit im Kontext der digitalen Medien annimmt und was diese Formen für die Subjektbildung bedeuten. Obschon das Soziale, wie erwähnt, eine Bedingung für die Möglichkeiten der Subjektivierung darstellt, kann es je nach der Gestalt, die es annimmt, diese Möglichkeiten fördern oder behindern.

Die Relevanz der explizierten Fragen ergibt sich daraus, dass immer mehr Menschen sich in technikbasierten Lebenswelten bewegen; sie formen in Interaktion mit Technik oder mittels Technik ihre Orientierungen, Werte, Verhaltenserwartungen und gestalten, so geprägt, das zukünftige Geschehen am Arbeitsplatz, in Familien, in Schulen, in der Politik mit. Von 1997 bis 2008 ist in Deutschland der regelmäßig durchgeführten ARD/ZDF Online-Studie (http://www.daserste.de/service/studie.asp) zufolge der Anteil der ab 14-jährigen Internetuser von 6,5 % auf

65,8 % gestiegen (in absoluten Zahlen: von 4,1 Mio auf 42,7 Mio). Besonders hoch
ist der Anteil der Internetuser unter den 14- bis 19-Jährigen; in dieser Altersgruppe
nutzen 96,3 % das Internet. In absoluten Zahlen ausgedrückt allerdings ist die Zahl
der ab 60-jährigen Internetuser, die sogenannten Silver Surfer, mit 5 Mio. genauso
hoch wie die Zahl der 14- bis 19-jährigen Internetuser.

Die Privatwirtschaft hat die Brisanz dieser Entwicklung bereits erkannt, wie
der Auftrag des internationalen Unternehmens Xerox zu einer Studie belegt, die den
Titel trägt „Is Europe Ready For The Millenials?" (Forrester Consulting 2006). Als
Millenials werden die Angehörigen der Generation bezeichnet, die zwischen 1980
und 2000 geboren sind. Aufgewachsen mit Computer und Internet, gehen sie davon
aus, dass die digitalen Medien in allen Aspekten ihres Lebens eine Rolle spielen. Mit
der Studie sollte herausgefunden werden, welche Persönlichkeitsprofile sich im
intensiven Kontakt mit Medien bilden, mit welchen Erwartungen diese Generation
in die Arbeitswelt kommt und wie sich Unternehmen darauf vorbereiten können
(ebd., S. 3ff.). In naher Zukunft werden der Studie zufolge ca. 51 Mio. Millenials
europaweit in die Erwerbswelt einmünden.

Das Soziale als Bedingung der Subjektkonstitution

In verschiedenen wissenschaftlichen Disziplinen finden sich Ansätze, die das Soziale in zweierlei Hinsicht als unverzichtbar für die Subjektkonstitution behaupten und
begründen:
1.   als Bestätigung der Existenz des Individuums,
2.   als Chance zur Entfaltung dieser Existenz.

Für die Pädagog(inn)en Käte Meyer-Drawe und Christoph Wulf haben wir als Individuen nicht die Möglichkeit, auf andere zu verzichten, denn sie beglaubigen unsere
Existenz. Im Angesprochen- und Angeblicktwerden erfahren wir uns als eigenständige Wesen (Wulf 2006, S. 37 f.). Meyer-Drawe argumentiert: Wir gehören dem
Reich des Sichtbaren an, können uns selbst aber nur in Ausschnitten sehen (1990, S.
116). Für sich selbst ist der Mensch insofern ein Niemand, der erst in der Begegnung mit anderen zu einem Jemand wird (ebd., S. 115). „Der Blick der Anderen
reicht an das an mir heran, was ich selbst nicht sehen kann, es sei denn, durch die
Resonanz seines Blicks." (ebd., S. 117). Es ist der Blick des anderen, der es mir
ermöglicht, mich als ein Ganzes zu konstituieren.

Auch für George H. Mead ist das Soziale in Gestalt des „verallgemeinerten
Anderen" (Mead 1973, S. 196) unverzichtbare Bedingung der Ich-Entwicklung. Das
„verallgemeinerte Andere" repräsentiert die Haltung der Gemeinschaft, in der ich

lebe; Mead verlagert dieses Andere als Me in die gedankliche Welt des Individuums. Als Me übernimmt das Individuum die Haltung des verallgemeinerten anderen gegenüber sich selbst und reagiert darauf als ein I. Dadurch, dass wir die Haltungen anderer einnehmen und darauf reagieren, erreichen wir Selbst-Bewusstsein (ebd., S. 238). Die Erfahrung von Identität entwickelt sich nach Mead stets im Kontrast zu anderen in einem Wechselspiel von I und Me; aus uns selbst heraus wären wir Mead zufolge nicht imstande, Identität zu erreichen (ebd., S. 239).

Der Kinderanalytiker Donald W. Winnicott richtet seine Aufmerksamkeit auf die Art und Weise, wie sich dieses Wechselspiel zwischen I und Me gestaltet. Das Mead'sche I ist bei Winnicott die innere Realität und das Me ist vergleichbar mit der äußeren Realität, wie Winnicott die soziale und dingliche Umwelt des Individuums bezeichnet. Gemeinsam ist Winnicott und Mead die Annahme, dass die Subjektbildung in der Interaktion zwischen einem menschlichen Wesen und seiner Umgebung erfolgt. Während jedoch bei Mead von einer klaren Differenz zwischen I und Me ausgegangen wird, kann es laut Winnicott zur Verschmelzung zwischen innerer und äußerer Realität kommen, so dass Letztere als zum eigenen Ich gehörig erlebt wird.

Der Ansatz von Winnicott ist für die Analyse der identitätsbildenden Kraft technischer Artefakte deshalb so anregend, weil für Winnicott zur äußeren Realität auch Gegenstände gehören, die er als Übergangsobjekte bezeichnet (1973, S. 10). Übergangsobjekte der frühen Kindheit sind neben der Mutter auch der Teddy und der Bettzipfel. In der Interaktion mit diesen Objekten konstituiert sich ein intermediärer Raum, in dem nicht strikt zwischen Ich und Nicht-Ich unterschieden werden muss. Das Übergangsobjekt, das Teil der äußeren Wirklichkeit ist, kann im Gebrauch zu einem Bestandteil der inneren Realität werden, um im nächsten Augenblick wieder der äußeren Realität zugeordnet zu werden. In diesem spielerischen Hin und Her zwischen Verschmelzung und Abtrennung mit und von äußerer Realität erschafft sich das Subjekt als ein Ich.

Intermediäre Räume sind nicht der frühen Kindheit vorbehalten; auch in der Verbundenheit durch und mit digitalen Medien im Jugend- oder Erwachsenenalter entsteht ein intermediärer Raum, der zwischen Ich und Nicht-Ich vermittelt, in dem symbiotische Beziehungen eingegangen werden, in dem mit Identitäten experimentiert werden kann, in dem das Subjekt Autonomie und Heteronomie erfährt. Experimente mit dem eigenen Ich im Netz sehen z. B. so aus, dass Netzuser in verschiedenen Diskussionsforen jeweils eine andere Identität annehmen; noch mehr laden visuelle Szenarien in der virtuellen Welt zu Identitätsexperimenten ein, wie Computerspiele oder 3-D-Welten wie Second Life, in denen ich meinen Avatar, mein zweites Ich, als sichtbares Ich selbst gestalten kann und mich niemand daran hindert, auch noch ein drittes und viertes Ich durch das virtuelle Universum zu schicken. Autonomie, eine zentrale Erfahrung für den Prozess der Subjektbildung, die verstanden wird als Selbstbestimmung, als Gegenbegriff gegen Bevormundung, erlebe ich im Netz z. B. als Initiatorin eines Weblogs, eines sog. Online-Tagebuchs, in dem ich Diskussionsthemen vorgebe. Heteronomie dagegen erfahre ich als Mitglied einer Online-Community, in der ich mich den Gruppenregeln unterwerfe bzw. Sanktionen erwarten muss, wenn ich gegen Regeln verstoße. Die Beispiele, die den Begriff Autonomie illustrieren, machen deutlich, dass Autonomie nichts Absolutes ist oder wie es Meyer-Drawe ausdrückt, dass sich das Ich im „Spiegelspiel von Subjekt, Mitsubjekt und Dingwelt" konstituiert (1990, S. 20). Autonomie und Heteronomie setzen sich in einer Bewegung gegeneinander durch (ebd., S. 152).

Wie sich die Interaktion zwischen innerer und äußerer Realität abspielt, welche Impulse das verallgemeinerte Andere setzt und wie darauf geantwortet werden kann, erfolgt nicht unabhängig von der Struktur des intermediären Raums, die den Versuchen der Subjektivierung Chancen eröffnet, diese aber auch kanalisiert. Ich fokussiere im Folgenden vor allem auf das Web, genauer auf das Web 2.0, auch Social Software genannt, weil dies von den meisten Menschen derzeit als Bühne und Stoff für die Subjektentwicklung und -gestaltung genutzt wird. Web 2.0 ist der von den Usern mitgestaltete virtuelle Raum.

Virtuelle Netzwerke als Konkretion des Sozialen

Die über die Welt gespannten telematischen Kommunikations- und Informationsstränge, bestehend aus Knoten und Links, werden als Netzwerk beschrieben. Was ist die Besonderheit eines Netzwerks? Welcher Sinngehalt steckt in der Netzstruktur, der für die Subjektbildung von Bedeutung ist?

Das Netz ist nicht nur eine der grundlegendsten Strukturen der natürlichen Umwelt – man denke an Wasseradern, unterirdische Pilzgeflechte, Spinnennetze – das Netzprinzip steht auch am Anfang der Zivilisation (Andritzky/ Thomas 2002, S. 13). Gottfried Semper, der Erbauer der Semper Oper in Dresden, beschreibt das Mattenflechten und Teppichwirken als eine Urtechnik des Bauens (1851, S. 56). Aus den Flechtwerken wurden Wände geschaffen, die der Abgrenzung und zugleich dem Schutz dienten (ebd., S. 58). Die Begriffe Wand, Gewand, winden lassen noch immer den Bedeutungszusammenhang zwischen Architektur und Netzwerk einschließlich der Bedeutungselemente Schützen und Trennen erahnen.

Fangen, Schützen, Gestalten, Spielen sind die sinnhaften Implikationen des Wortes Netz, auf die man trifft, wenn man der Etymologie des Begriffes nachgeht. Man spricht davon, dass jemand umgarnt oder ins Netz gelockt wird. Das Netz kann dem, der im Netz gefangen ist, Verderben bringen; andererseits schützen Netze vor Verletzungen, wie z. B. Moskitonetze (Grimm/ Grimm 1889, S. 635 ff.). Wenn es im Grimm'schen Wörterbuch heißt „Sieh, wie das kriechend epheu ein grünes nez anmutig um den felsen herwebt" (ebd., S. 638), so zeigt sich ein weiterer Sinngehalt. Das Netz, hier in Form einer Pflanze, erhält eine gestaltende Funktion. Das Netz trennt, schafft ein Innen und ein Außen, es kann aufhalten und einfangen. Das prädestiniert es dafür, spielerisch eingesetzt zu werden, z. B. beim Ballspiel (Roller 2002, S. 28). Spielerisch genutzt, fördern Netze das Ausprobieren von Handlungsstrategien, wodurch eigene Stärken entdeckt werden können.

Netze sind, so zeigt die Etymologie, nicht nur doppel-, sie sind mehrdeutig. Diese Mehrdeutigkeit gilt es auch bei der Betrachtung des Web 2.0 im Auge zu behalten, das als weltumspannendes Netz das bislang größte Netzwerk darstellt.

Ein Netz bleibt dem, der sich in ihm bewegt, nicht äußerlich. Es war der Philosoph Bernhard Waldenfels, der darauf hingewiesen hat, dass Wege, die den Raum durchmessen und von hier nach dort führen, keine bloßen Strecken sind, die wir mehr oder weniger schnell zurücklegen, sondern Bahnen, die bestimmte Bewegungsrichtungen und Bewegungsabläufe vorschreiben, nahe legen oder ausschließen (1985, S. 189). Eine Freitreppe beispielsweise geht man anders hinauf als eine Wendeltreppe (ebd., S. 198).

In einem Chat, das den zeitgleichen Dialog erlaubt, kommunizieren wir anders als in einem Diskussionsforum, in dem zeitversetzt kommuniziert wird. Die Formen einer Landschaft kehren Waldenfels zufolge in den Formen des Lebens und Zusammenlebens wieder.

Die Architektur digitaler Netzwerke ist, metaphorisch gesprochen, von Pfaden, Röhren, Drähten beherrscht, die Verbindungen herstellen. Wir haben es mit einer Architektur des Übergangs zu tun, die zur Architektur westlicher Zivilisationen kontrastiert, welche Zavarihin (1998, S. 2 f.) zufolge eine Neigung zur positiven Endgültigkeit hat. Stattdessen erinnern digitale Netzwerke an die Architektur des Ostens, die auf Eindeutigkeit und Endgültigkeit verzichtet.

Die Strukturen digitaler Netzwerke sind – so lässt sich das bisher Gesagte zusammenfassen – Sinnstrukturen, die sich aus einer Kombination der geschilderten Bedeutungen wie Fangen, Gestalten, Spielen zusammensetzen und die als weiteres Sinnelement die Idee des Übergangs anstelle von Endgültigkeit symbolisieren. Sie verkörpern gesellschaftlich produzierten Sinn, das verallgemeinerte Andere, wie Mead es ausgedrückt hat, das sich jedoch nicht einheitlich, sondern vieldeutig gibt. Wenn ich nun im Folgenden unter Bezug auf Waldenfels frage, wie diese Sinnstrukturen in den Formen des virtuellen Lebens und Zusammenlebens wiederkehren und wie sie Subjektivierungsversuche mitformen, so gehe ich nicht davon aus, dass sie sich schlicht reproduzieren. Vielmehr treten die Netzuser in ein Interaktionsspiel mit den Sinnstrukturen virtueller Netze ein, indem sie sich den Sinn der Netze aneignen, d. h. ihn übernehmen und/oder verändern (Lorenzer 1981, S. 156) oder mit Meyer-Drawe gesprochen, in dem sich Gesten der Unterwerfung und Gesten der Befreiung mischen. Dies ist kein Spezifikum für die Interaktionsspiele in virtuellen Netzwerken, es gilt für alle Interaktionen des menschlichen Subjekts mit Dingen, aber eben auch für die mit den Artefakten der modernen Informationstechnologie.

Das Ich auf virtuellen Pfaden

Die eingangs gestellte Frage, wie sich das Menschsein unter den Bedingungen digitaler Netzwerke formt, soll anhand solcher Praktiken, Diskurse und Potenziale diskutiert werden, die im Cyberspace eine zentrale Rolle spielen sowie eng mit der Subjektkonstitution verbunden sind. Sie sind folgenden Handlungsbereichen zuzuordnen: Kommunikation, Bewegung, Körperlichkeit, Transkulturalität.

Facetten der Subjektivierung in der digitalen Kommunikation
Wenn das Soziale eine unverzichtbare Bedingung für die Subjektkonstitution ist, dann ist Kommunikation das zentrale Medium, um diese Verbindung herzustellen und zugleich Experimentierfeld für Subjektivierungsversuche. Welche Gestalt nehmen diese Versuche in digitalen Kommunikationsräumen an? Wozu drängt die Struktur digitaler Netzwerke, was lockt sie hervor und was behindert sie?

Kommunizieren in sich überlagernden digitalen Settings
Die Netzstruktur digitaler Medien bietet nicht nur eine Vielzahl an Kommunikationsräumen; diese stehen gleichzeitig zum Gebrauch bereit. Für viele ist es bereits selbstverständlich geworden, dass sie sich in einem Diskussionsforum zu politischen Themen oder technischen Fragen äußern, gleichzeitig den Eingang neuer E-Mails beobachten und zwischendurch quick messages erhalten, weil sie noch in weiteren Foren oder in einem Online-Universum eingeloggt sind. Sie agieren in sich überlagernden Kommunikationsräumen, spinnen unterschiedliche Gesprächsfäden und agieren fast zeitgleich in diversen Rollen – z. B. als Technikfreak in einem Forum, als Tänzerin in Second Life, als Mutter in der E-Mail-Korrespondenz mit Tochter oder Sohn. Das Subjekt partizipiert, agierend in unterschiedlichen virtuellen Räumen, an verschiedenen Realitäten gleichzeitig.

Einerseits erweitert das Agieren in sich überlagernden Settings die Möglichkeiten des Experimentierens mit verschiedenen Identitätsfacetten, auch dürfte sich der

Einfluss des Sozialen in Form des verallgemeinerten anderen in seiner Vielzahl relativieren, was die Autonomie des Subjekts stärkt. Je breiter das Spektrum an Kommunikationskontexten, die dem Subjekt als Bühne der Selbstdarstellung und des Handelns zur Verfügung stehen, desto geringer ist das Risiko der Vereinnahmung des Subjekts durch nur einen Kontext, umgekehrt ausgedrückt: Umso größer sind die Chancen, dass das Subjekt sich in seiner Einzigartigkeit entwickelt. Andererseits bewirkt diese Art des Kommunizierens die Verteilung von Aufmerksamkeit auf verschiedene Handlungsfelder. Wir unterschätzen, warnt die Internetforscherin Sherry Turkle, die Bedeutung, Zeit auf ein Ding und nur auf ein Ding zu richten (2006, S. 13). Teilaufmerksamkeiten mindern Turkle zufolge die Qualität der Gedanken, die wir unseren Aufgaben widmen (ebd.). Sie befördern die Tendenz zur Ko-präsenz, d. h. die Tendenz, dass das Individuum mit Teilen seines Selbsts in verschiedenen sozialen Settings gleichzeitig präsent ist. Turkle vermutet, dass konzentrierte Aufmerksamkeit eine tiefer gehende Auseinandersetzung mit Themen, Ereignissen, Erfahrungen begünstigt, während eine verteilte Aufmerksamkeit zu Oberflächlichkeit führt.

Beschleunigung der Kommunikation

Das simultane Engagement in verschiedenen Kommunikationssettings beschleunigt in Verbindung mit der immer schneller werdenden Technik die Kommunikation. Linda Stone, die Leiterin der Forschergruppe „Virtual World" bei Microsoft, spricht von einem „Kult der Effizienz" der durch die beschleunigte Kommunikation entsteht (Stone 1997, S. 1). Effiziente Kommunikation kann Freiräume eröffnen, aber auch zur Verweigerung der Auseinandersetzung mit Situationen führen, die sich nicht effizient im Sinne von schnell oder abschließend erledigen lassen, wie z. B. der Umgang mit Krankheit, mit sozialen Konflikten oder mit Behinderung. Die externen Kommunikationsimpulse treffen darüber hinaus in immer dichterer Aufeinanderfolge ein und fordern sofortige Aufmerksamkeit. Wie lange darf man mit einer Antwort warten? Ein paar Stunden, einen Tag? Wer zu lange wartet, handelt sich Vorwürfe ein, auch wenn bekannt ist, dass gute Antworten Zeit brauchen. Dirk von Gehlen beschrieb in der Süddeutschen Zeitung (10.8.2007) dieses Phänomen als „Terror des Jetzt". Es ist paradox: Ein Medium, das zeitunabhängiges Kommunizieren ermöglicht, begründet ein Diktat der Gegenwart. Ein solches Diktat bleibt nicht ohne Konsequenzen für die Selbstreflexion. Die Welt der vielen *check-ins*, der sich überlagernden Beziehungen, der hastigen Botschaften und Antworten tilgt die Pausen und damit die Bedingungen für Selbstreflexion. Die inzwischen oft zu hörenden Mitteilungen wie „doing my emails" oder „doing my messages" implizieren, so Turkle, Performance und weniger Reflexion (2006, S. 13). Andererseits fordert gerade die Vielzahl an Themen und Botschaften, die uns in digitalen Kommunikationsräumen erreichen, zum Vergleich, zum Widerspruch, zur Zustimmung, mit Mead gesprochen, zu Antworten des I auf das wahrgenommene Andere heraus. Praktiken und Diskurse dieser Art aber gehen damit einher, über sich selbst nachzudenken, das Eigene zu hinterfragen. Das Medium scheint beides zu forcieren: die Aufforderung zur Selbstreflexion und den Entzug der dafür nötigen Zeiträume.

Selbstdarstellung in virtuellen Kommunikationsnetzen: Der öffentliche Mensch
Die multimedialen Anwendungen des Cyberspace bieten beste Voraussetzungen zur Selbstdarstellung in Text, Bild, Film, Ton, die nicht ungenutzt bleiben. Eine dieser Bühnen ist das Netzwerk „MySpace", eine Mischung aus Homepage, Poesiealbum und Kontaktbörse (Stirn 2007, S. 13). Rund 150 Mio. Menschen haben sich in MySpace registriert und viele von ihnen breiten offenherzig intime Details über sich aus, ohne zu befürchten, sich in einen gläsernen Menschen zu verwandeln. Alexander Stirn (2007) erklärt sich die Sorglosigkeit, die bei der detaillierten Selbstinszenierung sichtbar wird, damit, dass Kommunikation als etwas Privates wahrgenommen wird, und der öffentliche Charakter dieser Räume ignoriert wird.

Vielleicht sind es daneben auch Hoffnungen, die Menschen dazu veranlassen, sich zu zeigen, wahrgenommen zu werden in einer Welt, in der sich viele isoliert fühlen, weil die Anbindungen an tradierte Netze verloren gegangen sind. Auch bei Anna war Hoffnung im Spiel, obwohl sie Hoffnungslosigkeit signalisierte, als sie sich auf einer Jugend-Plattform mit einem Gedicht zu Wort meldete, in dem sie ihren nahen Tod ankündigte. Ich entnehme das Beispiel einem Text von Karlheinz Benke (2008, S. 191 ff.). Anna, ein magersüchtiges Mädchen, erklärte: „I never thought things could go so out of hand. But now death is just a few pounds away" (zit. n. Benke 2008, S. 197). Anna lehnt Ratschläge und Hilfe, die ihr die anderen Nutzer(innen) der Plattform anbieten, mit der Begründung ab, es sei zu spät. Die Peers aber geben nicht auf, sie halten den Kontakt, auch als Anna längere Zeit schweigt. Nach 47 Postings gelingt es schließlich, Anna umzustimmen. Sie entschließt sich zu einer Therapie. Die Vielzahl der Postings spricht für eine intensive Krisenintervention. Es war das virtuelle Netzwerk, das Anna die vielen stützenden Stimmen bescheren konnte, die das Ich, das sich bereits aufgegeben hatte, so lange mit anderen Möglichkeiten konfrontiert haben, bis sich dieses Ich neu orientiert hat.

Bei den diskutierten Botschaften digitaler Kommunikationsmedien handelt es sich um empirische Erscheinungsformen der „großen" Botschaft Verbundenheit; es dominiert, forciert durch die Netzwerkstrukturen, die vielfältige, verzweigte, schnell herstellbare und genauso schnell wieder abbrechbare Verbundenheit, in der sich Grenzen zwischen Öffentlichkeit und Privatheit verflüssigen. Man ist an den „flexiblen Menschen" erinnert, den Richard Sennett (1998) als ein Muss der Gegenwartsgesellschaft beschrieben hat. Aber es scheinen im Kontext digitaler Verbundenheit auch noch andere Motive auf, die auf andere Aspekte des Menschseins verweisen, etwa auf das Bedürfnis nach Anerkennung, für das der Cyberspace neue Kanäle bereithält.

Bewegung

Bewegung ist eine weitere empirische Erscheinungsform von Verbundenheit, denn Verbundenheit ist ohne Bewegung auf etwas oder jemanden zu, nicht denkbar. Die virtuelle Vernetzungstechnologie verkörpert geradezu die Idee der Bewegung. Von Bewegungen im virtuellen Raum zu reden, mag irritieren, denn Bewegung stellen wir uns als körperliche Bewegung vor, hier aber geht es um die mentale Bewegung, um das Suchen und Finden im Netz, um das Umherschweifen von Gedanken und Gefühlen, um das Kommunizieren an unterschiedlichen Schauplätzen des Cyberspace, manchmal aber auch um das sichtbare Bewegen von Spielfiguren und Avataren. So sehr ist das Agieren im Cyberspace als Bewegung im allgemeinen Bewusstsein verankert, dass der Theatermacher Jörg Albrecht, einem Schauspieler in einem seiner Stücke den Satz in den Mund legte: „Wer keine Tastatur hat, ist bewegungslos" (entnommen dem Programmheft zu einer Performance an den Münchner Kammerspielen im September 2007).

In der Fähigkeit zur Selbstbewegung manifestiert sich der Philosophin Elisabeth List (1999) zufolge Lebendigsein. Unser Leben beginnt mit der Bewegung. Das Zur-Welt-Kommen ist eine Bewegung zur Welt hin (ebd., S. 211); es impliziert ein leibliches Ankommen und ein Ankommen im kulturellen Sinn.

Netzwerke forcieren, wie bereits betont, das mentale Sich-Bewegen; Netzwerke weisen Kreuzungsstellen auf, an denen entschieden werden muss, wohin die Reise geht, und kaum hat man sich entschieden, kommt die nächste Kreuzung. Eine Netzakteurin, die wir in einer eigenen Studie nach den Vorteilen virtueller Netzwerke befragt haben, zeichnete ein Bild, auf dem eine Insel zu sehen ist, auf der sie angekommen ist. Im Hintergrund wartet bereits ein Schiff, das sie zur nächsten Insel bringt.

Ankommen und Aufbrechen als Erlebnisgewinn in virtuellen Netzwerken
Die Netzakteurin kennzeichnet den Wechsel von Ankommen und Aufbrechen als
Erlebnisgewinn. In der Möglichkeit zum ständigen Wechsel wird eine Existenzform
betont, die es in der westlichen Zivilisation zwar immer gegeben hat, die aber eine
untergeordnete Rolle gespielt hat und oft diskriminiert wurde: das Nomadentum. In
der Antike wurde das Unterwegssein als erzwungenes Schicksal betrachtet; die westliche Zivilisation hat auf Sesshaftigkeit gesetzt. Eine Neubewertung des Unterwegs-
seins setzte mit der beginnenden Neuzeit ein, als dieses mit sozialem Aufstieg und
mit der Erweiterung des Wissenshorizonts assoziiert wurde. Gleichwohl blieben
mobile Lebensformen peripher. Das hat sich, so der polnisch-englische Soziologe
Zygmunt Baumann (1997), in der Gegenwartsgesellschaft geändert, in der Identi-
tätsentwürfe dominieren, deren Markenzeichen Mobilität ist. Baumanns Mobilitäts-
begriff umfasst beides, das Unterwegssein im geografischen Raum und das Unter-

wegssein im Kopf. Baumann hat vier Mobilitätstypen entworfen, die er als charakteristisch für die Gegenwartsgesellschaft behauptet: den Pilger, den Spaziergänger, den Vagabund, den Touristen (ebd., S. 136 ff.). Diese Typen sind auch im Cyberspace anzutreffen, ja, es scheint, als ob ihnen die Netzstruktur als Architektur des Übergangs erweiterte Entfaltungsmöglichkeiten bietet und zusätzlich die Chance eröffnet, mal in die eine, mal in die andere Rolle zu schlüpfen.

Der Pilger zeichnet sich für Baumann dadurch aus, dass er ein festes Ziel hat, dass Straßen, die zum Ziel führen, wichtig sind, Häuser dagegen gefährlich, weil sie zum Ausruhen verführen und das Ziel vergessen lassen könnten. Pilger im Cyberspace sind jene, die genau wissen, wohin sie wollen, ihr Ziel strikt verfolgen und sich nirgends lange aufhalten. Der Spaziergänger oder Flaneur ist für Baumann einer, für den das Leben aus episodischen Begegnungen besteht. Er ahmt spielerisch nach, was der Pilger in aller Ernsthaftigkeit betreibt. Er kommt und geht nach einem festen Ritual, ohne sich an irgendetwas oder an irgendjemanden zu binden. Der Spaziergänger im Netz ist der, der regelmäßig zwischen bestimmten Communities flaniert, meist getarnt mit einem Nickname und der kein Interesse an Bindungen und Verbindlichkeiten zeigt. Am unberechenbarsten ist nach Baumann der Vagabund. Er ist das Schreckgespenst der Herrscher, denn seine Bewegungen sind nicht vorhersehbar. Man weiß nicht, wohin er sich als nächstes bewegt, weil er es selbst nicht weiß. Er entscheidet sich an der Kreuzung. Der Vagabund im Cyberspace hat kein bestimmtes Ziel, er lässt sich treiben; wo er ankommt, ist auch für ihn eine Überraschung. Und er bleibt nur so lange, bis er auf neue Links stößt, die neue Hoffnungen wecken. Der Vagabund ist einer, der sich im Netz verlieren könnte. Schließlich zählt zur Baumann'schen Typologie der Tourist, der ein festes Zuhause hat, aber immer wieder aufbricht, um irgendwann zurückzukehren. Der Tourist nutzt das Unterwegssein, um sich zu beweisen und er freut sich auf das Zuhause, wo er seine Rüstung ablegen kann. Touristen in virtuellen Netzwerken sind jene, die einer oder einigen wenigen Communities angehören, die Ausgangs- und Zielpunkt(e) ihrer Reisen durch das Netz sind. Von dort brechen sie auf und dorthin kehren sie zurück.

Die einzelnen Typen unterscheiden sich nach dem Grad ihrer Berechenbarkeit sowie darin, ob sie Ziele haben oder nicht, ob sie zurückkehren oder nicht, ob sie zumindest kurzfristig Bindungen eingehen oder nicht, aber nichts in ihrem Leben ist endgültig und soll es auch nicht sein, das ist ihnen gemeinsam. Auch die Bewegung im Cyberspace, die hier ungeahnte Möglichkeiten erhält, kündigt, wie schon die webbasierte Kommunikation, ein Subjektmodell an, in dem Flexibilität und Dynamik dominieren. Wie ist dieses Modell zu bewerten? Noch setzen wir gegen dieses Modell Stabilität und Dauer als positiven Kontrapunkt, stellt die Literaturwissenschaftlerin Getraud Lehnert (1999) fest. Noch leiden wir mehrheitlich darunter, wenn wir unsere Lebensorte allzu oft wechseln müssen. Doch Lehnert hält es für denkbar, dass bereits eine Evolution eingesetzt hat, die Menschen hervorbringt, die Sicherheit nicht mehr für ein ganzes Leben suchen, sondern denen es genügt, für ein paar Jahre zu denken und zu planen, die partiell stets im Aufbruch sind und in diesem Aufbruch selbst die Sicherheit finden, die uns noch im Angekommensein zu liegen scheint (ebd., S. 109).

Körperlichkeit

Es ist unser Körper, in dem sich Soziales und Individuelles durchdringen (Meyer-Drawe 1990, S. 152), und der somit als sichtbarer Ort unserer Subjektwerdung fungiert. Was geschieht mit diesem Körper beim Gebrauch digitaler Kommunikationsmedien, die uns in immaterielle Welten führen, wo wir als Text oder als Spielfigur existieren, geruchlos und nicht anfassbar?

Ein Internetselbst zu haben, bedeutet für die Kulturwissenschaftlerin Eva Illouz ein cartesianisches Ego zu haben, d. h. ein Geistwesen zu sein (2006, S. 122). Illouz stützt ihre These auf die in der Regel sprachlich vermittelte Selbstpräsentation in virtuellen Netzwerken, wie sie das in ihrer Untersuchung webbasierter Partnersuchdienste herausgefunden hat. Die „körperlose" Selbstpräsentation forciert nach Illouz eine primär rationale Partnerwahl, die sie der romantischen Liebe und der psychisch-physischen Anziehung als defizitäres Modell gegenüberstellt (S. 134). Gegen die von Illouz vorgetragene Befürchtung lässt sich mit Aristoteles einwenden, dass unsere Seele, die bei Aristoteles Gedanken und Gefühle umfasst, untrennbar mit unserem Körper verbunden ist (1983, S. 286). Das Unbeseelte und das Beseelte, so argumentiert Aristoteles, unterscheiden sich durch das Leben (S. 288), das Leben ist nicht, zumindest noch nicht, ohne Körper denkbar. Wann und wo immer wir als beseelte Wesen agieren, ob wir lieben, hassen, zornig sind oder uns freuen, ist auch der Körper im Spiel. Eine siebzehnjährige Netzakteurin zeichnete dieses Bild als Antwort auf die Frage, was ihr die Online-Community bedeute und erklärte dazu, dass die Mitglieder der Community zu engen Freundinnen geworden seien.

Gefühle im Netz als Hinweis auf die Präsenz des Körpers
Wenn wir aber im Cyberspace Gedanken und Gefühle entwickeln und diese, wie
Aristoteles behauptet, untrennbar mit unserem Körper verbunden sind, dann kann
es nicht sein, dass wir im Netz zu körperlosen Wesen werden.

Unter Bezug auf Maurice Merleau-Ponty (1966) lässt sich ein weiteres Argument für die notwendige Präsenz des Körpers in virtuellen Räumen anführen. Virtuelle Räume sind Kommunikationsräume; Kommunikation aber ist auf unser kör-
perliches Potenzial angewiesen. „Der Leib ist es", so Merleau-Ponty, „der (...) auch
Kulturgegenständen, wie Worte es sind, ihren Sinn gibt" (S. 275). Zeigt man jemandem für einen kurzen Augenblick ein Wort, so dass es nicht entziffert werden kann,
so führt z. B. das Wort „warm" doch eine Art Wärmeerfahrung herbei, während das
Wort „hart" eine Art Starre auslöst; ehe Wörter und Zeichen sich als Begriff konstituieren, bewirken sie ein unseren Körper ergreifendes Geschehen. Warum sollten
Texte und Wörter auf dem Bildschirm nicht genauso wirken?

Netzakteurinn(e)n lösen sich nicht in ihrer Körperlichkeit auf; gleichwohl sind
sie für andere meist nicht als sichtbare und prinzipiell nicht als anfassbare Körper-

wesen präsent. Was wir jedoch beobachten, sind Versuche, körperliche Präsenz im virtuellen Raum herzustellen, z. B. in der Selbstpräsentation in Partnersuchdiensten, in der die Beschreibung der physischen Erscheinung und das Foto zur Hauptquelle des persönlichen Werts werden, oder in der sorgsamen Gestaltung und Inszenierung des Ichs in Online-Universen, das nicht nur als Figur sichtbar wird, sondern sich auch bewegen können muss. Wer in einem Online-Universum agieren will, muss zunächst fliegen lernen und sollte möglichst tanzen können. Tanzen ist eine der beliebtesten Bewegungsarten in Second Life, einem der derzeit bekanntesten Online-Universen.

Ob es sich bei diesen Versuchen, im virtuellen Raum körperlich präsent zu sein, um die Entwicklung neuer kreativer Formen von Körperlichkeit handelt oder um schlechte Kopien, vermag ich derzeit nicht zu beurteilen. Illouz befürchtet mit Blick auf digital gestützte Partnersuchdienste eine Uniformierung der Selbstpräsentation, die sich an konventionellen Schönheitsstandards orientiert (2006, S. 123). Eine studentische Gruppe, die sich im Rahmen eines von mir moderierten Forschungsseminars mit der Gestaltung von Avataren in „Second Life" beschäftigt hat, hat dort dasselbe Phänomen beobachtet und hielt fest: „Avatare werden entsprechend der Offline-Schönheitsideale kreiert" (Camenzind et al. 2007, S. 12f.). Gleichzeitig haben die Student(inn)en Mischwesen entdeckt, bestehend aus Mensch und Tier, was auf das Experimentieren mit körperlichen Formen verweist, wie es etwa aus der Mythologie antiker Kulturen bekannt ist. Die Gruppe selbst hat mit einem weiblichen Avatar experimentiert, der nicht den gängigen Schönheitsidealen entsprach, um herauszufinden, wie auf Normabweichungen reagiert wird.

Vielleicht kann man mit dem Thema Körper im Cyberspace vorerst so umgehen, dass man virtuelle Netzwerke als zusätzlichen Raum für körperliche Erfahrungen betrachtet im Bewusstsein, dass dieser Raum niemals genügen kann, um uns als körperliche Wesen zu konstituieren und sinnliche Fähigkeiten zu entwickeln.

Transkulturalität

Eine Architektur des Übergangs, wie sie digitale Netzwerke darstellen, konfrontiert notwendig mit dem Fremden, was einmal mehr die Subjektbildung berührt; erstens, weil das Fremde, das uns begegnet, oftmals das Fremde in uns ist, das wir auf diese Weise kennenlernen (Wulf 2006, S. 109) und zweitens, weil der Umgang mit dem tatsächlich Fremden das Bewusstsein vom Eigenen schärft. Die Möglichkeit der Begegnung mit dem Fremden ist im Wesen des Menschen angelegt, der im Unterschied zum Tier nicht so in eine Umwelt eingebunden ist, dass er dieser nicht entkommen könnte. Menschen sind prinzipiell offen für die Welt, die Gestaltung der Weltoffenheit ist Aufgabe der Kultur (ebd., S. 142). Kulturelle Differenzen spiegeln sich in den Formen wider, die die Weltoffenheit annehmen kann.

Das Netz-Medium ist eine kulturelle Schöpfung, die mehr als jedes Bewegungsmedium zuvor die Möglichkeit zur Weltoffenheit verkörpert. Es ist kein geschlossenes Netz wie ein Einkaufs- oder Fischernetz, es ist vielmehr ein Netz mit losen Enden, an die über kulturelle und geografische Grenzen hinweg angeknüpft werden kann. Die Nomad(inn)en im Netz machen unweigerlich Fremdheitserfahrungen. Fremd ist, was uns als Erfahrungsbereich nicht zugänglich erscheint. Es handelt sich um eine kulturelle Fremdheit im Unterschied zur sozialen Fremdheit, die die Nichtzugehörigkeit zu einer Gruppe bezeichnet (Waldenfels 2006, S. 115).

Im Fehlschlagen oder Gelingen des Umgangs mit dem Fremden liegt nach Christoph Wulf ein das zukünftige Zusammenleben der Menschen bestimmender Faktor (2006, S. 141). Grundsätzlich könnte das Web aufgrund seiner weltoffenen Struktur als transkulturelles Übungsfeld genutzt werden. Auf welche Kompetenzen käme es an? Zuallererst auf die Anerkennung von Differenz, behauptet Wulf (S. 40). Die Individuen müssten lernen, vom Anderen her wahrzunehmen und zu denken, was Wulf als heterologisches Denken bezeichnet (S. 45). Die Soziologin Nira Yuval-Davis empfiehlt für den Umgang mit dem Fremden ein transversales Denken, das einerseits die fremde Position respektiert und gleichzeitig die eigene ins Spiel bringt (1997, S. 130). Dem transversalen Denken korrespondiert die Ansicht, dass das eigene Denken nie abgeschlossen ist. Für Waldenfels besagt das „Antworten auf das Fremde mehr als (...) eine normengeleitete Verständigung" (2006, S. 131), womit er ähnlich wie Yuval Davis die Anerkennung des Fremden und des Eigenen betont, denn die Antwort auf das Fremde schöpft aus beidem: aus der Wahrnehmung des Fremden als Fremdes sowie aus einem Reden, das dem Eigenen entspringt und das für den Fremden aus der Fremde kommt.

Anhand eines virtuellen Netzwerks aus dem arabischen Kontext können die Ansprüche an transkulturelle Kommunikation im Sinne der genannten Kompetenzen verdeutlicht werden. Das Netzwerk *www.mideastyouth.com* wurde in Bahrain als unabhängiges studentisches Netz initiiert. Die ca. 100 Mitglieder kommen nicht nur aus Bahrain, sondern auch aus dem Iran, aus Ägypten, aus Saudi Arabien; häufig schalten sich auch Student(inn)en aus den USA und Europa ein. Ziel der Initiatorin Esra'a Al Shafei (Information durch Esra'a Al Shafei, Mideast Youth Director, 14.8.07) ist es zu zeigen, dass in der Region eine Koexistenz verschiedener Kulturen und Positionen möglich ist. Im Profil des Netzwerks wird die Differenz als anzuerkennendes Faktum in den Mittelpunkt gerückt: „(...) we managed to gather a diverse group of participants who represent various countries and religious within the region (...)". Die Initiator(inn)en betonen die Notwendigkeit zu wechselseitiger Anerkennung: „We keep in mind that tolerance and mutual respect should always exist amongst us no matter how much our opinions differ. To us here at Mideast Youth, the word ‚democracy' essentially means mutual respect and tolerance. It means nurturing and valuing the marketplace of ideas". Sie betonen die Möglichkeit, über Differenzen hinweg Gemeinsamkeit herzustellen: „We want to promote ‚bridge building'" und sie appellieren an die Verantwortung des Einzelnen: „ (...) we must realize that it is we, the individuals, who constitute a society". In den Weblogs und Diskussionsforen von Mideast Youth werden Themen erörtert wie Migrantenrechte in arabischen Ländern, Diskriminierung von Minderheiten, die Situation islamischer Frauen, Ehrenmorde, die Situation in Dafur und die der Blogger in China.

Ich beobachte das Netzwerk Mideast Youth seit Monaten und habe festgestellt, dass die Teilnetze und Themen enorm gewachsen sind. Mideast Youth versucht mit seinen Zielvorgaben ein bestimmtes Subjekt anzusprechen und zu fördern, ein Subjekt, das mit Differenz rechnet, das Differenz respektiert, das verbunden sein will und Verbindungen herstellen will, das sich verantwortlich fühlt für sich selbst und für die Welt, in der es lebt. Möglicherweise haben wir es hier mit Subjektivierungsweisen zu tun, die in einer Welt, in der das Neben- und Miteinander von Kulturen zunimmt, immer wichtiger werden, nicht nur aus ökonomischen Gründen, sondern auch, um neue gesellschaftliche Formen hervorzubringen.

Das Subjekt der Zukunft

Verbundenheit ist die Botschaft der digitalen Informations- und Kommunikationstechnologien, habe ich eingangs mit Rekurs auf McLuhan festgestellt, um im Folgenden die digitale Verbundenheitstechnologie als Spielfeld der Selbstentfaltung zu untersuchen (Lorenzer 1981, S. 19), das bestimmte Formen der Interaktion zwischen innerer und äußerer Realität, zwischen I and Me herausfordert, unterstützt und andere nicht. Ich möchte abschließend einige resümierende und evaluierende Betrachtungen anstellen. Mein Ausgangspunkt sind kritische Positionen, wie sie von Meyer-Drawe und Baumann im Hinblick auf das Verhältnis zwischen Mensch und Gesellschaft bzw. Mensch und Technik vorgetragen wurden.

Baumann (1997) hat seine Analyse über die Zunahme mobiler Lebensformen in der Gegenwartsgesellschaft auf die Welt jenseits von Computer und Internet bezogen, aber ich denke, er hätte das Nomadentum im Cyberspace nicht anders beurteilt, nämlich als eine Gefahr für das Soziale, verursacht durch steigende Diskontinuität, Bruchstückhaftigkeit und seichte Oberflächlichkeit sozialer Beziehungen (1997, S. 168). Er befürchtet als Folge davon die Demontage des Subjekts genauso wie Meyer-Drawe, die ihr Erkenntnisinteresse auf die Bewegungen des Subjekts in digitalen Netzwerken richtet. Für Meyer-Drawe, die ansonsten die These vertritt, dass sich das Subjekt prinzipiell nicht zwischen der Rolle des Souveräns und der Rolle des Untertans entscheiden könne, wird das Subjekt in virtuellen Netzwerken zum Untertan. Netze symbolisieren für Meyer-Drawe den „Triumph des Fängers, der Beute gemacht hat" (2001, S. 1). Die Maschen der Macht sind aus ihrer Sicht durch das digitale Netz-Medium enger und stabiler geworden; die Souveränität des Subjekts hat dem Knotenpunkt Platz gemacht, von dem nichts übrig bleibt, wenn man das Netz entknotet (ebd., S. 2). Meyer-Drawes Argumentation bezieht sich auf digitale Netzwerke als Fangnetze, die das Subjekt ins Verderben stürzen.

Ich möchte zunächst Baumann mit Waldenfels antworten, der sich ebenfalls mit dem Zusammenhang zwischen Mobilität und Menschsein beschäftigt, aber zu einer anderen Bewertung von Mobilität kommt, die aus seiner Antwort auf die Frage erwächst, ob das nomadisierende Subjekt eine Heimat haben kann oder nicht. Heimat entsteht für Waldenfels (1985) nicht nur dort, wo man herkommt, sondern auch dort, wo man sich bewegt; Straßen oder Wege sind nicht nur schnellere oder kürzere Verbindungen, sie sind auch Plätze des Verweilens. Fahrendes Volk ist nicht ohne weiteres orts- und heimatlos (S. 207). Was sagt er damit? Das Soziale ist nicht an Sesshaftigkeit gebunden; es entsteht auch durch sich wiederholende Bewegungen und Begegnungen. Für die Nomad(inn)en im Netz kann es – so darf man aus dieser Definition von Heimat schließen – so etwas wie soziale Heimat geben, vielleicht sogar Heimat an verschiedenen virtuellen Schauplätzen, die sie weniger angewiesen machen auf die eine Heimat. Heimat im Plural vermehrt nicht nur die sozialen Anbindungen, es stärkt auch die Autonomie des Subjekts. Wie groß aber ist die Gefahr, dass das Subjekt auf seinen virtuellen Streifzügen zur Beute wird, wie Meyer-Drawe prognostiziert? Die Gefahr, dass sich NetzakteurInnen in Online-Welten verlieren oder sich bestimmte Communities als Fangnetze erweisen, existiert. Doch grundsätzlich sind virtuelle Netze offene Netze. Ob man sich in ihnen verfängt, hat vor allem etwas damit zu tun, ob es jenseits des Virtuellen soziale Zusammenhänge gibt, die Heimat sein können, so dass der Wechsel zwischen *real life* und *virtual life* attraktiv bleibt.

Das soll kein Argument gegen den kritischen Diskurs sein, der als ein den technisch-medialen Fortschritt begleitender und beeinflussender Diskurs unverzichtbar ist. Technischer Wandel ist nicht deterministisch, er vollzieht sich stets im Kontext sozialer und kultureller Verhandlungen, wobei es darauf ankommt, wer an diesen Verhandlungen beteiligt ist. Da Technik und Medien grundsätzlich in das menschliche Sein eingreifen, kann es nicht sein, dass diesen Diskurs nur Ingenieure und Techniker führen. Was den Charakter dieses Diskurses angeht, macht der amerikanische Medienwissenschaftler Henry Jenkins (1998) einen Vorschlag, den ich für bedenkenswert halte. Er empfiehlt, dass Medien und Technikkritik den Charakter des kritischen Diskurses über Ernährung annehmen sollten. Dieser Diskurs muss nicht die Existenz von Nahrungsmitteln verteidigen; er unterscheidet lediglich zwischen guten und schlechten Nahrungsmitteln und stellt Qualitätsstandards auf (S. 5).

Ein Qualitätskriterium im Bereich der Medien- und Technikgenese könnte laut Jenkins sein, diese auf den Kontext abzustimmen, in dem technisch-mediale Produkte Verwendung finden. Was das bedeutet, illustriert er mit einem Beispiel aus der Puppenproduktion. Im 19. Jahrhundert wurden Puppenköpfe aus chinesischem Porzellan hergestellt, das sehr zerbrechlich war. Man suchte nach Alternativen. Die Edison Corporation entwickelte einen Puppenkopf aus Gusseisen. Ein Unternehmen, das von Frauen geführt wurde, fand eine andere Lösung auf der Basis des Wissens der Unternehmerinnen als Mütter über die kindliche Kultur, nämlich einen Kopf aus Kautschuk. Puppen spielen eine wichtige Rolle als Übergangsobjekte, die nach Winnicott jenen intermediären Raum konstituieren, den das Kind braucht, um sein Ich vom Nicht-Ich der umgebenden Welt unterscheiden zu lernen. Aber nur Puppen, die man Kindern in die Hand geben kann, weil sie weder zerbrechen noch verletzen, können diese Rolle übernehmen. An diesem Beispiel zeigt sich, dass ein technisches Verfahren auf die Subjektivierungsweisen von Kindern insofern Einfluss nimmt, als es mitbestimmt, welche Gegenstände Kindern als Übergangsobjekte zur Verfügung stehen und welche Subjektivierungsversuche diese Gegenstände befördern.

Einerseits kommt es nach Jenkins darauf an, Medien zu entwickeln, die sich am Verwendungskontext orientieren, andererseits braucht es – so möchte ich hinzufügen – Menschen, die sich dieser Medien in einer Weise bedienen können, die ihnen neue Erfahrungshorizonte eröffnet und sie befähigt, Risiken zu minimieren. Das fördernde Potenzial der Netztechnologie erschließt sich einem I, das sich dem verallgemeinerten Anderen öffnet, das Intimität nicht fürchtet, aber auch wieder auf Abstand gehen kann, das das Fremde, das ihm auf seinen virtuellen Pfaden begegnet, nicht meiden muss, weil es das Eigene in Frage stellen könnte, das vom Anderen her denken kann, ohne sich selbst zu leugnen. Das Subjekt, das ich in Anlehnung an Wolfgang Welsch beschreibe, ist nicht das starke Subjekt, das im Zuge der Aufklärung als Ideal kreiert wurde (1991, S. 359) und als solches nach wie vor in unseren Köpfen, in Erziehungszielen und psychologischen Theorien kursiert. Die Autonomie des starken Subjekts stützt sich auf kontrollierte Selbst- und Weltbemächtigung; sein Glück hängt davon ab, den Lauf der Dinge nach seinen Vorstellungen zu beeinflussen (Straub 2006, S. 53). Es würde versuchen, die ihm begegnende Vielfalt im Cyberspace zu bändigen, zu kontrollieren, zu beherrschen und würde scheitern. Erfolgreicher wäre ein Subjekt, das in unserer Kultur als schwach imaginiert wird. Das sogenannte schwache Subjekt versucht, Vielfalt nicht zu bändigen, sondern mit ihr zu leben; es rechnet mit Andersheit und begreift sie als Anregung für seine Entwicklung. Es fängt die Angebote der technisch-medialen Umgebung wie Bälle auf, die es behält oder weiterspielt; es zeigt sich als Empfänger(in) und als Akteur(in), der/die nicht alles kontrollieren muss, weil er/sie sich in Gemeinschaft mit anderen weiß.

Literatur

Andritzky, Michael/ Hauer, Thomas (2002): Alles, was Netz ist. In: Beyrer, Klaus/ Andritzky, Michael (Hrsg.): Das Netz. Sinn und Sinnlichkeit vernetzter Systeme. Frankfurt a. M.: Edition Braus, S. 11-18

Aristoteles (1983): Vom Himmel, Von der Seele, Von der Dichtkunst. Zürich: Artemis

Baumann, Zygmunt (1997): Flaneure, Spieler und Touristen. Essays zu postmodernen Lebensformen. Hamburg: Hamburger Edition HIS

Benke, Karlheinz (2008): Beratung im Cyberspace – Virtualität als Lebens(lern)raum. In: Schachtner, Christina/ Höber, Angelika (Hrsg.): Learning Communities. Das Internet als neuer Lern- und Wissensraum. Frankfurt a. M.: Campus, S. 191-201

Camenzind, Barbara/ Köstinger, Janine/ Kraut, Yvonne/ Pismestrovic, Sinisa/ Schwarz, Eva Elisabeth (2007): Moderne, Postmoderne, Cyberkultur. Forschungsbericht

Eimeren, Birgit van/ Frees, Beate (2007): ARD/ ZDF Online-Studie 2007: Internetnutzung zwischen Pragmatismus und YouTube-Euphorie. In: Media Perspektiven, Heft 8, S. 362-378

Forrester Consulting (Prepared for Xerox) (2006): Is Europe Ready for the Millenials? Innovate to Meet the Needs of the Emerging Generation. Cambridge

Gehlen, Dirk von (2007): Der Terror des Jetzt. Süddeutsche Zeitung vom 10.8.2007

Grimm, Jakob/ Grimm, Wilhelm (1889): Deutsches Wörterbuch. Leipzig: S. Hirzel

Illouz, Eva (2006): Gefühle in Zeiten des Kapitalismus. Frankfurt a. M.: Suhrkamp

Jenkins, Henry (1998): From Home(r) to the Holodeck: New Media and the Humanities. (http://web.mit.edu/m-i-t/articles/nav_up.htm/)

Kaku, Michio (2000): Zukunftsvisionen. München: Droemersche Verlagsgesellschaft

Lehnert, Gertrud (1999): Mit dem Handy in die Peepshow. Die Inszenierung des Privaten im öffentlichen Raum. Hamburg: Aufbau

List, Elisabeth (1999): Leben ist Bewegung. Subjektivität. Raum und Identität. In: Thabe, Sabine (Hrsg.): Räume der Identität – Identität der Räume. Dortmund: Informationskreis für Raumplanung, S. 210-219

Lorenzer, Alfred (1981): Das Konzil der Buchhalter. Frankfurt a. M.: Fischer

Mazlish, Bruce (1998): Faustkeil und Elektronenrechner. Die Annäherung von Mensch und Maschine. Frankfurt a. M.: Insel

McLuhan, Marshall (1968): Die magischen Kanäle. Understanding Media. Düsseldorf: Econ

Mead, George Herbert (1973): Geist, Identität und Gesellschaft. Frankfurt a. M.: Suhrkamp

Merleau-Ponty, Maurice (1966): Phänomenologie der Wahrnehmung. Berlin: de Gruyter

Meyer-Drawe, Käte (1990): Illusionen von Autonomie. München: Kirchheim

Meyer-Drawe, Käte (2001): Im Netz. In: Journal Phänomenologie, Heft 15. (http://www.journal-phaenomenologie.ac.at)

Mitchell, William John (2003): Me++, the Cyborg Self and the Networked City. Cambridge: MIT Press

Mitchell, William John (2005): Placing Words, Symbols, Space and the City. Cambridge: MIT Press

Reckwitz, Andreas: (2008): Subjekt. Bielefeld: transcript

Roller, Franziska (2002): Fangen-Halten-Zeigen-Spielen. Zur Geschichte des Netzes als Alltagsgegenstand. In: Beyrer, Klaus/ Andritzky, Michael (Hrsg.): Das Netz. Sinn und Sinnlichkeit vernetzter Systeme. Frankfurt a. M.: Edition Braus, S. 19-31

Schivelbusch, Wolfgang (1977): Geschichte der Eisenbahnreise. München: Hanser

Semper, Gottfried (1851): Die Vier Elemente der Baukunst. Braunschweig: Friedrich Vieweg und Sohn

Sennett, Richard (1998): Der flexible Mensch. Berlin: Berlin Verlag

Stirn, Alexander (2007): Und ewig lockt das Web. In: Wissen, Heft 13, S. 88-93

Stone, Linda (1997): Virtually Yours: The Internet as a Social Medium. (http://research.microsoft.com/vwg/papers/vision.htm)

Straub, Jürgen (2006): Differenzierungen der psychologischen Handlungstheorie – Dezentrierungen des reflexiven, autonomen Subjekts. In: Keupp, Heiner/ Hohl, Joachim (Hrsg.): Subjektdiskurse im gesellschaftlichen Wandel. Bielefeld: transcript, S. 51-74

Turkle, Sherry (2006): Always-on/ Always-on-you: The Tethered Self, In: Katz, Jane (Hrsg.): Handbook of Mobile Communications and Social Change. Cambridge

Waldenfels, Bernhard (1985): In den Netzen der Lebenswelt. Frankfurt a. M.: Suhrkamp

Waldenfels, Bernhard (2006): Grundmotive einer Phänomenologie des Fremden. Frankfurt a. M.: Suhrkamp

Welsch, Wolfgang (1991): Subjektsein heute. Überlegungen zur Transformation des Subjekts. In: Deutsche Zeitschrift für Philosophie, Heft 4, S. 347-365

Winnicott, Donald William (1973): Vom Spiel zur Kreativität. Stuttgart: Klett

Wulf, Christoph (2006): Anthropologie kultureller Vielfalt. Interkulturelle Bildung in Zeiten der Globalisierung. Bielefeld: transcript

Yuval-Davis, Nira (1997): Gender & Nation. London: Sage

Zavarihin, Zvetozar (1998): Wohnen als Daseinsweise. In: Wolkenkuckucksheim, 3 Jg., Heft 2. (http://www.tu-cottbus.de)

Handlungsmächtigkeit und technologische Lebensformen

Cultural Studies, digitale Medien und die Demokratisierung der Lebensverhältnisse

Rainer Winter

Digitale Medien: Zwischen Partizipation und Kontrolle

Medien werden oft als technische Artefakte betrachtet, bestimmt durch technische Erfindungen und Weiterentwicklungen. Eine dezidiert sozio-technische Betrachtungsweise nimmt die Theorie der Cultural Studies ein: Der Mensch mit seinen Handlungsroutinen definiert primär, was ein Medium ist, so dass die Bedeutung eines Mediums kulturell bestimmt wird. Im Kontext der Cultural Studies wird unter Kultur ein Prozess der Sinnschöpfung verstanden, der Medientechnologien einschließt und der in den alltäglichen Erfahrungen und Praktiken verankert ist (vgl. Winter 2001; Winter 2007), mit denen wir unser Leben gestalten und ihm Sinn verleihen. Sinn entsteht in Praktiken des Gebrauchs von Medien und Technologien, wird aufgeführt, hat performativen Charakter (vgl. Denzin 2003). Dabei ist den Medien selbst eine gewisse Handlungsmächtigkeit („agency") eingeschrieben, weil sie die Beziehung zur Umwelt strukturieren sowie ordnen, unser Verhältnis zur Welt rahmen, Raum- und Zeitkonzepte transportieren, die unser Leben entscheidend verändern (vgl. Winter/ Eckert 1990). Daher lassen sich Technologien/ Medien und Kultur nicht trennen, so dass wir auch von einer technologischen Kultur (Slack/ Wise 2006) bzw. von technologischen Lebensformen (vgl. Lash 2002) sprechen können. Unser Interesse gilt im Folgenden aber vor allem der Frage, welche gesellschaftliche und kulturelle Bedeutung sowie Funktion digitale Medientechnologien in ihrer Interaktion mit der menschlichen Handlungsmächtigkeit in kulturellen und sozialen Kontexten gewinnen können. In diesen entstehen durch die Assoziation von Menschen und Medientechnologien medial vermittelte Lebensformen.

In der Perspektive der Cultural Studies besitzen digitale Medientechnologien (wie das Internet, digitale Videogeräte, drahtlose Netzwerke oder das World Wide Web mit seinen technischen Möglichkeiten der Veröffentlichung und des Teilens von Informationen) keine inhärenten (materiellen) Eigenschaften, aus denen ihre sozialen und kulturellen Bedeutungen sowie Gebrauchsweisen vollständig ableitbar sind. So wurde und wird das Internet infolge seiner dezentralen, Interaktivität und

Partizipation ermöglichenden Struktur oft als liberal, offen und demokratisch betrachtet. Das Medium selbst scheint diese Eigenschaften zu haben und entsprechende soziale und kulturelle Prozesse zu fördern. Wir denken jedoch, dass es vom sozialen Kontext der Kommunikation abhängt, ob das Internet zu einer ausgedehnten Einkaufstour genutzt, zur Verbreitung von Gerüchten verwendet oder ob sein Potenzial realisiert wird, um einen demokratischen kulturellen oder gesellschaftlichen Wandel zu bewirken. Auch die Unterschiede zwischen virtuellen und realen Kommunikationen hängen von den sozialen und kulturellen Kontexten des Gebrauchs ab. Dabei erleichtert die interaktive Verknüpfung verschiedener Medien den Informationsfluss über technologische, geographische und soziale Grenzen hinaus; Protestgruppen können z. B. ihre Botschaften und Kampagnen leichter, schneller und effizienter kommunizieren, weil das Internet eine Öffentlichkeit ist, die relativ leicht zugänglich ist und unabhängig von den Massenmedien genutzt werden kann.

Spätestens nach 9/11 ist aber auch deutlich geworden, dass Staaten sich aus Sicherheitsgründen bemühen, die Inhalte des Internet zu filtern und zu kontrollieren, und hierbei ausgeklügelte Formen entwickeln. Auch wenn die Flüsse von Information und Kommunikation global geworden sind, ermöglicht neue Software, die Informationen zu kontrollieren, zu denen die Bürger und Bürgerinnen eines Landes Zugang haben. Neuere Studien zeigen, dass diese Kontrollpraktiken, die mit strengen Regulationen und harschen Strafen für Nutzeraktivitäten verbunden sein können, nicht nur auf aus der Presse dafür bekannte Staaten wie Iran, China oder Saudi Arabien beschränkt bleiben, sondern weltweit betrieben werden und zunehmen (Deibert 2008, S. 143f.). Es liegt in der Logik dieser Prozesse, dass Kontrollkapazitäten, sind sie einmal entwickelt, ausgebaut und gesteigert werden. Sie verändern die Architektur des Internet. Es kann so die Infrastruktur, das „Gestell" (Martin Heidegger), für die neue Herrschaftsform der globalen Kontrollgesellschaft (Deleuze 1993) bereitstellen.

Neben diesen politischen Formen der Internetzensur gibt es auch andere Formen der Zensur, die mit der wachsenden Kommerzialisierung der Netze zusammenhängen. Es ist ein wachsender Druck entstanden, das intellektuelle Eigentum und das Copyright zu schützen – Bemühungen, die im Rahmen der digitalen Welt und ihrer Versprechungen, eine nicht kommerzialisierte und nicht an Profitmaximierung orientiertes Mediensystem zu schaffen, als veraltet und bisweilen zwanghaft rückschrittlich erscheinen. Lawrence Lessig (1999) hat eindringlich darauf hingewiesen, dass ein Code keineswegs neutral oder transparent ist, sondern das, was durch ihn kommuniziert werden kann, aktiv formt. Beispielsweise ist beim iPod von Apple oder bei der Playstation von Sony gewährleistet, dass ihre Software nur mit ihren Käufern kommunizieren kann. Lessig zeigt, dass Codes in die Architektur des Internets eingefügt werden und sie erheblich verändern. Der Versuch, die Datenpiraterie einzudämmen oder zu verhindern, kann dazu führen, dass Informationen nur über bestimmte Kanäle gekauft und konsumiert werden können, aber dass der demokratische Austausch von Ideen und ihre kreative Weiterentwicklung verhindert werden (Deibert 2008, S. 142). Dementsprechend kommen die neueren Forschungen der „open net initiative" zu dem Schluss, dass die weit verbreitete Einschätzung, das Internet schaffe eine grenzenlose Welt der frei fließenden Informationen, entschieden relativiert werden muss. Die unterschiedlichen Zensurstrategien schränken die Möglichkeiten von Nicht-Regierungs-Organisationen (NGOs) und anderen zivilgesellschaftlichen Netzwerken ein, Informationen zu verbreiten und zu teilen sowie erfolgreiche Kampagnen durchzuführen (vgl. ebd., S. 150). So ist das Internet nach Deibert und seinen Kollegen eher ein „patchwork quilt". Allerdings ist, wie wir zeigen werden, als Reaktion eine transnationale soziale Bewegung entstanden, die das Internet als ein Forum für „freedom of expression" und freien, gleichberechtigten Zugang zu Informationen bewahren und ausbauen möchte. Ihr Ausgangspunkt ist die Kritik an den digitalen Überwachungs- und Kontrollpraktiken, ihr Ziel die Entwicklung von Formen der „sousveillance", der Gegenüberwachung (ebd., S. 157).

Die digitale Welt in der ersten Dekade des 21. Jahrhunderts wird also nicht nur von Konzernen und Staaten reguliert und kontrolliert, sondern auch von den Nutzern und Nutzerinnen mitbestimmt. Das Internet kann wie jede Medientechnologie unterschiedlich gebraucht werden und befindet sich so in einem kontinuierlichen Veränderungsprozess. Die kulturellen und sozialen Auseinandersetzungen um das Internet führen dazu, dass es dynamische, fluide und prozessuale Züge hat. Auch von seinem Inhalt und seiner Form her verändert es sich ständig, Strukturen werden rekonfiguriert, neue Anwendungen hinzugefügt und alte verschwinden.

Für die demokratisch motivierten Akteure der Zivilgesellschaft, um die es im Folgenden gehen wird, ist es von Anfang an ein Werkzeug, um virtuelle Netzwerke herzustellen, während andere soziale Kräfte es zunehmend regulieren und kontrollieren möchten. So hat sich nach 9/11 in den USA ein digitaler Dissens in Form von politischen Blogs, Onlinediskussionen oder Formen des „cultural jamming" entfaltet, der die Politik der Bush-Regierung und die mediale Berichterstattung in den zentralen Medien wegen ihrer Eindimensionalität und ihrem Eintreten für Krieg massiv kritisiert. Den Simulakra der Medien (Baudrillard 1991), die aus der Realität eine Hyperrealität machen, wird eine „Wahrheit" gegenübergestellt, die auf dem Wissen basiert, das im World Wide Web von Aktivisten geschaffen und geteilt wird (vgl. Boler 2008, S. 6). Während für die Massenmedien die Trennung zwischen

Produzenten und Konsumenten von Nachrichten charakteristisch ist, verschwimmen im Internet die Grenzen zwischen Autor und Publikum zunehmend. Zum einen beruht der digitale Dissens auf der Erkenntnis, dass die von den dominanten bzw. zentralen Medien präsentierten Fakten oft interessengeleitete Konstruktionen sind, die gerade dies verschleiern. Zum anderen gründet er in dem Bedürfnis, selbstreflexive und der Community der Nutzer und Nutzerinnen verantwortliche Repräsentationen zu produzieren (vgl. ebd., S. 8). Taktische Interventionen mittels digitaler Medien sollen die von Oligarchien und Medienmoguln bestimmten Berichterstattungen der Massenmedien durch alternative Darstellungen herausfordern und in Frage stellen. Auf diese Weise soll die Illusion der Transparenz (Vattimo 1992), die die herkömmliche Medienberichterstattung vermittelt, dekonstruiert und die „Wirklichkeit" neu definiert werden.

Kontexte des Gebrauchs – Die Entfaltung von Handlungsmächtigkeit

In der Lesart von Cultural Studies ist deshalb ein Verständnis digitaler Medien und Netzwerke erst möglich, wenn die sozialen und kulturellen Kontexte ihres Gebrauchs berücksichtigt werden. Wie Lawrence Grossberg (1999, S. 58) feststellt, „ist die Praxis der Cultural Studies radikal kontextuell". Objekt und Subjekt, Medientechnologie und Kontext sind aufeinander bezogen und miteinander vermittelt, sie gehen vielfältige Verbindungen ein und kreieren Netzwerke. So haben soziale und kulturelle Praktiken des Gebrauchs einen nicht zu unterschätzenden Einfluss auf die materielle Welt. Die Nutzer konstruieren und bringen durch habitualisierte Weisen des Mediengebrauchs mit hervor, was ein Medium jeweils ist. Medien sind somit sowohl in ihrer Materialität als auch als soziale Konstruktionen zu verstehen. Sie werden durch kulturelle und soziale Kontexte geformt. Das Internet bzw. das World Wide Web lässt sich deshalb als eine kulturelle Technologie begreifen, die eine eigene räumliche Logik der Produktion, Verbreitung und des Konsums hervorgebracht hat (vgl. Berland 2000). Medientechnologien sind aber nicht nur Instrumente, sondern auch mit Praktiken verbunden, die unser „In-der-Welt-Sein" (Martin Heidegger) verändern, indem sie es neu rahmen. Sie implizieren neue Beziehungen zur Umwelt und schaffen eigene Sinnrahmen.

Mit den digitalen und Netzwerkmedien sind z. B. viele Wünsche, Hoffnungen und Ängste im kulturellen Imaginären verbunden. Jeder Bereich des sozialen, kulturellen und persönlichen Lebens soll durch sie entscheidend verändert werden. Oft wird der Cyberspace auch als Rhizom (vgl. Deleuze/ Guattari 1977) beschrieben, als wurzelartige Verkettung von Vielheiten, die affektive Beziehungen und Formen des Werdens produziert, wie sie z. B. in der Cyberpunk-Literatur von William Gibson, der den Begriff Cyberspace eingeführt hat, oder von Bruce Sterling beschrieben werden (vgl. Winter 2002). Objekt und Subjekt, Mensch und Maschine, organische und technologische Systeme, Technologie und sozialer Kontext sind miteinander verkettet, bringen „technologische Formen des Lebens" (Lash 2002, S. 15) hervor. Die intensive Nutzung von Handy, Laptop oder Camcorder macht uns zu Mensch-Maschine-Interfaces (vgl. ebd.).

Seit ihren Anfängen in der Fernsehforschung (vgl. Fiske 1987; Fiske 2001; Winter 2009) lehnen Cultural Studies deterministische Auffassungen ab. Sie sind von der Idee geleitet, dass von den Anfängen von Entwicklungen nicht ihr Ende abgelesen werden kann (vgl. Hall 1986; Grossberg 1999). Für Cultural Studies gibt es „keine Garantien". Verknüpfungen und Effekte entstehen durch vielfältige Artikulationen, sind nicht kausal determiniert und daher kontingent. Technologien/ Medien sind eng mit dem Sozialen bzw. Kulturellen verbunden, aber nicht auf den Prozess der Sinnkonstruktion reduzierbar. Strenge Grenzziehungen sind nicht möglich (vgl. Menser/ Aronowitz 1996). Medientechnologien werden daher als sozial aktive, hybride Formen begriffen, die Verknüpfungen herstellen, gleichzeitig jedoch von abstrakten Kräften kodiert werden (Wise 1997, S. 57). In Form und Funktion der Technologien sind sowohl materielle als auch sozial konstruierte Beschränkungen eingeschrieben (vgl. ebd., S. 58). Daher erforschen Cultural Studies nicht, ob digitale Medien auf kausale Weise kulturellen Wandel bewirken. Diese werden nicht als ursächliche Kräfte aufgefasst, sondern von vornherein als eingebettet in Lebensformen, als kontextuelle Artikulationen, als Apparate oder als Assemblage, die auch einen Raum für Handlungsmächtigkeit eröffnen (vgl. Slack/ Wise 2006, S. 154ff.).

Das Interesse richtet sich also darauf, wie sich etwas ereignet und vollzieht: „Cultural studies always emerges in the middle of things, within a certain set of surroundings – historical, temporal, geographic, ethnic, sexual, technological – that is, in a milieu. Cultural studies relates to this milieu by way of the construction of a problematic" (Menser/ Aronowitz 1996, S. 17). Im Anschluss an Stuart Hall (1986) lassen sich Medientechnologien als Artikulationen begreifen, als „eine nicht notwendige Verbindung verschiedener Elemente, die, verbunden in einer besonderen Weise, eine spezifische Einheit konstituieren" (Slack 1989, S. 105). Dies bedeutet, dass die Verbindungen untersucht werden müssen, die eine Technologie konstituieren, und die Praktiken, die sie artikulieren. So enthüllt sich in der umkämpften Geschichte des Internet weniger eine lineare Entwicklung als eine nicht synchrone Konfiguration kontingenter Prozesse (vgl. Hand/ Sandywell 2002). Es gibt nicht ein singuläres und einheitliches Internet, das auf kausale Weise notwendige Wirkungen erzeugt. Stattdessen kommt es darauf an, die sozialen Auseinandersetzungen und historischen Konfigurationen zu untersuchen, in denen digitale Praktiken unterschiedliche Gestalt annehmen, um das Verhältnis von Handlungsmächtigkeit und Lebensformen genauer bestimmen zu können. Die soziale Komponente hat also einen wesentlichen Einfluss auf die materielle Kultur bzw. die objektive Dingwelt. Um mit Latour (2008) zu sprechen, verleiht eine Gesellschaft sich in ihren Technologien Dauer.

Im Kontext der Cultural Studies hängt die Handlungsmächtigkeit (agency) von den Möglichkeiten der Intervention in die kulturellen und gesellschaftlichen Prozesse ab, durch die Macht ausgeübt wird und welche die Wirklichkeit kontinuierlich verändern können (vgl. Grossberg 1999). Die globale Verfügbarkeit des Internets, die bisher nicht gegeben ist, könnte eine Basis sein, um eine demokratische Handlungsmächtigkeit zu entfalten, die in eine voll entfaltete transnationale Zivilgesellschaft mündet (vgl. Kaldor 2003). Diese würde die Grenzen von Territorialstaaten überschreiten und sowohl an nationale Regierungen als auch an globale Institutionen Forderungen stellen, die die Macht des globalen Kapitals einschränken und Möglichkeiten von Mitbestimmung und Emanzipation eröffnen.

Auf diese Weise wird auch der „konjunkturale" Aspekt von Cultural Studies deutlich. Denn die Möglichkeit von „agency" im Kontext neuer Medien ist kontextuell zu bestimmen. So müssen in einem sozialen Raum wie dem Internet, folgt man Gilles Deleuze und Félix Guattari (1992), die Artikulationen der maschinischen Assemblage (Inhalt) mit der Assemblage der Enunziation (Expression) untersucht werden, wie Wise (1997) zeigt. Dabei soll der von Deleuze und Guattari (1974) entlehnte Begriff der Assemblage (agencement), der anti-struktural gedacht ist und von ihnen am Beispiel der Wunschmaschinen exemplifiziert wird, helfen, Phänomene der Emergenz, der Heterogenität und des Flüchtigen zu erfassen. Eine Assemblage hat keine Essenz, sie produziert qualitative Differenzen. Es stellen sich z. B. folgende Fragen: Welche Koppelungen und Rekursionen entstehen? Wie werden die digitalen Technologien genutzt und angeeignet? Wie wird über sie gesprochen und nachgedacht? Welche Geschichten, Metaphern und Erfahrungen prägen die Interaktion mit digitalen Technologien? Welche Kopplungen, welche Mensch-Maschine-Interfaces kommen zustande, wenn Sprache, Begehren und Technologien zusammenkommen, wenn menschliche und nicht-menschliche Körper, Handlungen und Leidenschaften aufeinander treffen? Dabei besteht das Internet aus Verknüpfungen, es hat keine feststehende Identität oder ein organisierendes Zentrum. Es gibt auch keine den Verknüpfungen zugrunde liegende „Wahrheit". Das Internet wird durch einen unaufhörlichen Prozess der Deterritorialisierung geprägt.

In einem zentralen „techno-kolonialistischen" Diskurs, der in der Wissenschaft, in der Wirtschaft und im Journalismus gepflegt wird, steht das Web für Freiheit, Individualismus, für Mobilität, für Entkörperlichung und die Eroberung bzw.

Abschaffung des Raums. Es trägt zu einer „mobilen Privatisierung" im Sinne von Raymond Williams (1977) bei. Man kann überall und nirgends zugleich sein. In diesem Zusammenhang weist Berland darauf hin, dass es auch eine konkurrierende Erzählung gibt: „But techno-evolutionism also offers a countering narrative, in which the Net enables us to transcend the hierarchy, isolation, and disempowerment produced by earlier technologies, and to evolve toward a new postcapitalist, postnationalist, truly interactive collectivity" (Berland 2000, S. 254). Ähnlich wie die Cyberpunk-Autoren, die wesentlich zur Entwicklung der Cyberkultur beigetragen haben, konstruieren auch die Nutzer und Nutzerinnen im Alltag durch die symbolischen Geschichten, die sie erzählen, und durch ihre sozial habitualisierten Gebrauchsweisen die digitalen Medien auf spezifische Weisen. Auch das Design, die Einführung, die Vermarktung und der Gebrauch neuer Technologien/ Medien ist eingebunden in einen kulturellen Kreislauf, der unterschiedliche Prozesse miteinander artikuliert und variable, nicht vorher bestimmbare Folgen hat (vgl. DuGay et al. 1997). Die sozial-kulturellen Rahmenbedingungen wirken auf die Ergebnisse an einem bestimmten Ort, zu einer bestimmten Zeit.

> „What ICTs can accomplish for any particular political system will have very much to do with what members of particular communities, individually and collectively, determine to do with such technologies in particular contexts. Economic and cultural forces, public policy, democratic design, and grassroots initiative will all have a role in framing the future of electronic democracy" (Shane 2004, S. XII).

Auch wenn es viele Hinweise dafür gibt, dass sich im weltweiten Fluss von Informationen Raum- und Zeitgrenzen immer mehr verflüssigen (vgl. Lash/ Urry 1994), haben diese aus Sicht der Cultural Studies weiterhin Bedeutung. Lokale Bedingungen und räumliche Konstellationen behalten trotz der strukturierenden und ordnenden Kraft digitaler Medientechnologien einen Stellenwert in den Wahrnehmungs-, Denk- und Interpretationsmustern. Gerade im Internet werden Fragen gestellt und Probleme thematisiert, die sich auf lokale und globale Themen beziehen, und auf die sowohl global als auch lokal geantwortet wird. So interpretieren Nutzer die weltweit vermittelten Botschaften vor dem Hintergrund ihres jeweiligen sozialen und kulturellen Kontextes (vgl. Winter 2003), der durch die Besonderheiten eines konkreten Ortes geprägt sein kann.

Internet, Globalisierung und demokratische Handlungsfähigkeit

Die Verfügbarkeit computervermittelter Kommunikation intensiviert und fördert Globalisierungsprozesse, weil sie eine zunehmende weltweite Vernetzung, die alle Aspekte unseres alltäglichen Lebens beeinflusst, ermöglicht. So entstehen durch die Verschmelzung von fortgeschrittenen Kontrolltechnologien und elektronisch basierten Informationssystemen deterritorialisierte Märkte, die nicht an nationale Grenzen gebunden sind. Es bildet sich ein „Technokapital" (vgl. Kellner 1989) heraus, das die materielle Grundlage der Globalisierung darstellt. Transnationale Korporationen verkaufen Produkte und Dienstleistungen weltweit. Durch dieselben Technologien sind aber auch Tausende von zivilgesellschaftlichen Organisationen und Gruppen möglich geworden, die flexibler, vielfältiger und gleichzeitig komplexer in ihrer Struktur als frühere soziale Bewegungen sind und (virtuelle) Gegenöffentlichkeiten kreieren. Neben den relativ institutionalisierten NGOs sind dies z. B. global orientierte soziale Bewegungen oder „grassroots"-Organisationen, die, wie in den letzten zehn Jahren deutlich geworden ist, zu bestimmten Anlässen einen Widerstand organisieren können, der viele Menschen umfassen kann. So beteiligten sich weltweit über 20 Millionen Menschen an den Protesten gegen die Invasion im Irak. Der weltweite Protest wäre ohne das Internet und seine Möglichkeiten zur Koordination und globalen Kommunikation von Protesten nicht möglich gewesen (vgl. Bennett 2003, S. 24). So stellt Lauren Langman fest:

> „But what must be noted is that the rise of the Internet, as new communication media, has enabled new means of transmitting information and communication that has in turn enabled new kinds of communities and identities to develop. These new kinds of Internet-based social movements, cyberactivism, are fundamentally new and require new kinds of theorization" (Langman 2005, S. 44).

Zudem hat der globale ökonomische und technologische Wandel die Institutionen der modernen Gesellschaft (wie z. B. Familie, Arbeit, Gemeinschaft) erheblich verändert. Dies hat, wie Anthony Giddens (1991) früh gezeigt hat, auch wichtige Folgen für die Ich-Identität, zum einen negative wie ontologische Unsicherheit, Angst und Unbehagen, weil für strukturelle Probleme wie Arbeitslosigkeit persönlich die Verantwortung übernommen werden muss. Positiv betrachtet erweitern sich aber die Kontingenzspielräume des Einzelnen. So kann er seine persönlichen Beziehungen (vgl. Winter/ Eckert 1990) und auch seine Identität wählen, gestalten und verändern, weil traditionelle Kontrollinstanzen (z. B. Familie oder Kirche) in den Hintergrund treten oder ihren Einfluss gänzlich verlieren. Individuen und Gruppen müssen sich nun in einem globalen, durch die Medien getragenen Bedeutungssystem verorten und ihre Identitäten, die ein reflexives und offenes Projekt geworden sind, aktiv kreieren (vgl. Giddens 1991).

Dabei sind Identitäten auch emotional verankert. Soziale Formationen können Anerkennung und emotionale Sicherheit gewähren sowie einen Raum für Handlungsmächtigkeit eröffnen. So bringen soziale Bewegungen kollektive Identitäten hervor, die in den interaktiven Prozessen sozialer Netzwerke entstehen (vgl. Melucchi 1996). Diese handeln den Sinn ihrer Handlungen, ihre Werte und ihre Ziele weitgehend selbst aus. So haben Richard Kahn und Douglas Kellner (2005) gezeigt, wie sich in den virtuellen Öffentlichkeiten „Postsubkulturen" konstituieren, die dichte interpersonale Netzwerke der Diskussion und der intensiven Auseinandersetzung kreieren. Auf der Basis alternativer kultureller oder politischer Einstellungen und Erfahrungen, die mit (räumlich entfernten) Anderen geteilt werden, werden Identitäten neu bestimmt und demokratische Räume ausgeweitet. Es scheint gerade auf die intensivierten Prozesse der Individualisierung zurückzuführen zu sein, dass mittels des Internet Gleichgesinnte und Partner gesucht werden, die Problemlagen und ihre möglichen Lösungen ähnlich interpretieren. Dabei entstehen auch kosmopolitische Gemeinschaften, die lokale Konflikte und Krisen im Kontext globaler Bedrohungen und Transformationen betrachten, wie die „global justice"-Bewegung, die um die Jahrtausendwende Gestalt gewann. Die Transformation der Identität mündet also auch in neue kollektive Formen des demokratischen Protests. Dabei akzeptieren die transnationalen Netzwerke von Aktivisten in der Regel die unterschiedlichen Identitäten ihrer Mitglieder. „The internet happens to be a medium well suited for easily linking (and staying connected) to others in search of new collective actions that do not challenge individual identities" (Bennett 2003, S. 28).

Neben den Zentren der vernetzten Welt gibt es aber auch ganze Gebiete, die von diesen Formen der Kommunikation ausgeschlossen sind. Die Verfügbarkeit der Technologie ist von großer Ungleichheit geprägt. Dabei kann die Exklusion aus dem digitalen Netzwerk verschiedene Formen annehmen: das Fehlen der nötigen technologischen Infrastruktur, das Fehlen von einer ausreichenden Anzahl an Internetzugängen, unzureichende kulturelle Kapazitäten und Bildung, um das Internet kompetent, eigenständig und mündig nutzen zu können, schließlich Nachteile in den Möglichkeiten der eigenen Informationsproduktion und -distribution über das virtuelle Netz. Bestimmte kulturelle Räume (z. B. in Afrika) sind in das digitale Netzwerk weniger eingebunden als die technologisch fortgeschrittenen in Nordamerika, Japan oder Europa. Deshalb können wir bisher nicht von einem weltumspannenden transnationalen (und damit globalen) Raum des Internet sprechen. Gebiete oder Staaten, die nicht oder nur ungenügend an das Netz angeschlossen sind, sind sozusagen – zumindest digital – nicht existent, erscheinen auf dem Bildschirm lediglich in passiven Referenzen, die Manuel Castells als „schwarze Löcher des informationellen Kapitalismus" (2003, S. 396) bezeichnet.

> „Die Kapital-, Arbeits-, Informations- und Marktnetzwerke verbanden durch Technologie wertvolle Funktionen, Menschen und Lokalitäten auf der ganzen Welt miteinander, schalteten aber diejenigen Bevölkerungen und Territorien von ihren Netzwerken ab, die für die Dynamik des globalen Kapitalismus keinen Wert und kein Interesse mehr besaßen. Daraus folgten die soziale Exklusion und die ökonomische Bedeutungslosigkeit von gesellschaftlichen Segmenten, Stadtgebieten, Regionen und ganzen Ländern, die das ausmachen, was ich als ‚Vierte Welt' bezeichne" (ebd., S. 387).

Im Gegensatz dazu finden sich z. B. in globalen Metropolen Hyperkonzentrationen von komplexer Infrastruktur mit vielfältigen angrenzenden Ressourcen. Sassen verweist darauf, dass New York die höchste Konzentration an Gebäuden mit Glasfaserverkabelung hat (2000, S. 334). Es existieren also gewisse geographisch festlegbare Kommunikationsverdichtungen. Gerade zivilgesellschaftliche soziale Bewegungen weisen auf diese Ungleichheit hin und plädieren für den weiteren Ausbau der digitalen Netzwerke, damit auch jene Regionen in die virtuellen Strukturen eingebunden werden, die bisher nicht Teil von ihnen sind.

Eine weitgehend vernetzte Welt ist die Grundlage für den Aufbau einer globalen Zivilgesellschaft (vgl. Andretta et al. 2003, S. 19), in der eine transnationale Perspektive auf gesellschaftliche und kulturelle Probleme sowie Risiken entfaltet und nach gemeinsamen Lösungen gesucht werden kann. Auf diese Weise kann ein Gegengewicht zur gegenwärtigen Machtkonstellation geschaffen werden. Der Nationalstaat, dessen Rechtsprechung an ein bestimmtes Territorium gebunden ist, verliert immer mehr an Bestimmungsgewalt an transnationale Konzerne, deren mobile Kapitalströme Grenzen überschreiten und nationale Öffentlichkeiten transzendieren. Deshalb ist eine transnationale Öffentlichkeit erforderlich, die ein radikalisiertes Demokratieideal vertritt und die Spielräume für Autonomie und Partizipation erweitert und erlaubt, dass es zu einer Umverteilung von Macht kommt (vgl. Fiske 1993; Kellner 1995; Winter 2001). Eine kritische Mediennutzung kann zur Entfaltung alternativer Positionen führen, die in den zentralen Medien nicht vertreten werden. Die Folge kann eine oppositionelle Politik sein, die bestehende Machtverhältnisse in Frage stellt und so die Demokratisierungsprozesse „von unten" stärkt. Um das kommunikative Potenzial digitaler Medien nutzen und entfalten zu können, sind allerdings vielfältige mediale Kompetenzen erforderlich, die technische und kulturelle Fertigkeiten beinhalten. Daher fordert Douglas Kellner (2005) einen erweiterten Bildungsbegriff, der die neuen Medien beinhaltet und zur Förderung multipler Kompetenzen, insbesondere bei Jugendlichen und sozial benachteiligten Gruppen, beitragen soll. So soll es zu einer Ermächtigung von Individuen und Gruppen kommen, indem sie Informations- und Kommunikationstechnologien kompetent und effektiv einzusetzen lernen. Auf diese Weise können sie ihre Problemlagen, Interessen und Perspektiven darstellen, die in den traditionellen Medien oft nicht repräsentiert werden.

Vor allem transnationale zivilgesellschaftliche Bewegungen schaffen es jedoch, diese latenten kommunikativen Potenziale zu mobilisieren. Informationen, die nicht die Filter der zentralen Medien überwinden müssen, zirkulieren in den virtuellen Netzwerken, werden ausgetauscht und sind die Grundlage für demokratische Interaktionen. Es entstehen neue Formen von Online-Aktivismus und Cyberpolitik. Die transnationalen Gruppen und Bewegungen, die sich für eine alternative Globalisierung einsetzen, oder die „global justice"-Bewegung wären ohne das Internet nicht denkbar (vgl. Langman 2005, S. 44) und sind wichtige Akteure in der von Castells beschriebenen globalisierten Netzwerkgesellschaft, die durch „flows" gekennzeichnet ist und einen zunehmend „flüssigen" und flüchtigen Charakter hat.

Zudem haben die neuen Informations- und Kommunikationstechnologien wesentlich zu einer raschen Entwicklung einer komplexen transnationalen Vernetzungsstruktur zwischen den einzelnen kleinen und großen sozialen Bewegungen beigetragen. Über die virtuellen Portale werden heute Kampagnen, Proteste, Konferenzen und virtuelle Aktionen geplant, organisiert und dokumentiert (vgl. Baringhorst/ Kneip/ Niesyto 2009). Mit Namen wie Peoples' Global Action (PGA) verbinden wir nicht nur einen riesigen Informationspool, sondern auch ein großes Potenzial an kommunikativen Ressourcen. Ergänzend weist Ulrich Beck darauf hin, dass eine Gegenmacht zum Kapital, das immer mehr alle Regeln außer Kraft setzt, der (politische) Konsument ist, der sich für oder gegen Produkte entscheiden kann:

> „Konsumentenproteste sind als solche transnational. Die Konsumgesellschaft ist die real existierende Weltgesellschaft. [...] Gut vernetzt und gezielt mobilisiert kann der entbundene, der freie Konsument, transnational organisiert, zu einer scharfen Waffe geformt werden. Streik ist für den Einzelnen riskant, bestimmte Produkte nicht kaufen und auf diese Weise die Politik der Konzerne abzuwählen, dagegen völlig risikolos" (2002, S. 28f.).

Auch hier sind aber zivilgesellschaftliche Akteure nötig, die diese Gegenmacht durch mediale Kampagnen mobilisieren und organisieren. Das Internet kann durch seine vernetzte, dezentrale Logik dazu beitragen, bisherige nationale Referenzgrößen zu relativieren und gleichzeitig eine transnationale Perspektive zu verankern bzw. auszuweiten. Auch der neue transnationale Aktivismus, der z. B. im transna-

tionalen Zapatista-Solidaritätsnetzwerk (vgl. Olesen 2005), in den antikapitalisti-
schen Protestbewegungen, die sich weltweit nach dem Dialog und Beteiligung ein-
fordernden Aufstand der Zapatista 1994 formierten (vgl. Notes from Nowhere
2007) oder der in den damit verbundenen Protesten unter dem Motto „Another
World is Possible" (Starr 2005) deutlich zum Ausdruck kam, wäre ohne die Vernetzung durch digitale Medientechnologien nicht möglich gewesen. Der sich im Rahmen der globalen Zivilgesellschaft herausbildenden transnationalen (virtuellen
Netz-)Öffentlichkeit kommt vor allem die Aufgabe zu, die Aktivitäten und Operationen der dominanten Institutionen kritisch zu betrachten und gegebenenfalls zu
protestieren. Auf diese Weise kann eine voll entfaltete globale Zivilgesellschaft eine
Gegenmacht darstellen, die auf transnationalen Prozessen von unten aufbaut, die in
den alltäglichen Praktiken und Lebensformen gewöhnlicher Menschen verankert
sind, die den homogenisierenden, „top-down"-Machtstrategien vielfältige, gegenhe-
gemoniale Kräfte entgegenstellen und welche auf einem alternativen Mediengebrauch basieren (vgl. Fiske 1993; Fiske 1994).

Wir können die Unterscheidung zwischen transnationalen Prozessen von oben
und von unten mit den Konzepten der Globalisierung von unten und der Globalisierung von oben verbinden (vgl. Appadurai 2000). Unter der Globalisierung von
oben verstehen wir Prozesse, die von institutionellen Einrichtungen, politischen
Eliten oder Konzernen ausgehen, während wir von Globalisierung von unten sprechen, wenn zivilgesellschaftliche Akteure oder einzelne Individuen versuchen, mit
globalen Konsequenzen zu handeln. Transnationale Prozesse von oben werden
unter demokratischen Gesichtspunkten kritisch betrachtet. So kritisieren Martin
Hand und Barry Sandywell: „…the objective of transnational production remains
the same – profit and capital accumulation in the economic sphere, hegemony in
the political sphere and ideological domination in the cultural sphere" (2002, S.
102). In diesem Sinne wäre die Transnationalisierung von oben zum Teil als eine
Tendenz zur Homogenisierung zu verstehen, gegen die sich soziale Bewegungen,
transnationale Protestnetzwerke und NGOs im Sinne einer Globalisierung von unten
wehren. Beispiele hierfür sind transnationale Mobilisierungen, Demonstrationen
und Bewegungen, die sich mit unterschiedlichen Themen und Problemen beschäftigen können. Bei der sich herausbildenden globalen Zivilgesellschaft handelt es sich
also um eine politische Arena, in der die Bürger, Bürgerinnen und kollektive Akteure über Grenzen hinweg zusammenarbeiten, um ihre Ziele zu erreichen oder um die
Regierungen und formellen Institutionen dazu zu bringen, ihre Politik zu ändern.

Die Globalisierung, die unsere Gegenwart prägt, ist also ein multidimensiona-
ler und umkämpfter Prozess, was spätestens die Proteste gegen das Treffen der
World Trade Organization 1999 in Seattle deutlich gemacht haben, die mittels neuer

Medien organisiert und koordiniert wurden. Die Bewegung, die sich für eine „globalization from below" einsetzt, begann aber nicht in Seattle, sondern lange davor im postkolonialen Kontext des Südens (vgl. Starr 2005, Kapitel 1). Der neoliberalen Vorstellung von Globalisierung, die von einem transnationalen Netzwerk von Politikern, Wirtschaftsbossen und Wissenschaftlern propagiert wird, steht zunehmend eine alternative, demokratische Vorstellung gegenüber, die auf Kooperation, Inklusion, Transparenz und Partizipation aufbaut (vgl. Smith 2008). Sie kritisiert u. a., dass die globale Ökonomie demokratische Institutionen unterhöhlt und die Macht sich in einer kleinen Zahl von Ländern und Konzernen konzentriert. Zum einen stützt sich die demokratische Globalisierung auf Gruppen und Bewegungen der Zivilgesellschaft, zum anderen auf unabhängige (nichtkommerzielle) Medienorganisationen und auf Internetwebpages.

Wir haben also auf der einen Seite jene, die die im großen und ganzen undemokratisch ablaufenden Globalisierungsprozesse befürworten und politisch bzw. medial legitimieren sowie auf der anderen Seite die Kritiker der neoliberalen Globalisierung, die jedoch ebenso von den globalen digitalen Kommunikations- und Informationsstrukturen Gebrauch machen müssen, um sich effizient artikulieren und ihre Handlungsmächtigkeit entfalten zu können. Nach Massimiliano Andretta et al. (2003) vernetzen sich neue soziale Bewegungen heute deshalb oft unter dem Stichwort „new global" und nicht „anti-global", wie die zentralen Medien behaupten. Eine transnationale Öffentlichkeit kann gerade durch den Zugang und die kompetente Nutzung digitaler Medientechnologien, die das demokratische Potenzial des Internet entfalten, gefördert und getragen werden. Verbunden ist damit auch die Vorstellung, dass es einer grundlegenden Medienreform bedarf, um den demokratischen Bedürfnissen einer über sich selbst bestimmenden (Welt-)Bevölkerung gerecht zu werden (vgl. Boler/ McChesney 2008). Ein auf Profitmaximierung ausgerichtetes Mediensystem, wie es in den USA etabliert ist, erfüllt weder die Vorstellungen eines freien Marktsystems noch das Recht auf Information für alle Gruppen der Bevölkerung. Deshalb ist es eine zentrale Frage, ob die digital vermittelte populäre Handlungsmacht so stark sein kann, dass sie zur Überwindung des bisherigen Mediensystems beitragen kann, wie der Medienreformer Robert McChesney (vgl. ebd., S. 63) feststellt. Durch seine technischen Möglichkeiten offeriert das Internet radikale Weisen der Produktion, Distribution und Organisation von Medien, die an die experimentelle Politik der Alternativpresse, der freien Radios und anderer Formen aktivistischer Medien anknüpft. So stellt Langman fest:

> „Electronic communication media have unique capacities to create democratic, participatory realms in cyberspace devoted to information and debates. Electronically mediated participation has created conditions for the emergence of new

kinds of highly fluid 'mobilizing structures' that tend to be far less structured, with fluid networks that are more open and participatory, and are articulated across a wide variety of issues" (2005, S. 44).

Dabei lässt sich die Bedeutung alternativer bzw. radikaler Medien und der Perspektiven, die sie artikulieren, nur in dem gesellschaftlichen und kulturellen Kontext verstehen, auf den sie antworten und in dem sie produziert und rezipiert werden. Zum einen stehen alternative Medien in Opposition zu den Produkten der dominanten oder zentralen Medien, weil sie differente Sichtweisen zum Ausdruck bringen, z. B. wenn sie für soziale und kulturelle Veränderungen eintreten. Andererseits folgen ihre Organisation und Operationsweise in der Regel nicht kapitalistischen Geschäftsmodellen. So sind die von (jugendlichen) Fans produzierten Fanzines – wie Fanpraktiken generell – nicht auf Profit aus, lehnen diese Orientierung sogar explizit ab (vgl. Winter 1995). Dies gilt selbstverständlich auch für die politisch motivierten alternativen Medien, die in der neueren Diskussion bisweilen als „citizens media" (vgl. Rodriguez 2001) bezeichnet werden, weil sie auf offenem Zugang, Freiwilligkeit und Non-Profit basieren. Zudem treten sie demokratisch orientiert für Diversität, Pluralität und progressiven sozialen Wandel ein.

Viele Aktivisten und Aktivistinnen betrachten das Internet als ein Werkzeug, um sich eigene offene Räume zu schaffen, die die Grundlage für eine bessere Zukunft sein sollen. Gerade das *social web*, das auf Web 2.0 basiert, schafft die Bedingungen für neue digitale Taktiken, die auf eine radikale Demokratisierung des Wissens und die Pluralisierung von Stimmen, Perspektiven und Quellen zielen. In ihm wird die Wirklichkeit auf vielfältige Weise neu und anders definiert und gerahmt, als dies die zentralen Medien tun. Damit verbunden sind Hoffnungen auf eine Demokratisierung der sich herausbildenden globalen Gesellschaft, die sich in der Konzeption einer transnationalen Öffentlichkeit verdichten.

Ausblick

Seit ihren Anfängen haben Cultural Studies die Handlungsmächtigkeit bei der Rezeption und Aneignung von Medien in unterschiedlichen kulturellen und sozialen Kontexten zu einem wichtigen Forschungsthema gemacht. Ihre Studien zu jugendlichen Subkulturen, zur Fernsehrezeption und Fankulturen zeigen, dass der Gebrauch von Medientechnologien, der oft gemeinschaftlich erfolgt, produktive, kreative und bisweilen subversive Aspekte haben kann. Diese entfalten sich gerade in Abgrenzung bzw. in Opposition zur dominanten Kultur und ihren Machtstrukturen. Die Aneignung von Fernsehserien kann z. B. bisweilen als Widerstand gegen hegemoniale Sinnstrukturen begriffen werden (vgl. Fiske 2001), wenn soziale Rollendefinitionen, Identitätsmuster oder Normalitätserwartungen subversiv unterlaufen, parodiert oder abgelehnt werden. Den Cultural Studies geht es um alltägliche Veränderungen von Bedeutungen, Einstellungen und Wertorientierungen, um die Entfaltung des produktiven und kreativen Potenzials der Lebenswelt, um die Kritik an Machtverhältnissen, um Momente der Selbstermächtigung, die vielleicht schnell vergehen, aber trotzdem prägend und einflussreich sein können (vgl. Winter 2001).

Offen bleibt bei diesen eher optimistischen Lesarten der Populärkultur, ob und inwiefern auf die ermächtigenden Akte der Medienrezeption, in denen um Bedeutungen sowie Vergnügen gerungen wird und in denen sich ein Eigensinn entfaltet, kulturelle und gesellschaftliche Veränderungen folgen, die über die Momente von Rezeption und Aneignung hinausgehen. Die kreativen Alltagspraktiken im Umgang mit Medien können sich in ihrer Wirkung auch darauf beschränken, den Handelnden zu helfen, sich besser zurechtzufinden oder die Banalität des Alltagslebens leichter zu ertragen, indem man sich zeitweilig von einschränkenden Erwartungen distanziert, sich in Machtstrukturen taktisch verhält oder kleine Fluchten ergreift.

Dagegen lassen sich alternative bzw. radikale Medien (vgl. Downing et al. 2001), zu denen wir die Medien von Protestgruppen, Aktivisten und Aktivistinnen, sozialen Bewegungen, Subkulturen, aber manchmal auch von Fans und Hobbyisten zählen, von vornherein als „channels of resistance" begreifen, die explizit, absichtlich und mit Engagement hegemoniale Strukturen in Frage stellen und in einem symbolischen Kampf um Bedeutung herausfordern (vgl. Hebdige 1979; Kellner 1995; Atton 2004). Sie sind weder den Gesetzen der Marktlogik unterworfen noch vom Staat abhängig. Sie operieren im Bereich der sich konstituierenden (transnationalen) Zivilgesellschaft. Nick Couldry (2000) weist darauf hin, dass alternative Medien es einer „community of citizens" erlauben, sich in einer demokratischen Praxis zu engagieren, die auf Dialog, weitgehender Kontrolle über symbolische Ressourcen und Repräsentationen der Wirklichkeit sowie auf Offenheit beruht.

Somit wird im Bereich der Cultural Studies ein neues Forschungsfeld eröffnet, das zum einen digitale Medienkulturen innerhalb sozialer Bewegungen und alternativer Gemeinschaften untersucht, und zum anderen erforscht, wie sie durch die Kommunikationen in Gemeinschaften und Bewegungen erst geschaffen und artikuliert werden (vgl. Atton 2004, S. 3f.). Im Sinne von James Carey (1989), einem Begründer der amerikanischen Cultural Studies, wird Kommunikation als Kultur und Kultur als Kommunikation begriffen.

Die radikaldemokratischen Hoffnungen, die mit dem Internet verbunden werden, stützen sich darauf, dass das globale Kommunikationsnetz immer dichter wird. Im Zentrum zukünftiger Forschung stehen deshalb die Fragen, inwiefern die digitalen Technologien zur Bildung einer Raum- und Zeitgrenzen überschreitenden transnationalen Öffentlichkeit beitragen können, an der alle Individuen und Gruppen weltweit partizipieren können (vgl. Fraser 2007). Wird über die transnationale Öffentlichkeit eine demokratische Weltgesellschaft möglich? Zur Beantwortung dieser Fragen müssen die komplexen und vielschichtigen Assoziationen von Menschen und digitalen Medientechnologien, die technologischen Lebensformen, differenziert untersucht werden. Nur so kann bestimmt werden, ob die (neu) entstehenden Formen von Handlungsmächtigkeit zu einer (radikalen) Demokratisierung der Lebensverhältnisse beitragen können.

Literatur

Andretta, Massimiliano/ Della Porta, Donatella/ Mosca, Lorenzo/ Reiter, Herbert (2003): No Global – New Global. Identitäten und Strategien der Antiglobalisierungsbewegung. Frankfurt a. M./ New York: Campus

Appadurai, Arjun (2000): Grassroots Globalization and the Research Imagination. Public Culture, 12. Jg., Heft 1, S. 1-19

Atton, Chris (2004): An Alternative Internet. Radical Media, Politics and Creativity. Edinburgh: Edinburgh University Press

Baringhorst, Sigrid/ Kneip, Veronika/ Niesyto, Johanna (Hrsg.) (2009): Political Campaigning on the Web. Bielefeld: transcript

Baudrillard, Jean (1991): Die fatalen Strategien. München: Matthes u. Seitz

Beck, Ulrich (2002): Macht und Gegenmacht im globalen Zeitalter. Neue weltpolitische Ökonomie. Frankfurt a. M.: Suhrkamp

Bennett, Lance (2003): Communicating Global Activism. Strengths and Vulnerabilities of Networked Politics. In: Information, Communication and Society, 6. Jg., Heft 2, S. 143-168

Berland, Jody (2000): Cultural Technologies and the Evolution of Technological Cultures. In: Herman, Andrew/ Swiss, Thomas (Hrsg.): The World Wide Web and Contemporary Cultural Theory. London: Routledge, S. 235-288

Boler, Megan (2008): Introduction. In: dies. (Hrsg.): Digital Media and Democracy. Tactics in Hard Times. Cambridge/ MA: MIT Press, S. 1-50

Boler, Megan (Hrsg.) (2008): Digital Media and Democracy. Tactics in Hard Times. Cambridge/ MA: MIT Press

Boler, Megan/ McChesney, Robert (2008): The State of the Media. An Interview with Robert McChesney. In: Boler, Megan (Hrsg.): S. 53-70

Carey, James (1989): Communication as Culture. London: Unwin Hyman

Castells, Manuell (2003): Jahrtausendwende. Das Informationszeitalter. 3. Bd. Opladen: Leske + Budrich

Couldry, Nick (2000): Inside Culture. Reimagining the Method of Cultural Studies. London: Sage

Deleuze, Gilles (1993): Postskriptum über die Kontrollgesellschaften. In: ders.: Unterhandlungen 1972-1990. Frankfurt a. M.: Suhrkamp, S. 254-262

Deleuze, Gilles/ Guattari, Félix (1974): Anti-Ödipus. Kapitalismus und Schizophrenie 1. Frankfurt a. M.: Suhrkamp

Deleuze, Gilles/ Guattari, Félix (1977): Rhizom. Berlin: Merve

Deleuze, Gilles/ Guattari, Félix (1992): Mille Plateaux. Kapitalismus und Schizophrenie 2. Berlin: Merve

Deibert, Ronald J. (2008): Black Code Redux. Censorship, Surveillance, and the Militarization of Cyberspace. In: Boler, Megan (Hrsg.): S. 137-164

Denzin, Norman K. (2003): Performance Ethnography. London: Sage

Downing, John D. H./ Ford, Tamara Villareal/ Gil, Genève/ Stein, Laura (2001): Radical Media. Rebellious Communication and Social Movements. Thousand Oaks/ Delhi: Sage

DuGay, Paul et al. (1997): Doing Cultural Studies. The Story of the Sony Walkman. London: Sage

Fiske, John (1987): Television Culture. London: Routledge

Fiske, John (1993): Power Plays – Power Works. London: Verso

Fiske, John (1994): Media Matters. Everyday Culture and Political Change. Minneapolis: University of Minnesota Press

Fiske, John (2001): Die britischen Cultural Studies und das Fernsehen. In: Winter, Rainer/ Mikos, Lothar (Hrsg.): Die Fabrikation des Populären. Der John Fiske-Reader. Bielefeld: transcript, S. 17-68

Fraser, Nancy (2007): Transnationalising the Public Sphere. On the Legitimacy and Efficacy of Public Opinion in a Post-Westphalian World. In: Theory, Culture & Society, 24. Jg., Heft 4, S. 7-30

Giddens, Anthony (1991): Modernity and Self-Identity. Cambridge: Polity Press

Grossberg, Lawrence (1999): Was sind Cultural Studies? In: Hörning, Karl H./ Winter, Rainer (Hrsg.): Widerspenstige Kulturen. Cultural Studies als Herausforderung. Frankfurt a. M.: Suhrkamp, S. 43-83

Hand, Martin/ Sandywell, Barry (2002): E-Topia as Cosmopolis or Citadel: On the Democratizing and De-Democratizing Logics of the Internet, or, Toward a Critique of the New Technological Fetishism. In: Theory, Culture & Society, 19. Jg., S. 197-225

Hall, Stuart (1986): On Postmodernism and Articulation: an Interview with Stuart Hall by Lawrence Grossberg. In: Journal of Communication Inquiry, 10. Jg., Heft 2, S. 45-60

Hebdige, Dick (1979): Subculture. The Meaning of Style. London: Methuen

Kahn, Richard/ Kellner, Douglas (2005): Internet Subcultures and Political Activism. In: Leistyna, Pepi (Hrsg.): Cultural Studies. From Theory to Action. Oxford: Blackwell, S. 217-230

Kaldor, Mary (2003): Global Civil Society. Cambridge: Polity Press

Kellner, Douglas (1989): Critical Theory, Marxism and Modernity. Baltimore: The John Hopkins University Press

Kellner, Douglas (1995): Media Culture. London: Routledge

Kellner, Douglas (2005): Neue Medien und neue Kompetenzen. Zur Bedeutung von Bildung im 21. Jahrhundert. In: Winter, Rainer (Hrsg.): Medienkultur, Kritik und Demokratie. Der Douglas Kellner Reader. Köln: Herbert von Halem, S. 264-295

Langman, Lauren (2005): From Virtual Public Spheres to Global Justice: A Critical Theory of Internetworked Social Movements. Sociological Theory, 23. Jg., Heft 1, S. 42-74

Lash, Scott (2002): Critique of Information. London: Sage

Lash, Scott/ Urry, John (1994): Economies of Signs and Space. London: Sage

Latour, Bruno (2008): Eine neue Soziologie für eine neue Gesellschaft. Frankfurt a. M.: Suhrkamp

Lessig, Lawrence (1999): Codes and Other Laws of the Cyberspace. New York: Basic Books

Melucchi, Alberto (1996): Challenging Codes. Collective Action in the Information Age. Cambridge: Cambridge University Press

Menser, Michael/ Aronowitz, Stanley (1996): On Cultural Studies, Science, and Technology. In: Aronowitz, Stanley/ Martinsons, Barbara/ Menser, Michael (Hrsg.): Technoscience and Cyberculture. London: Routledge, S. 7-30

Notes from Nowhere (Hrsg.) (2007): Wir sind überall: weltweit, unwiderstehlich, antikapitalistisch. Hamburg: Nautilus

Olesen, Thomas (2005): International Zapatismo: The Construction of Solidarity in the Age of Globalization. London: Zed Books

Rodriguez, Clemencia (2001): Fissures in the Mediascape. An International Study of Citizens' Media. Cresskill, NJ: Rowman & Littlefield

Sassen, Saskia (2000): Digitale Netwerke und Macht. In: Brunkhorst, Hauke/ Kettner, Matthias (Hrsg.): Globalisierung und Demokratie. Wirtschaft, Recht, Medien. Frankfurt a. M.: Suhrkamp, S. 330-346

Shane, Peter (Hrsg.) (2004): Democray Online: The Prospects for Political Renewal through the Internet. New York: Routledge

Slack, Jennifer (1989): Contextualizing Technology. In: Dervin, Brenda/ Grossberg, Lawrence/ O'Keefe, Barbara/ Wartella, Ellen (Hrsg.): Rethinking Communication. Vol. 2. Paradigm Exemplars. Newbury Park, CA: Sage

Slack, Jennifer/ Wise, McGregor J. (2006): Cultural Studies and Communication Technologies. In: Lievrouw, Leah H./ Livingstone, Sonia (Hrsg.): The Handbook of New Media. Updated Edition. London: Sage, S. 141-162

Smith, Jackie (2008): Social Movements for Global Democracy. Baltimore: John Hopkins University Press

Starr, Amory (2005): Global Revolt. A Guide to the Movements against Globalization. London: Zed Books

Vattimo, Gianni (1992): Die transparente Gesellschaft. Wien: Passagen

Williams, Raymond (1977): Television and Cultural Form. London: Routledge

Winter, Rainer (1995): Der produktive Zuschauer. Medienaneignung als kultureller und ästhetischer Prozess. München: Quintessenz

Winter, Rainer (2001): Die Kunst des Eigensinns. Cultural Studies als Kritik der Macht. Weilerswist: Velbrück Wissenschaft

Winter, Rainer (2002): Cyberpunks. Zur Wirklichkeitserfahrung in Netzkulturen. In: Mikos, Lothar/ Neumann, Norbert (Hrsg.): Medien-Wirklichkeit-Erfahrung. Berlin: Vistas, S. 77-92

Winter, Rainer (2003): Globale Medien, kultureller Wandel und die Transformation des Lokalen: Der Beitrag der Cultural Studies zu einer Soziologie hybrider Formationen. In: Beck, Ulrich/ Sznaider, Natan/ Winter, Rainer (Hrsg.): Globales Amerika? Die kulturellen Folgen der Globalisierung. Bielefeld: transcript, S. 262-283

Winter, Rainer (2007): Perspektiven der Cyber-Society. Plädoyer für eine kritische und kontextuelle Analyse digitaler Praktiken. In: Fromme, Johannes/ Schäffer, Burkhard (Hrsg.): Medien-Macht-Gesellschaft. Wiesbaden: VS Verlag, S. 29-44

Winter, Rainer (2009): Cultural Studies. In: Kneer, Georg/ Schroer, Markus (Hrsg.): Handbuch Soziologische Theorien. Wiesbaden: VS Verlag, S. 67-86

Winter, Rainer (2005) (Hrsg.): Medienkultur, Kritik und Demokratie. Der Douglas Kellner Reader. Köln: Herbert von Halem

Winter, Rainer/ Eckert, Roland (1990): Mediengeschichte und kulturelle Differenzierung. Zur Herausbildung von Wahlnachbarschaften. Opladen: Leske + Budrich

Wise, McGregor J. (1997): Exploring Technology and Social Space. Thousand Oaks: Sage

Ästhetik und Spiel
Formen der Kontingenz in der pluralen Realität

Elena Esposito

Fiktion als Realitätsverdoppelung

Die Medien, das wissen wir inzwischen, dienen nicht zuerst und auch nicht primär dazu, zu „vermitteln", also Inhalte mit räumlich und zeitlich fernen Partnern gemeinsam zu haben, sondern vor allem dazu, unser Verhältnis mit der Welt zu artikulieren und komplexer zu gestalten. Mit den Worten der Systemtheorie, auf die ich mich in diesem Beitrag beziehen werde, kann man sagen, dass die Medien vor allem dazu dienen, die Beziehung/ Unterscheidung von Fremdreferenz und Selbstreferenz zu bestimmen – d. h. unsere Fähigkeit, uns auf uns selbst zu beziehen, um uns auf anderes beziehen zu können. Die bekannteste Formel, um diesen Gebrauch der Medien auszudrücken, ist vielleicht immer noch McLuhans Vorstellung der Medien als „Ausdehnungen der Sinne" (1964). Sie ist sicher verkürzt und zu einfach, verweist aber auf die Idee von Medien als Mittel, welche die Formen und Modalitäten der Beobachtung von sich selbst und von der Welt ausweiten und verändern.

Im Folgenden habe ich vor, mich mit einem spezifischen Aspekt dieses allgemeinen Umstands zu befassen: mit der Art und Weise, wie die Verfügbarkeit von verschiedenartigen Medien (von der Schrift zum Buchdruck, zu den elektronischen Medien bis zu den neuen Informationstechnologien) auf das Verstehen und die Praxis der Bereiche Ästhetik und Spiel einwirkt, bis hin zu einer tiefen Veränderung ihrer Bedeutung und sozialen Folgen.

Das Paar „Ästhetik und Spiel" assoziiert zwei nicht notwendigerweise übereinstimmende Gegenstände. Das war nicht immer so und kann anders sein, aber in unserer Gesellschaft beziehen sich Ästhetik und Spiel auf unterschiedliche Kommunikationsformen: Ästhetische Erfahrung und spielerische Erfahrung haben andere Voraussetzungen und andere Folgen. Hier will ich mich mit Medien befassen, und wenn dieser weitere Faktor involviert ist, wenn also die medialen Komponenten berücksichtigt werden, tritt ein Umstand ein, der in soziologischer Sicht Ästhetik und Spiel wieder miteinander verbindet: In beiden Fällen wird das beobachtet, was in der Systemtheorie eine Form der Realitätsverdoppelung genannt wird. Im Anschluss will ich mich mit den Realitätsverhältnissen auseinandersetzen, welche der künstlerische bzw. der spielerische Bereich voraussetzt, mit ihren gegenseitigen Verbindungen und ihren Differenzen.

Der scheinbar einfache Begriff von Realität ist in Wirklichkeit ziemlich facetten- und folgenreich. In Luhmanns Formulierung (vgl. z. B. Luhmann 1997, S. 218f.; Luhmann 2000, S. 58ff.) spricht man von „Realitätsverdoppelung", wenn ein bestimmter Bereich von Objekten oder Ereignissen aus der gewöhnlichen Welt herausgenommen wird und ihm besondere Bedeutungen und Referenzen zugewiesen werden, wie es z. B. in der Religion mit der Aussonderung des Raums des Sakralen passiert, aber auch in der Statistik (vgl. Esposito 2007) oder besonders, was vorliegend interessiert, im Spiel oder in der Kunst. Im Fall der Religion (siehe den Beitrag von Funiok in diesem Band) nimmt z. B. die Realitätsverdoppelung die Form der Unterscheidung von Immanenz und Transzendenz an, die sich von externen Faktoren, wie dem Vorhandensein spezifischer Objekte oder dem Auftreten von Ereignissen, wie Eklipsen oder epileptischen Anfällen, unabhängig macht: Alles kann aus der Sicht der Transzendenz gesehen werden, sofern man das will: „Immanent ist danach alles, was die Welt, wie sie ist, für innerweltliche Beobachtung bietet (…) Transzendenz ist dasselbe – anders gesehen" (Luhmann 1989, Anm. 11, S. 313); die Welt wird dupliziert in „von innen gesehen" und „von außen gesehen" und in beiden Bereichen gelten andere Prioritäten, Kriterien, Bezüge. Der „realen" Realität der immanenten Welt stellt sich die überirdische Realität der Transzendenz gegenüber; sie bleiben getrennt, weil die erste direkt wahrgenommen und erfahren werden kann, aber in religiöser Perspektive sind sie auch verbunden, weil erst in Bezug auf Transzendenz der authentische Sinn der immanenten Welt erfasst und das Gewöhnliche und Vertraute wirklich verstanden werden können.

Auf jeden Fall handelt es sich in allen Beispielen, auch in den weltlicheren, mit denen wir uns hier befassen, um einen Bereich von Referenzen, die sich irgendwie unabhängig vom realen Zustand der Welt machen, und sich in diesem Sinne von Fehlern oder reinen Illusionen unterscheiden. Die Verdoppelung ist nämlich keine bloße Illusion, obwohl auch Lügen oder Halluzinationen weitere Realitäten als die reale produzieren: Einmal entdeckt, werden sie jedoch „gelöscht" und man kehrt zu einer eindeutigen und einheitlichen Bezugsrealität zurück. Die uns hier interessierenden Duplikationen werden dagegen sowohl von wahren als auch von unwahren Feststellungen bestätigt, und löschen sich nicht aus, sondern werden eher aufgewertet, verstärkt und als bewahrenswert reproduziert, bis zur inneren Veränderung des Realitätssinnes selbst. Auch wenn man weiß, dass die Rollen im Spiel nicht „wahr" sind, oder dass die Personen eines Romans erfunden sind (und man weiß dies immer), spielt man weiter und bleibt in der Fiktion, und dadurch werden Verhaltens- und Beobachtungsweisen erprobt, die dann auch in der „realen Realität" (Luhmann 2000, S. 59) benutzt werden können.

Mit derartigen Folgen spielerischer und ästhetischer Praktiken soll sich der folgende Beitrag beschäftigen. Die Realität als solche verliert in diesem Prozess ihr ursprüngliches Privileg als Letztreferenz, da es eine oder mehrere Welten gibt, die von dem unabhängig sind, was in der Realität wahr ist. Die *fiction* des Romans schafft z. B. eine Welt von Objekten und Figuren, die nicht existieren und nie existierten, und alle wissen es; trotzdem ist das Universum der Fiktion nicht beliebig, sondern es hat seine Bezugspunkte und seine Kohärenz, so dass die Behauptung nicht richtig wäre, dass die erzählten Geschehnisse Täuschungen oder Lügen seien. Sie sind vielmehr autonome Schöpfungen mit ihrer eigenen Realität im autonomen Bereich der Fiktion, wo Robinson Crusoe oder Harry Potter ihre Identität, ihre Geschichte und ihre Abenteuer haben. Doch verbieten es die eigenen Gültigkeitskriterien der Fiktion zu sagen, dass Harry Potter deutsch sei oder Geschwister habe.

Infolge der Verdoppelung findet sich die Realität innerlich dupliziert: Der realen Realität, die erst jetzt spezifisch real wird, steht eine andere Realität gegenüber, die relativ zur Imagination von jemandem ist und spezifische Eigenarten besitzt: „Es ist dann nicht mehr einfach alles, was ist, real, indem es ist, wie es ist, sondern es wird eine besondere, sagen wir reale Realität dadurch erzeugt, dass es etwas gibt, was sich von ihr unterscheidet" (Luhmann 2000, S. 59): Der Realitätsbegriff wird dann intern in reale und fiktive Realität gegliedert[1], die miteinander auf verschiedene Weisen interagieren – wie wir es für Spiel und Kunst sehen werden. Ohne den Raum der Fiktion (die nicht eigentlich real ist) zu berücksichtigen, kann man nunmehr die Realität selbst nicht verstehen – und das ist die komplexe Lage, mit der man sich auseinandersetzen muss.

Wie in vielen anderen soziologisch interessanten Fällen handelt es sich dabei um eine typisch moderne Lage: In den traditionellen Gesellschaften, und insbesondere in den mündlichen Kulturen, fehlte die „two-world division between fiction and reality" (Goody 1991, S. 96) – aber natürlich nicht weil die Fiktion fehlte, sondern eher, weil in der mythischen Sicht die Realität selbst von Fiktion durchdrungen war (vgl. Assmann 1992, S. 47ff.).

In der modernen Gesellschaft wird dagegen die Fiktion selbst real, weil sie intersubjektiv geteilt wird (alle Kommunikationspartner wissen, wer James Bond oder D'Artagnan, der Musketier von Dumas sind), nicht beliebig verfügbar ist (wir können ihre Merkmale oder Geschichten nicht erfinden, wie wir wollen), aber trotzdem unmissverständlich nicht-wahr ist.

---

[1] Ich benutze hier einen weiten Begriff von Fiktion, wie zum Beispiel Vaihinger (1922): Die Fiktion schließt in seinem Sinne alle Repräsentationsformen ein, ausgehend von der Prämisse, dass sie ohnehin keine Realitätsbilder sind, sondern Mittel, die zur Orientierung in der Realität ausgedacht wurden. Dazu gehören dann auch „wissenschaftliche" Fiktionen wie Klassifikationen oder Schematisierungen, ästhetische Fiktionen und verschiedene Formen der Abstraktion.

Erweiterte Kommunikationsmöglichkeiten aufgrund technischer Vermittlung

Wie hat sich eine derart komplexe und verwickelte Realitätsform ausprägen können? Welche Strukturen und Eigenschaften der modernen Gesellschaft haben es
erlaubt, eine so unwahrscheinliche Konstruktion zu produzieren und zu stabilisieren? Ich hatte oben die Rolle der Medien erwähnt. Meine These ist, dass die Realitätsverdoppelung innerlich mit dem Vorhandensein und den Folgen der Medien
verbunden ist. Dann muss man sich aber fragen, auf welche Art und Weise sie wirken. Der Bezug auf die mündliche Kultur und deren weniger komplexes Realitäts-
verständnis deuten es an: Eine echte Realitätsverdoppelung setzt mehr und insbesondere die Verfügbarkeit von Medien voraus. Man sollte sogar sagen, dass der
Aufbau einer spezifischen „zweiten Realität" mit eigenen Kriterien und eigenen
Problemen das ist, was die soziale Funktion der Massenmedien kennzeichnet, und
was es erlaubt, sie als autonomes System auszusondern und zu untersuchen (vgl.
Luhmann 1996)[2]. Wie ereignet sich aber dieser Prozess und wovon hängt er ab?

Hier muss man voraussetzen, dass der systemtheoretische Ansatz eine breite
und zugleich eingeschränkte Definition von Massenmedien benutzt. Die Massenmedien bilden ein spezifisches Funktionssystem der modernen Gesellschaft und
schließen alle Kommunikationsformen ein, die sich unter Bedingungen der Nicht-
Interaktion ereignen, also ohne physische Anwesenheit der Teilnehmer und außerdem mit Einwirkung einer Maschine: Die zu diesem System gehörenden Kommu-
nikationsakte sind von der „maschinellen Herstellung" gekennzeichnet, also vom
Umstand, dass die Verbreitung einem technischen Mittel anvertraut wird. Um die
Interaktion zwischen Sender und Empfänger auszuschließen, reicht die Fernkommunikation (wie in einem Brief oder in anderen Formen, die sich einfach der Schrift
bedienen) noch nicht aus, sondern es ist die „Zwischenschaltung von Technik"
nötig (Luhmann 1996, S. 10f.). Diese scheinbar rein technische Anforderung, bezogen auf die Rolle der Maschine, hebt einen spezifischen Umstand der Kommunikation hervor, nämlich die Unterbrechung des unmittelbaren Kontaktes zwischen den
Kommunikationspartnern, welche nun nicht nur voneinander distanziert, sondern
durch die Technik voneinander getrennt sind (wobei aber die Maschinen selbst
sofort aus den Operationen des Systems ausgeschlossen werden; Luhmann 1996, S.
13). So wird jedes unmittelbare Verhältnis zwischen den Partnern prinzipiell ausgeschlossen, welches sich dagegen in der face-to-face Interaktion notwendig ereignet.
In ihr koordinieren die Teilnehmer (oft unbemerkt) das eigene Verhalten mit der

---

[2] Zur funktionalen Differenzierung der modernen Gesellschaft, artikuliert in autonomen Teilsystemen
mit eigener Funktion und eigenen Kriterien vgl. Luhmann 1997, S. 707ff.

(vermuteten) Sicht der Gegenseite, z. B. indem man sagt, was der Zuhörer verstehen kann oder wie er aufgrund seiner Reaktionen das Gesagte gestaltet, während der Adressat seinerseits von der Geschicklichkeit des Redners, von seinem Status, von der sozialen Lage – oder einfach vom Zeitdruck – beeinflusst wird, der ihn hindert, sich vom Gesagten zu distanzieren und es kritisch zu beurteilen[3]. Während in den vielen Jahrhunderten nach Einführung der alphabetischen Schrift die Kommunikation immer noch an das orale Modell gebunden war, erlaubt die vom Eintritt der Maschine (zuerst der Druckmaschine) durchgesetzte Unterbrechung dieses Verhältnisses einen unvorhergesehenen Raum des Experimentierens und der Unwahrscheinlichkeit: Es besteht ein „Überschuß an Kommunikationsmöglichkeiten" (Luhmann 1996, S. 11), der den Aufbau einer spezifischen Realität begünstigt, die, abgekoppelt von der unmittelbaren Entsprechung mit der „ersten Realität" der Außenwelt, zu einer Realitätsverdoppelung führen kann.

In der technisch vermittelten Kommunikation kann der Adressat nicht direkt eingreifen, aber gerade deshalb hat er die Freiheit (und die Zeit), mit der Kommunikation das zu tun, was ihn interessiert: Er kann etwas wieder lesen und mit bereits Gelesenem vergleichen, Passagen überspringen und sich bei anderen länger aufhalten, sie deuten und kritisieren. Der Mitteilende muss seinerseits auf direktes Feedback des Publikums verzichten und sich auf eigene Vermutungen über seine Vorzüge und Voraussetzungen verlassen, aber gerade deshalb kann er experimentieren, ohne sich sofort von jedem Misserfolg oder Widerspruch blockieren zu lassen. Eine bedeutende Ausnahme stellt dabei die telefonische Kommunikation dar, die eine Art sekundärer „Ferninteraktion" realisiert, welche aber die Abstraktion und Distanz der Fernkommunikation voraussetzt (auf den Fall der computervermittelten Kommunikation komme ich später zurück). Der Mitteilende kann unwahrscheinlichere Kommunikationen vorschlagen, die nicht unmittelbar oder nicht jedem verständlich sind, die ihr eigenes Publikum suchen und dann aufbauen – man denke nur an die Kunst oder Wissenschaft. Die von der vermittelten Kommunikation aufgebaute und mitgeteilte Realität kann sich also von der direkt im Alltag erfahrenen Realität abkoppeln und zum ersten Mal einen autonomen Bereich mit eigenen Bedingungen und eigenen Koordinaten aufbauen.

Dieser Bereich wird zur „zweiten Realität", die uns hier beschäftigt: Eine fiktionale, aber strukturierte Realität, mit der sich diejenige „reale Realität" vergleicht, die nunmehr zu einem Teil der allgemeinen Realität geworden ist und die verschiedene Formen, je nach kommunikativem Bereich, annehmen kann. Wenn einmal die Eindeutigkeit der traditionellen Realität verlassen worden ist, verbietet nichts, die

---

[3] Havelocks altes Argument in Bezug auf die „homerische Frage" und auf die Verhältnisse mit der aufkommenden Philosophie (Plato): vgl. Havelock 1963

„zweiten Realitäten" nach den kommunikativen Bedürfnissen zu vermehren und z.
B. auch Formen wie Spiel und Kunstkommunikation zu unterscheiden: Was sie
vereinigt, ist die Konstruktion einer eigenen spezifischen Realität, aber diese Realitäten bleiben getrennt – in einer viel schärferen Bereichstrennung als in anderen Ge-
sellschaftsformationen[4].

Inszenierung von Notwendigkeit und Erweiterung von Beobachterperspektiven durch das Spiel

Die weniger voraussetzende, aber traditionsreichere Realitätsverdoppelung ist sicher
das Spiel, dem, in seiner Opposition zum „Ernsten", seit langem eine Unabhängig-
keit von anderen Unterscheidungen wie wahr/falsch, gut/böse, weise/verrückt oder
auch schön/hässlich zuerkannt wird (vgl. Huizinga 1972, S. 23). Das Paar
Spiel/Ernst reproduziert und zeigt die Struktur der Opposition von real und fiktional, wo das Fiktionale die stärkere Seite, doch Realität die umfassendere Kategorie
ist: Das „Ernste" ist definiert als bloße Negation des Spiels und muss es ausschließen (wenn es ernst ist, spielt man nicht), während das Spiel Ernsthaftigkeit ein-
schließen kann (wenn man spielt, ist es ganz ernst) (Huizinga 1972, S. 77)[5]. Auf
ähnliche Weise kann die reale Realität nicht fiktional sein, während die Fiktion ihre
spezifische Realität aufbaut und verwaltet. Gerade wegen dieser höheren „logischen
Kraft" ist Spiel in der Lage, sich vom „echten Leben" zu entfernen und einen Bereich zu konstruieren, wo man nach eigenen Regeln und Zwecken „lebt" – geschützt von der grundsätzlichen Vereinbarung, dass man es nur „so tut" und die
Aussetzung vorläufig ist. Das Spiel fängt an und endet, dies weiß man von Anfang
an, und man bezahlt seine Freiheit mit seinem provisorischen Charakter: Seine
Regeln können ohne Vorbehalte akzeptiert werden, weil man weiß, dass dadurch
das reale Leben oder die „ernste" Welt nicht betroffen werden, zu denen man am
Ende des Spiels ohnehin zurückkehrt (vgl. Huizinga 1972, S. 27ff.; Haug 1998, S.
167; Luhmann 1996, S. 97). Auf diesem Ausnahmezustand begründet das Spiel
seine Stärke, die es ihm z. B. erlaubt, eine zwingende und unbestreitbare Ordnung
zu generieren, wie sie im „realen Leben" fast unmöglich zu finden ist. Wie Paul
Valéry sagt, „in Bezug auf Spielregeln ist keine Skepsis zugelassen" (zit. n. Huizinga

---

[4] Vgl. Huizingas (1972) bekanntes Argument, dass ab dem 17. bis 18. Jahrhundert eine fortlaufende
Autonomisierung, aber auch Marginalisierung des Spiels von anderen sozialen und kulturellen Angele-
genheiten stattgefunden habe. Das spielerische Element wird nach und nach der Moral, der Wissenschaft
und auch der Kunst fremd.
[5] Mit den Worten der Systemtheorie (z.B. Luhmann 1990, S. 200ff.): Spiel ist der Anschlusswert, Ernst
der Reflexionswert, obwohl die Unterscheidung Spiel/Ernst auf der Seite des Ernstes wieder eintritt.

1972, S. 31), weil diese Regeln die Realität aufbauen. Werden sie verletzt, bricht die Welt des Spiels zusammen und dringt die gewöhnliche Realität wieder ein, indem man fragt, wer gemogelt hat und warum. Worum es eigentlich beim Spiel geht, ist das immer schwierige und oft ungelöste Verhältnis von Notwendigkeit und Kontingenz: Während es in der traditionellen Gesellschaft als selbstverständlich galt, dass die wichtigsten Bezugspunkte notwendig klar definiert sein müssen, wirkt in der modernen Gesellschaft tendenziell nur das als überzeugend, was sich als kontingent darstellt: Unserer immer unvollständigeren und intransparenteren Welt macht das Spiel einen (begrenzten und vorläufigen) Perfektionsbereich verfügbar. Gerade durch Inszenierung einer Notwendigkeit, die sich als Ausnahme zeigt, praktiziert Spielen also eine „Einübung von Kontingenz" (Haug 1998, S. 167). Das Notwendige wird in kontingenter Modalität erfahren, die einzige in unserer Risikogesellschaft zugängliche Form.

Dasselbe Modell findet man in komplexerer Form in der wichtigsten modernen Variante des Spiels wieder: im sehr verbreiteten und artikulierten Bereich der *fiction*, ausgehend von der Romanfiktion seit dem 18. Jahrhundert bis zu den aktuellen Modalitäten der Filmerzählung und der *telenovelas*. Auch hier hat man es mit einer fiktiven, aber absolut zwingenden „zweiten Realität" zu tun, die so, wie sie ist, akzeptiert werden muss, ob sie gefällt oder nicht – auch und gerade weil man weiß, dass sie nicht wahr ist. Die Konstruktion ist aber komplexer, weil es nicht nur darum geht, das Verhalten der Spieler für die begrenzte Zeit des Spieles zu koordinieren – nachher wird alles wie früher und die Grenze des Spielfeldes ist wieder bloß eine Linie auf dem Boden. Sondern es geht auch darum, einen Bereich von Beziehungen zu verwalten, die eine eigene Autonomie und Stabilität gewinnen: Wenn einmal seine Fiktionalität akzeptiert worden ist, „existiert" Robinson Crusoe mit seinen Eigenschaften und Geschehnissen auch dann, wenn man mit der Lektüre aufhört. Der allwissende Autor setzt die Spielregeln und Kriterien, die nicht bestreitbar sind (eben weil er es „nicht ernst tut"): Aufgrund dieser *suspension of disbelief* können Verhaltensweisen und Beobachtungen, Einfühlungen und Lebensstile erprobt werden, die in der realen Realität unzugänglich und oft im Grunde unverständlich bleiben, wie verständlich die tiefen Motive der Individuen und selbst die Logik der menschlichen Geschehnisse auch seien. Die Welt der Fiktion ist, wie diejenige des Spiels, eine geordnete und notwendige Welt, in der der Zuschauer einen chronischen Zustand der Kontingenz praktiziert und einübt.

Gerade weil sie zum ersten Mal eine authentische Realitätsverdoppelung realisiert, distanziert sich die moderne Form der *novel* scharf von den in *romance* ausgedrückten früheren Erzählweisen: Die Novelle, welche die erste Form der Fiktion darstellt und sich nach Verbreitung des Buchdrucks entwickelt hat, ist realistisch und nah an den Problemen der Zeit – der Roman, zunächst vorwiegend mündlich und auf jeden Fall nicht massenmedial angesetzt, ist phantastisch und in einer mehr oder weniger fernen imaginären Vergangenheit angesiedelt. Die Novelle befasst sich außerdem zum ersten Mal mit den privaten Geschehnissen gewöhnlicher Menschen und zeigt eine geheime, nur in den besonderen Formen der Fiktion zugängliche Realität (vgl. Celati 1986, S. 5ff. und S. 41ff.; Davis 1983, S. 35ff. und S. 120). Sie baut also eine eigene, explizit erfundene Realität auf, die gerade deshalb es nicht nötig hat, ihre „Irrealität" mit Zeitdistanz oder mit einer offenkundigen Unwahrscheinlichkeit zu markieren. Sie zeigt eine absolut realistische, private, gewöhnliche und plausible Realität – gerade weil man weiß, dass sie fiktiv ist. Der Roman stellt in realistischer Form eine erfundene Welt dar.

Die Freiheit des Spiels – geschützt davon, dass „man es nicht ernst tut" – drückt sich im Roman in der Freiheit der Fiktion aus, die es dem Leser/Zuschauer erlaubt, die Beobachtungen und Geschehnisse der Personen mit einer Durchsichtigkeit und Notwendigkeit zu beobachten, wie sie im realen Leben nie möglich sind. Es ist sowieso nur Erfindung – die dann immer anders sein könnte: Die Notwendigkeit wird bestätigt und negiert zugleich. In der Beschäftigung mit den realistischen und plausiblen Geschehnissen der erzählten Personen erfährt der Zuschauer hier diejenige Beobachtung zweiter Ordnung, die er mehr oder weniger bewusst auch in seinem realen Leben praktiziert (vgl. von Foerster 1981). Man spricht von Beobachtung zweiter Ordnung in dem Fall, in dem der Beobachter ein zureichendes Abstraktionsniveau erreicht, um die „Beobachtung erster Ordnung" zu überwinden, welche sich einfach mit einer Welt von Objekten auseinandersetzt. Dann fängt er an, die Beobachter selbst als spezifische Objekte seiner Welt zu beobachten, die sich ihrerseits mit einer eigenen Welt von Objekten, möglicherweise auch von Beobachtern, auseinandersetzen. Die unvermeidliche Folge ist eine Kontingenzsteigerung, weil die eindeutige Welt sich in der Mehrheit der Welten der verschiedenen Beobachter vervielfältigt und jeder Bezug in der Welt eines Beobachters in der Welt eines anderen Beobachters nicht existieren oder anders sein kann – und beide können das beobachten. In der Praxis der Fiktion erfährt der Beobachter gerade diejenige „Einübung von Kontingenz", die es erlaubt, die Intransparenz des Alltags zu strukturieren und sich in ihr zu orientieren.

Das erklärt auf der einen Seite die scheinbare Paradoxie, dass man sich für die ziemlich banalen Geschehnisse ganz normaler Personen ohne jegliche moralische Höhe noch Vorbildhaftigkeit (wie sie die Heiligen und Helden der früheren Erzählungen noch besaßen) interessiert und engagiert, obwohl man weiß, dass sie weder existieren noch je existierten. Doch werden sie, weil erfunden, zugänglich. Und dies erklärt auch das komplexe Spiegelungsverhältnis zwischen Realität und Fiktion, das die Erfindung in ihren Folgen real macht: Gerade weil erfunden, erlaubt uns die Fiktion, Beobachtungsformen zu erproben, die unsere Art und Weise, reale Menschen und auch uns selbst zu beobachten, zu modifizieren, indem wir Gefühle, Leidenschaften, Beobachtungen und Blindheiten zuschreiben, wie wir sie in der verständlicheren und geordneten Realität der Fiktion kennen gelernt und beobachtet haben. So wie im Spiel beugt sich die Realität dazu herab, die Folgen der Imagination anzunehmen und anzuerkennen: Obwohl das Glücksspiel verboten ist, sehen z. B. die Gesetze die Pflicht vor, Spielschulden zu bezahlen, und anerkennen damit die Realität der Fiktion, auch jenseits der eigenen Vorschriften.

Individuelle und kommunikative Komponenten des Spiels

Die Einübung von Kontingenz folgt im Spiel zwei unterschiedlichen Modellen, die der grundsätzlichen Artikulation des spielerischen Bereichs entsprechen, der Differenz von individuellem und kollektivem Spiel. Kollektive Spiele haben oft einen antithetischen Charakter, d. h. eine Wettkomponente (wer gewinnt?), die in den einzelnen Spielmodalitäten (Patience, Bauspiele, Kreuzworte usw.) in ein Element der Spannung und Unsicherheit übergeführt wird: Wird es gelingen? Wird das Ergebnis erreicht? (vgl. Huizinga 1972, S. 80) Diese Artikulation entspricht der ebenso grundsätzlichen Unterscheidung zwischen individuellem und kollektivem Gebrauch der Medien, bekannt vor allem für den Fall der Schrift. In mündlichen Kulturen ist bekanntlich die schriftliche Aufnahme von etwas zuerst als Gedächtnisstütze (aide-mémoire) eingeführt worden, um die Erinnerung zu erleichtern und zu unterstützen, nicht zum Zweck der Fernkommunikation. Der kommunikative Gebrauch der Schrift, um anderen Daten und Informationen mitzuteilen, entsteht erst später (vgl. ausführlicher Esposito 2002, S. 47ff. und S. 103ff.). Er ist logisch und operativ getrennt vom individuellen Gebrauch, wenn man sich z. B. Notizen für späteres Nachschlagen macht.

Dasselbe passiert mit dem Spiel und vermutlich auch mit der Realitätsverdoppelung der Fiktion: Man kann in der individuellen Modalität spielen, um die eigene Selbstreferenz zu artikulieren, wie im Fall der den Körper involvierenden Spiele, des Ballspiels oder einiger Sportpraktiken bis zu Formen der Selbstbeobachtung wie Rätselraten. Man spielt dann, um sich mit sich selbst auseinander zu setzen und zu lernen, die eigenen Verhaltensweisen zu kontrollieren und zu verwalten – ohne die Beziehung zu den anderen einzubringen. Man kann jedoch auch spielen, um sich mit den anderen auseinander zu setzen, und wie im Fall der Kommunikation die soziale Ebene ins Spiel bringen: In diesem Fall wird die doppelte Kontingenz der sozialen Verhältnisse, also die Beziehungen zu den anderen, artikuliert (vgl. Luhmann 1984, S.148ff.), wie in Mannschaftsspielen, Kartenspielen oder ähnlichem. Das Spiel bietet mit seinen Regeln und der dadurch generierten strukturierten Diskretionalität (vgl. Haug 1998, S. 167) die Gelegenheit, die Intransparenz der anderen gleichsam „domestiziert" zu beobachten und dabei eine umschriebene Form der Beobachtung zweiter Ordnung zu praktizieren. Im Spiel ist das Verhalten der anderen zugleich voraussagbar (jeder Spieler kann nur weniges und das nur in der von den Spielregeln vorgeschriebenen Formen tun) und überraschend (man weiß nicht, welchen Zug er tun wird): Im Bereich des erlaubten Verhaltens kann er, wie er will, entscheiden, kann riskieren und überraschen oder sogar auf die Beobachtung und die Erwartungen der anderen spekulieren – wie im Bluff. Im Spiel setzt man sich dann zugleich mit den Bindungen und mit der Offenheit der Kontingenz des sozialen Verhaltens auseinander.

Im voraussetzungsreicheren Bereich der Fiktion, die immer eine kommunikative Komponente hat (das Buch oder der Film wurden von jemandem geschrieben oder gedreht, um etwas zu kommunizieren), findet man dieselbe Unterscheidung zwischen individueller und kommunikativer Orientierung wieder. Im kommunikativen Gebrauch folgt man den Geschehnissen der fiktiven Figuren, um die anderen zu beobachten, also um sich in der Beobachtung zweiter Ordnung in Formen „einzuüben", die dann auch in der realen Erfahrung praktiziert werden: Die realen Menschen und ihr Verhalten werden nach den in der Fiktion experimentierten Schemata interpretiert und nicht umgekehrt (z. B. Baudrillard 1995) – oder beides zugleich in einem komplexen Verhältnis der gegenseitigen Spiegelung. Beim individuellen Gebrauch benutzt man die Kommunikation, um sich selbst zu beobachten – entsprechend der modernen, vielfach behandelten Problematik des Verhältnisses von Kopie und Authentizität (vgl. Esposito 2004, § 4.III). Das Individuum entdeckt seine Originalität in der Beobachtung der Beobachtung der anderen in der Fiktion, also durch Modelle, denen er sich fügen kann oder von denen er abweichen kann – auf jeden Fall mit der Möglichkeit, sich selbst strukturiert zu beobachten, zu lokalisieren und selbst zu erkennen (meistens aber ohne darin die reflektierte Natur der Selbstbeobachtung zu erkennen, also die Paradoxie der Originalität dessen, was jedes originelle Individuum mit allen anderen gemeinsam hat). Es handelt sich in beiden Fällen um neutralisierte und gebundene Formen der Beobachtung zweiter Ordnung, wo die Möglichkeiten zugleich völlig offen und risikofrei sind, weil die in der fiktiven Welt erfahrenen Abenteuer und Geschehnisse im realen Leben keine Folgen haben – außer für die Art und Weise, wie sie zur Gestaltung der Beobachtungskompetenz des Lesers/Beobachters beigetragen haben.

Der besondere Realitätsbezug von Kunst

Am Anfang dieses Beitrags sind wir von einer Parallelität von Kunst und Spiel ausgegangen und von der Hypothese, dass in beiden Bereichen (obwohl nunmehr
scharf voneinander getrennt) die moderne Gesellschaft eine Form der Realitätsverdoppelung realisiert, die das Vorhandensein und den Einfluss der Massenmedien
voraussetzt. Bisher haben wir den Fall des Spiels behandelt: Jetzt wollen wir überprüfen, ob und wie entsprechende Überlegungen in Bezug auf den Bereich der
ästhetischen Kommunikation angebracht sind.

Auch die moderne Kunst vollzieht ihre Realitätsverdoppelung, indem sie Objekte realisiert, die eine spezifische Beobachtungsform verlangen, mit anderen Kriterien und Referenzen als denjenigen der „normalen" Objekte des Alltags (vgl.
Luhmann 1976, S. 248; 1986, S. 625; 1995, S. 229ff.). Die moderne Kunst bildet die
Natur nicht ab, stellt sich also nicht in Kontinuität mit der Welt, sondern „inszeniert" eine andere Art und Weise, die Objekte – die besonderen als Kunstwerke
konstruierten Objekte – zu sehen. Auch in diesem Fall betrifft die Realitätsverdoppelung die Differenz von Kontingenz und Notwendigkeit und schafft eine Ordnung, die gerade ausgehend von ihrer kontingenten Herkunft notwendig ist: Ein auf
die Differenz Passen/Nichtpassen orientiertes Kunstwerk wird in Bezug auf den
Umstand beobachtet, dass jeder Schritt seines Erstellens (jeder Pinselstrich in einem
Bild, Ausschnitt in einem Film, Wortwahl in einem Gedicht) im Kontext des Objekts angemessen ist und mit den anderen harmoniert: bis zur Entstehung des Ein-
drucks einer Ordnung, die nicht anders sein könnte, die so „gut ist" und – auch und
gerade weil sie vom Künstler geschaffen worden ist – nicht anders existieren und
entwickelt sein könnte: Die Strenge des Werks entsteht erst im Aufbau des Objekts
und spiegelt keine a-priori-Notwendigkeit. Das Kunstwerk wird als solches gerade
wegen dieser inneren (mehr oder weniger gelungenen) Notwendigkeit erkannt, die
es als ein Ganzes erscheinen lässt, und aufgrund der Konstruktionserfordernisse
„zusammenhält".

Deshalb sagt Luhmann, dass die Funktion der Kunst im „Nachweis von Ord-
nungszwängen im Bereich des nur Möglichen" (Luhmann 1995, S. 238) bestehe, mit
der Folge der „Ausstattung der Welt mit einer Möglichkeit, sich selbst zu beobachten" (Luhmann 1995, S. 235) – darin liege der Unterschied zu dem freieren und
imaginären Bereich der Unterhaltung und des Spiels. Es handelt sich aber in beiden
Fällen um Experimente mit der „Notwendigkeit der Kontingenz" in einer Gesellschaft, die jeden zwingenden notwendigen Bezug verloren hat: Das Spiel und die
Fiktion denken sich einen Apparat von notwendigen Regeln aus, innerhalb derer
man mit der gewünschten Freiheit operieren kann, während die Kunst sich die

Freiheit nimmt zu zeigen, dass auch im Bereich der reinen Kontingenz abgeleitete Formen der Notwendigkeit entstehen.

Anscheinend braucht unsere nunmehr endgültig auf die Form der Beobachtung zweiter Ordnung übergegangene Gesellschaft solche scheinbar sekundären und marginalen Bereiche, um mit den daraus resultierenden Formen und Bindungen zu experimentieren – also mit den gegenseitigen Verhältnissen verschiedener Realitätsmodalitäten. Im Verhältnis zur realen Welt sind dann Kunst und Spiel anders: Während für Spiel und Fiktion die Realität bloß dazu dient, Alternativen frei aufzubauen (die unendlichen Welten der Fiktion, von denen man sich hineinziehen lässt, als ob sie wahr wären), hält die Kunst den Bezug zur Realität immer aufrecht. Wie immer abstrakt und schlecht verständlich, bezieht sich die Kunst auf die reale Welt. Ihre Interpretation als Kunst verweist darauf, dass das produzierte Objekt (das Werk) der Welt zeigt, dass eine Ordnung auch außerhalb dessen, was real geworden ist, generiert werden kann, dass man sich dann damit auseinandersetzen muss – als alternative Möglichkeit, als Kritik, als Projektion oder als Illusion. Während Fiktion und Spiel eine Welt schaffen, deren Realität gerade darauf beruht, dass sie erfunden, also nicht real ist, arbeitet die Kunst mit den von der Realität offen gelassenen Möglichkeiten – mit dem, was sich nicht realisiert hat, weil etwas anderes real geworden ist, worauf die Kunst als Mahnung oder als Horizont erinnert. Die Kunst operiert gleichsam in Kontinuität mit der Welt und irritiert sie, indem sie ihr mögliche Alternativen zeigt. Sie bringt also die erste Welt dazu, sich in der Form der zweiten Ordnung zu beobachten, während die Unterhaltung, also Spiel und Fiktion, eine zweite Welt inszeniert, die in der Form der ersten Ordnung beobachtet wird.

Diese sehr abstrakte Differenz kann konkreter in den Fällen erprobt werden, wo ein und dasselbe Objekt sowohl als Kunstwerk, als auch als Unterhaltung erfahren werden kann. Die Differenz liegt dann nicht im Objekt selbst, sondern in der Kommunikationsmodalität, also im Verhältnis zur ersten Bezugsrealität[6]. Ein Hitchcock-Film kann z. B. als Unterhaltung oder als Kunstwerk gesehen werden, und in beiden Fällen sind die Kommunikationsmodalitäten und die Folgen anders. Nimmt man ihn als Unterhaltung, beschränkt man sich darauf, sich in die Geschehnisse und die zweite Realität der Fiktion verwickeln und absorbieren zu lassen, obwohl man weiß, dass der Film von jemandem gedreht worden ist. Obwohl man also weiß, dass es sich um Beobachtung zweiter Ordnung handelt, neigt man dazu, sie so zu beobachten, als ob sie eine Beobachtung erster Ordnung (einer anderen Realität) wäre, und deshalb lässt die Unterhaltung jede Spur des Autors vom Eindruck des Zuschauers verschwinden: Er beobachtet direkt eine Welt, die nicht exis-

---

6 Gemäß der Systemtheorie handelt es sich um eine strukturelle Kopplung zweier verschiedener Funktionssysteme (Kunst und Massenmedien); vgl. Luhmann 1996, Kap. 9.

tiert. Sieht man dagegen den Film als Kunstwerk, hält man sich bei den ästhetischen Entscheidungen auf, berücksichtigt man den Bildausschnitt und die Produktionswahl, zieht man immer die Perspektive des Künstlers in Betracht, seine Entscheidungen und das, was hätte anders gestaltet werden können: Man bleibt also in der realen Welt, deren Möglichkeiten projiziert und experimentiert werden[7].

Der neuartige Realitätsbezug von Computerspielen

Kehren wir aber zu unserem eigentlichen Thema zurück, dem Realitätsbezug von Medien und seine Einwirkung auf das Realitätsbild der Gesellschaft. Unsere Ausgangshypothese war, dass die Annäherung/Trennung von Kunst und Spiel auf der Basis der entsprechenden Form von Realitätsverdoppelung die Verfügbarkeit von Massenmedien voraussetzt, also eine ausreichend komplexe Kommunikationslage, um einen „Überschuss an Möglichkeiten" zu generieren, der dann in verschiedenen Modalitäten der Konstruktion von alternativen Realitäten mündet.

Die heutige mediale Landschaft hat sich aber verändert: Die Massenmedien sind inzwischen nur eine der medialen Formen, die unsere Gesellschaft kennzeichnen. Mittlerweile sind telematische und kybernetische Medien vorhanden, die unter die Bezeichnung „neue Medien" fallen und welche die früheren Anwendungsmöglichkeiten erweitern. Welche Folgen hat das für unser Thema? Was passiert mit den Verhältnissen von Kunst und Spiel im Zeitalter des Internets? Gilt angesichts neuer Phänomene wie *videogames*, die fast unbemerkt zur sehr gesuchten *killer application* der neuen Technologien geworden zu sein scheinen, der *video art* und der immer ausdifferenzierteren Verhältnisse zwischen Benutzer und Maschine, noch das bisher dargestellte Modell von Realitätsverdoppelung?

Im Fall der Massenmedien hat, wie gezeigt, die Zwischenschaltung von Technik eine Distanzierung vom unmittelbaren Kontext ermöglicht, aus dem der für die Realitätsverdoppelung entscheidende Überschuss an Möglichkeiten entstanden ist – daher die modernen Formen der Kunst und des Spiels/ der Fiktion. Bei den neuen Medien greift die Technik gravierender ein, wie der Ausdruck „Interaktivität" aussagt. Computer sind die beste Verwirklichung der nicht-trivialen Maschinen im Sinne von Foerster (vgl. 1993; S. 309ff.): Maschinen, die nicht wie die uns vertrauteren („trivialen") Technologien voraussagbar und berechenbar sind (außer wenn sie kaputt sind), sondern Maschinen, deren normales Verhalten eine Überraschung

---

[7] Luhmann (1996, S. 123f.) führt die Differenz auf die Umgangsweise mit Information zurück: In der Kunst wird sie als Selektion erfahren, die anders sein könnte und sich rekursiv im vom Kunstwerk aufgebauten Netz rechtfertigt, in der Unterhaltung wird sie bloß als Überraschung erlebt, ohne sich nach ihrer Herkunft zu befragen.

einschließt – wie der scheinbar harmlose Begriff *information processing* ausdrückt.
Computer sind Maschinen, die zuerst und grundsätzlich keine Güter, sondern Information produzieren müssen, und Information ist im Kern immer Neuheit und
Überraschung. Auf kommunikative Prozesse angewendet, haben diese Maschinen
also den Zweck, Daten zu verarbeiten bis zur Produktion von anderen Informationen als den ursprünglichen, die dann dem Benutzer verfügbar gemacht werden.

So entsteht eine unvorhergesehene Kommunikationslage: Während in unseren
vertrauteren Kommunikationsformen die Empfänger eine Mitteilung auf den
Kommunikationspartner, mit dem sie direkt kommunizieren, beziehen, bringt die
Zwischenschaltung der Maschine eine neue Undurchsichtigkeit hervor. Mit wem
kommuniziert der Benutzer, der aus dem Computer Informationen gewinnt? Wer
ist der Partner? Kommuniziert er mit dem Techniker, der das Programm geschrieben hat (und auf welchem Programmniveau unter den vielen, die den Computer
bestimmen, von der Maschinensprache bis zu den Sprachen höherer Ordnung)? Mit
demjenigen, der die Daten eingeführt hat und der die daraus resultierende Information vermutlich gar nicht kennt? Oder vielleicht mit sich selbst im Spiegel der Maschine?

Die Abkopplung vom unmittelbaren Kontext, die wir schon bei den Massenmedien kennengelernt haben, scheint hier einen weiteren Schritt zu einem zusätzlichen Möglichkeitsüberschuss gegangen zu sein: Sender und Empfänger können sich
nicht nur von ihrem kommunikativen Kontext distanzieren, sondern sie können
sich sogar von einem kommunikativen Kontext überhaupt distanzieren. Der Sender
braucht keine vollständige Kommunikation zu produzieren (auch keine so lockere
Kommunikation wie im Modell des „offenen Kunstwerks", wo der Empfänger die
Freiheit hat, es zu interpretieren, wie er will), weil er nicht wissen kann, was der
Partner tatsächlich empfangen wird. Die selbst für die Hermeneutik unerlässliche
Voraussetzung der Sinneinheit von Kommunikation (vgl. dazu Esposito 1996) wird
faktisch aufgegeben: Sender und Empfänger haben nicht mit demselben (wie immer
frei interpretierten) Sinn zu tun. Der Sender wird sich dann darauf beschränken,
Anstöße (Daten) zu geben, die andersartige und unvoraussehbare Kommunikatio-
nen im Moment produzieren können, in dem ein anderer Benutzer sie gebraucht.
Und dieser Benutzer wird nichts interpretieren, weil er sich auf keine kommunikative Absicht und auf keine Mitteilung beziehen kann, sondern wird seine eigene
Kommunikation je nach Interesse und Bedürfnis produzieren.

Der so entstehende Möglichkeitsraum (der natürlich denjenigen der Massenmedien nicht ersetzt, sondern für andere Zwecke und Bedürfnisse hinzugefügt
wird), entspricht der Differenz zwischen Fiktion und Virtualität im informatischen
Bereich (vgl. Esposito 1998) – also der Differenz zwischen der „traditionellen"

Form von Realitätsverdoppelung und der Produktion einer neuen „Qualität" von Realität, die die Welt nicht verdoppelt, sondern sich zu ihr in ein andersartiges Verhältnis stellt, nicht i. S. von Spiegelung, sondern von Alternative. Spiel, Kunst, Fiktion und die anderen uns inzwischen vertrauten Formen der Realitätsverdoppelung erlauben es, die Kontingenz ausgehend von einer grundlegenden Notwendigkeit einzuüben, in der „geschützten" Lage der Fiktion oder des Spiels: die Notwendigkeit gestützt auf die Regeln des Spiels oder auf die Perspektive des Autors. Sie stellen eine geordnete und notwendige Welt zur Verfügung, weil sie auf Regeln beruht, die unbestreitbar sind, will man diese Welt nicht vernichten. Die neue virtuelle Welt der informatischen Kommunikation beruht auch auf strengen Regeln und Programmen, aber in sie kann man eingreifen, den Verlauf der Geschehnisse verändern, mit den Personen interagieren, das eigene Verhalten oder sogar die eigenen Eigenschaften modifizieren (man operiert meistens mit Avataren). Indem die virtuelle Welt – den grundlegenden Umstand voraussetzend, dass sie „nicht existiert" – als notwendig erscheint, ermöglicht sie der Kontingenz nicht nur auf dem Niveau der Beobachtungen, sondern auch auf dem Niveau der Operationen (der Konstruktion der Welt) einzugreifen.

Wie wirkt sich das im Bereich des Spiels aus? Im individuellen Spiel artikuliert und experimentiert, wie oben ausgeführt, der Spieler die eigene Selbstreferenz, indem er sie in den strukturierten Formen des Spiels und der Fiktion spiegelt. Hat man mit dem Virtuellen zu tun, ist es so, als ob der Spieler selbst in einen Spiegel einträte, der sich nach seinem Verhalten biegt und verändert. Der Computer – eine bekanntlich vollkommen deterministische Maschine – kann am besten überraschend und unvorhersehbar (also unterhaltsam) sein, wenn in ihm Dispositionen enthalten sind, die es ihm erlauben, sich am immer veränderlichen und zum Teil unkontrollierten Verhalten des Spielers zu orientieren. Der Computer reagiert immer anders, weil der Spieler sich immer anders verhält. Er „ernährt sich" von der Kontingenz des Spielers, um das eigene Verhalten abwechslungsreich und unvorhersehbar zu machen. Wenn der Partner ein Computer ist, spiegeln wir in unseren Gegner Varianten unseres eigenen Spielverhaltens hinein. Im informatischen Spiel beobachtet der Spieler sich selbst, aber aus einer divergenten Perspektive. Er beobachtet sich selbst, als ob er ein anderer wäre, und dabei geht er von der Beobachtung zweiter Ordnung (Beobachtung von Beobachtern) zu einer Art kybernetisch unterstützten Beobachtung dritter Ordnung (Beobachtung der Selbstbeobachtung von Beobachtern) über.

Dieselbe Beobachtung dritter Ordnung findet man auch im kollektiven informatischen Spiel, wie beim heutzutage viel diskutierten Modell von „Second Life" und ähnlichen Angeboten (wie World of Warcraft oder Eve Online). Hier wird typischerweise mit Avataren gespielt – mit virtuellen Doppelgängern, die mit den Avataren anderer Spieler interagieren – in einer virtuellen Realität, in der man sich nicht darauf beschränkt, die Beobachtung der Anderen zu beobachten, sondern genug Distanz hat, um in die von ihnen beobachtete Welt einzugreifen und die Folgen davon zu überprüfen. Wie man schon seit Mead weiß (vgl. Mead 1943, S. 189) muss man immer, um angemessen zu spielen, fähig sein, „to take the role of the other", also zu beobachten, wie er beobachtet, um das eigene Verhalten an diese Perspektive anzupassen. Im virtuellen Spiel wird man selbst zu diesem anderen und lässt ihn operieren, in der Form eines Avatars, dessen Eigenschaften, Vorlieben und Verhaltensweisen frei gewählt worden sind, und der sich mit anderen Spielern auseinandersetzt (deren Rollen man übernimmt): Selbst die Beobachtung zweiter Ordnung geht dann von einer kontingenten Perspektive aus, und die Spieler wissen es. Ein Spieler, der anders sein könnte, setzt sich mit anderen Spielern auf eine Weise auseinander, die anders sein könnten.

Erprobung neuer Qualitäten von Kontingenz als gesellschaftliche Herausforderung

Alles ist also kontingent geworden. Was für einen Sinn hat diese Steigerung der Kontingenz? Das beschäftigt die Mehrheit der Kommentatoren von Second Life – was an die Rätsel am Anfang der Fiktion im 17. und 18. Jahrhundert erinnert: Damals fragte man sich, warum man sich für die banalen Geschehnisse absolut normaler Personen (wie Moll Flanders von Defoe oder Pamela von Richardson) interessieren solle, die zudem erfunden waren; heute fragt man sich, ob es nicht dumm sei, ein virtuelles Leben in der informatischen Welt zu leben, wo man ähnliches wie in der Realität tut: Man arbeitet, investiert, gibt in Second Life „Linden Dollars" aus, trifft fiktive Menschen usw. (z. B. Turani 2007). Das Problem des Virtuellen – wie das der fiction – wäre, dass es zu realistisch ist.

Im Fall der Fiktion antwortet man, dass die explizit falsche Realität es erlaubt, ordentlich und verständlich Lagen und Verhalten zu beobachten, die in der realen Realität intransparent sind und dabei mit einer Kontingenz zu experimentieren, die dann im konkreten Verhalten praktiziert wird. Man lernt im Spiel und in der Fiktion mit Beobachtung zweiter Ordnung umzugehen. Im Fall der Virtualität antwortet man oft (Turani 2007), dass im zweiten Leben „Kompetenzen gelernt werden" – man lernt also nicht nur zu beobachten, wie die anderen beobachten, sondern auch wie sie operieren, handeln und entscheiden: mit dem Mittel der stellvertretenden Form des Avatars, der anders sein könnte und den es genauso nicht geben könnte. Man lernt also, auch mit Operationen kontingent umzugehen.

Wozu all das in Bezug auf die Flüssigkeit und Unwahrscheinlichkeit der Kommunikationsverhältnisse führen kann, ist eine noch ganz offene Frage. Sicher erprobt unsere (nicht zufällig auch Risikogesellschaft genannte) Gesellschaft eine vorher unbekannte Qualität von Kontingenz, die vom Niveau der Beobachtungen zum Niveau der Operationen übergeht: Nicht nur unsere Interpretation hängt von unserer Perspektive ab, sondern auch die Art und Weise, wie die zu interpretierende Welt gebaut ist. Das ist die Verbindung mit der Risikofrage: Für eine richtige Entscheidung, die später nicht bedauert wird, reicht es nicht aus, sich zu informieren, sondern man muss auch die Art und Weise berücksichtigen, wie unsere Entscheidung die Umstände modifiziert, die man berücksichtigen soll – und deshalb wird jede Entscheidung unvermeidlich riskant. Wenn früher die Betrachtung ausreichte, dass man anders beobachten kann, sollte man heute beobachten, dass die Beobachtungsmöglichkeiten davon abhängen, was man tut, während man, um es zu tun, beobachten muss.

Das ist es, was man im neutralen Bereich des Virtuellen experimentiert, und das kann die Faszination seiner scheinbaren Banalität erklären. Wir müssen allerdings noch sehen, wie das virtuelle Leben auf das einwirkt, was zur Realität wird – wie die Erfahrungen im Bereich der Fiktion nicht aufhören, unsere Beobachtung des realen Lebens zu formen. Vielleicht kann man darin den Beitrag der Kunst und ihrer spezifischen Form der Realitätsverdoppelung sehen: Solange die Differenz zur Unterhaltung bleibt, bewahrt in allen ihren Möglichkeitsprojektionen die Kunst die Kontinuität zur realen Welt. Auch als Computerspiel operiert dagegen die Unterhaltung auf der Ebene der Beobachtung erster Ordnung: Man amüsiert sich, weil man handelt „als ob" man sich tatsächlich in der virtuellen Realität befände (obwohl man sich ihrer Irrealität ganz bewusst ist). Die Kunst zwingt dagegen dazu, sich selbst und die eigene Welt auf Ebene einer höheren Ordnung zu beobachten, die hier die dritte Ordnung sein könnte. Die Kunst produziert Objekte, die uns zur Beobachtung zwingen, wie unsere Möglichkeiten selbst anders sein könnten, wäre die Realität anders.

In der virtuellen Kunst, die eine immer andersartige nicht-existierende Realität je nach Interaktion mit dem Benutzer inszeniert, wird nicht nur die Realität, sondern auch die Imagination kontingent – und dies auf nicht zufällige Weise. Die Kunst produziert typischer Weise gleichzeitig Entfremdung und Horizonterweiterung. Was der Benutzer/Zuschauer im Fall der neuen Technologien erfährt, ist seine direkte Einwirkung auf die alternative Realität: Nicht nur die Welt könnte anders sein, sondern es existieren diese Realitäten und alternativen Möglichkeiten nicht in der Leere – sie hängen immer und unausweichlich von unserem Verhalten und von unseren Möglichkeitsprojektionen ab. Im Virtuellen wird die Realität des

Möglichen erprobt, und diese Erfahrung kann für eine Gesellschaft, die immer stärker eine der Notwendigkeit der Kontingenz ausgesetzte Gesellschaft ist, wertvoll sein. Unsere Gesellschaft muss sich mit den unabwendbaren Bindungen von Entscheidungen auseinandersetzen, die anders sein könnten; aber die heutige Gesellschaft ist noch ziemlich unfähig, mit dieser Lage bewusst umzugehen.

Literatur

Assmann, Jan (1992): Das kulturelle Gedächtnis. Schrift, Erinnerung und politische Identität in frühen Hochkulturen, München: Beck

Baudrillard, Jean (1995): Le crime parfait. Paris: Galilée

Celati, Gianni (1986): Finzioni occidentali. Torino: Einaudi

Davis, Lennard J. (1983): Factual Fictions. The Origins of the English Novel. New York: Columbia University Press

Esposito, Elena (1996): Observing Interpretation: A Sociological View of Hermeneutics. In: Modern Language Notes, Volume 111, S. 593-619

Esposito, Elena (1998): Fiktion und Virtualität. In: Krämer, Sybille (Hrsg.): Medien – Computer – Realität. Frankfurt a. M.: Suhrkamp, S. 269-296

Esposito, Elena (2002): Soziales Vergessen. Formen und Medien des Gedächtnisses der Gesellschaft. Frankfurt a. M.: Suhrkamp

Esposito, Elena (2004): Die Verbindlichkeit des Vorübergehenden. Paradoxien der Mode. Frankfurt a. M.: Suhrkamp

Esposito, Elena (2007): Die Fiktion der wahrscheinlichen Realität. Frankfurt a. M.: Suhrkamp

Foerster, Heinz von (1981): Observing Systems. Seaside (Cal.): Intersystems Publications

Foerster, Heinz von (1993): Für Niklas Luhmann: Wie rekursiv ist Kommunikation? In: Teoria sociologica, 2 Jg., Heft 1, S. 61-88

Goody, Jack (1991): The Time of Telling and the Telling of Time in Written and Oral Cultures. In: Bender, John/ Wellbery, David E. (Hrsg.): Chronotypes. The Construction of Time. Stanford: University Press, S. 77-97

Haug, Walter (1998): Kontingenz als Spiel und das Spiel mit der Kontingenz. Zufall, literarisch, im Mittelalter und in der frühen Neuzeit. In: Graevenitz, Gerhart von/ Marquard, Odo (Hrsg.): Kontingenz. Poetik und Hermeneutik XVII. München: Fink, S. 151-172

Havelock, Eric (1963): Preface to Plato. Cambridge (Mass.): Harvard University Press

Huizinga, Johan (1972): Homo ludens. Milano: Il Saggiatore

Luhmann, Niklas (1976): Ist Kunst codierbar? In: Schmidt, Siegfried J. (Hrsg.): „schön": Zur Diskussion eines umstrittenen Begriffs. München, S. 60-95

Luhmann, Niklas (1984): Soziale Systeme. Grundriß einer allgemeinen Theorie. Frankfurt a. M.: Suhrkamp

Luhmann, Niklas (1986): Das Kunstwerk und die Selbstreproduktion der Kunst. In: Gumbrecht, Hans Ulrich/ Pfeiffer, Karl Ludwig (Hrsg.): Stil: Geschichten und Funktionen eines Kulturwissenschaftlichen Diskurselements. Frankfurt a. M.: Suhrkamp, S. 620-672

Luhmann, Niklas (1989). Die Ausdifferenzierung der Religion. In: ders.: Gesellschaftsstruktur und Semanitk. Studien zur Wissenssoziologie der modernen Gesellschaft, Bd. 3. Frankfurt a. M., S. 259-357

Luhmann, Niklas (1990): Die Wissenschaft der Gesellschaft. Frankfurt a. M.: Suhrkamp

Luhmann, Niklas (1995): Die Kunst der Gesellschaft. Frankfurt a. M.: Suhrkamp

Luhmann, Niklas (1996): Die Realität der Massenmedien. Opladen: Westdeutscher Verlag

Luhmann, Niklas (1997): Die Gesellschaft der Gesellschaft. Frankfurt a. M.: Suhrkamp

Luhmann, Niklas (2000): Die Religion der Gesellschaft. Frankfurt a.m.: Suhrkamp

McLuhan, Marshall (1964): Understanding Media. New York: McGraw Hill

Mead, George H. (1943): Mind, Self and Society. Chicago: The University of Chicago Press

Turani, Giuseppe (2007). "Internet: tutti in rete con gli Avatar". Affari e finanza von La Repubblica, Beilage vom 10. September 2007

Vaihinger, Hans (1922): Die Philosophie des als ob. Hamburg: Meiner

Medienreligiosität
Religiosität als anthropologische Dimension und ihre medienvermittelten Formen

Rüdiger Funiok

Medien und Religion – eine alte Liaison

Religion hatte schon immer mit Medien zu tun, weil religiöses und rituelles Handeln wesentlich kommunikatives Handeln ist und „Worte Gottes" seit etwa 2500 Jahren schriftlich fixiert wurden. Rüpke (2007) zeigt dies in seiner kleinen historischen Studie auf, in der er zwischen Verstehens- und Verbreitungsmedien unterscheidet. Es beginnt mit den *Verstehensmedien* Ritual und Sprache. In der religiösen Versammlung gelte es nicht nur das Verstehen zwischen Predigern und Zuhörern zu sichern, sondern auch das Verstehen der Anwesenheit des Göttlichen: Da es als transzendente Wirklichkeit nicht empirisch gegeben ist, brauche es in besonderer Weise Rituale und Sprache, um in der Mitte der Gläubigen repräsentiert zu werden.

Mit den *Verbreitungsmedien* Buch/Zeitschrift, Film, Rundfunk und Internet werde die direkte religiöse Kommunikation „auf Dauer gestellt", in andere kommunikative Kontexte gerückt. Dies gelte in besonderer Weise von den „Buchreligionen": Sie re-oralisieren die heiligen Schrifttexte zwar in der gottesdienstlichen Versammlung, ermöglichen (und ermuntern zum Teil) aber auch ihr Lesen in privaten Kontexten. Zu den medialen Strategien von Religionen gehören neben der Dokumentation und Speicherung von Offenbarungstexten immer auch die Visualisierung des Göttlichen und die Dramatisierung von Ritualen.

Auf jeden Fall sei „Medialisierung" von Religion kein neues, erst mit den „neuen Medien" einsetzendes Phänomen. „Die intensive Bemächtigung wechselnder medialer Formen durch Religionen scheint der religionshistorische Normalfall zu sein." (ebd., S. 27) Dabei machten sich Religionen aber auch abhängig von den Eigengesetzlichkeiten ihrer Medien – weshalb ihr Verhältnis zu den Medien immer auch ein kritisches ist: „Das Medium *ist* nie der religiöse Inhalt, jede festgestellte Repräsentation verliert schon wieder die notwendige kommunikative Offenheit." (ebd., S. 28) Die Bilderverbote des Judentums und Islams belegen dies; im Byzanz des 8. Jahrhunderts gab es immerhin einen heftigen *Streit* um religiöse Bilder, und auch in Westeuropa traten später immer wieder Bilderstürmer und Kritiker am Reliquienwesen sowie an der feierlichen Überladung von Gottesdiensten auf.

In welchen Situationen die religiösen Texte zu lesen und wie sie zu verstehen sind – das ließ sich lange Zeit von der religiösen Führungsschicht einigermaßen festlegen. Mit der Erfindung des Buchdrucks im 15. und der evangelischen Reformation im 16. Jahrhundert kam es jedoch zu einer Individualisierung des Schriftverständnisses. Das Lesen der heiligen Schriften außerhalb des Gottesdienstes ließ sich nicht mehr kontrollieren – nur in Ländern ohne die evangelische Reformation (z. B. Italien, Spanien, Lateinamerika) versuchte die katholische Kirche das noch Anfang des 20. Jahrhunderts, indem sie dazu das Einholen einer Erlaubnis oder die Anwesenheit eines Priesters verlangte. Aber die religiöse Mediennutzung war fortan nicht mehr auf den innerkirchlichen Raum beschränkt. An der Übertragung von Gottesdiensten im Hörfunk und dann Fernsehen entzündete sich in den 1950er Jahren nochmals eine lebhafte Debatte (Guardini et al. 1953; Kranemann 2007, S. 185ff.), aber man stimmte schließlich zu, das Sakrale ohne die alten Kontrollmöglichkeiten der allgemeinen Öffentlichkeit zugänglich zu machen. Damit wurde der Gottesdienstraum zwar zum gesamten Medienpublikum hin geöffnet; die religiösen Handlungen wurden aber auch Teil eines Gesamtprogramms, das anderen als religiösen Logiken gehorchte.

Kann man bei den Gottesdienstübertragungen zunächst noch an formale oder ästhetische Gesetzlichkeiten denken, so sind die inhaltlichen Veränderungen unübersehbar, wenn Religion ein Thema des gesellschaftlichen Diskurses und seiner medialen Vermittlung wird. Ein wichtiges Segment ist seit der Aufklärung die *Religionskritik* und ihre kommentierenden bis satirischen Formen in den Medien. Heute werden zwar Pfarrhöfe und Klöster in Unterhaltungsserien als Lebenswelten mit sympathischen Menschen dargestellt. Aber auch bei dieser schmeichelhaften Behandlung wird Religion den Relevanzkriterien der öffentlichen Kommunikation und den Erzählmustern von Mediengenres unterworfen. Serien wie „Pater Brown" oder „Um Himmels Willen" sind keine dokumentarischen Beschreibungen von Pfarrbüros oder Ordenshäusern, sondern unterhaltsame Zurichtungen von Kirche und Orden für das breite Publikum. Trotz aller Kritik, die hier angebracht ist, halten diese Serien zentrale christliche Anliegen – meist ist es der selbstlose Einsatz für andere – in der Öffentlichkeit präsent. Verschwände Kirche aus der Unterhaltungsecke der Medien, wüssten noch weniger Menschen etwas über das Christentum. Wie die Politik und andere gesellschaftliche Bereiche auch, wird Religion damit „medialisiert", d. h. inhaltlich verändert – was die Religionen kritisch sehen mögen – und gleichzeitig als Thema in der öffentlichen Agenda präsent gehalten, wofür die Religionen dankbar sein müssten.

Religion verändert sich also mit der Medienentwicklung. Aber es sind nicht in erster Linie die Einzelmedien selbst – ihre Materialität oder ihre Zeichensprache –, die hier maßgeblich sind. Es sind vielmehr die sozialen und kommunikativen Kontexte, in denen sie genutzt werden – sie verändern sich oder bleiben konstant. In diesem Sinne stellt Knoblauch die Frage: „Treffen wir uns gemeinschaftlich in Kirchen, vertreiben wir Bücher, die einzeln gelesen werden, oder chatten wir zu mehreren im Internet?" (2009, S. 221) Die soziologische oder kommunikationskulturelle Einbettung der Nutzung religiöser Medien ist also der primäre Aspekt. In erster Linie ist immer zu fragen, welche Form und Qualität von Religiosität durch die Mediennutzung unterstützt wird, welche Intention die Mediennutzer dabei haben. Die theologisch-normative Frage, ob die jeweilige Nutzung auch als eine genuin religiöse Nutzung gelten kann, soll im Folgenden nicht im Vordergrund stehen, aber auch nicht ausgeklammert werden (vgl. S. 190f. u. 196-198 dieses Beitrags).

Ein bestimmtes Verständnis von Medienreligiosität wird hier und weiter unten (S. 196) nur gestreift, das die Massenmedien als Erben der Religionen sieht und die (quasi-)religiöse Nutzung (fast) aller Programmelemente betont. Belege für diese, von Jochen Hörisch (2004) auch in historischer Perspektive entfalteten These sind: die Aufnahme religiöser Symbole, Themen und Bilder in fiktionale und nichtfiktionale Sendungen, die Adaption und Transformation religiöser Rituale in einzelnen Sendungen (z. B. Talkshows), die tagesstrukturierende Funktion der Massenmedien (vgl. Thomas 1998; Thomas 2000; Gräb 2002). Hier werden Medien mit ihrem Gesamtprogramm als Quasi-Religion oder Quasi-Kirchen genommen und das Eigenleben und der Eigensinn religiöser Kommunikation übersehen.

Religiosität, nicht Religion als Ausgangspunkt

Die Karriere des Begriffs Religiosität beginnt in der Aufklärungszeit. Religionsphilosophen wollten mit Religiosität auch die Anhänger der nichtchristlichen Religionen in die Betrachtung einbeziehen. Und um die Kernaussagen des Christentums verallgemeinerbar zu machen, versuchten Kant, Fichte und Hegel Religiosität in die Nähe vernunftgemäßer Moralität zu rücken. Unbestritten war damals, dass diese offene Form von Religiosität unverzichtbar ist, wenn man den Menschen umfassend beschreiben will: Religiosität galt als „Existenzial", als notwendige anthropologische Bestimmung.

Diese Übereinstimmung ist verloren gegangen, seit mit Schopenhauer, Nietzsche und Feuerbach auch die Position des religiösen Unglaubens rational gerechtfertigt wurde. Viele Menschen haben seither gezeigt, dass man auch ohne Gottglaube vernünftig und verantwortlich leben kann. Um zu einem konsensfähigen Ausgangspunkt für die Beschreibung von gottgläubiger oder -ungläubiger Religiosität zu kommen, muss man die Wahrheits- und Geltungsansprüche, die der Gottgläubige stellt, zunächst beiseite lassen und Religiosität als faktisch vorhandene „Lebensform" verstehen – etwa im Sinne der phänomenologischen „Theorie der Lebensformen" von Alfred Schütz (1981).

Diesen Weg ging auch die empirische Religionswissenschaft des 20. Jahrhunderts und kam dabei zu verschiedenen Entgrenzungen und Differenzierungen. Richtungsweisend war die mehrdimensionale Fassung von Religion durch die Religionssoziologen Charles Y. Glock und Rodney Stark (1965, S. 19-38). Religion und Religiosität hat nach ihnen mindestens fünf Dimensionen:

1. Ideologische Dimension: die Glaubensaussagen einer Religion (über Existenz und Natur eines göttlichen Wesens; Inhalt seines Willens; und wie man ihn erfüllen kann);
2. Rituelle Dimension: die religiöse Praxis;
3. Dimension der religiösen Erfahrung: das religiöse Erleben und Empfinden;
4. Intellektuelle Dimension: das religiöse Wissen der Gläubigen;
5. Dimension der Konsequenzen: die (sozialen) Folgen für das Leben („Werke").

Es ließen sich noch weitere wichtige Dimensionen nennen: religiöse Autoritäten und Institutionen, wichtige Sozialisationsinstanzen, die unterstützende und sanktionierende Glaubensgemeinschaft, ihre Lehre über die Andersgläubigen. Aber im Kontext von Anthropologie geht es nicht darum, alle Bestimmungselemente von Religion zu beachten; zentral ist vielmehr die Perspektive des Individuums und nicht Religion im Allgemeinen.

Individuelle „Religiosität" meint das Erleben und die Praxis des Einzelnen – also die 2. und 3. Dimension bei Glock/Stark –, seine religiös bestimmten Selbst- und Weltdeutungen, seine vertikale (zu Gott) und horizontale Glaubenskommunikation. Diese Fokussierung ist zwar schon bei Fichte und Schleiermacher grundgelegt (vgl. Bröking-Bortfeldt 2006), ist aber in der Transformation, welche die Religionen nach Ansicht von Hubert Knoblauch (2009) in den letzten 50 Jahren erfahren haben, besonders virulent geworden. Es kam zu einer Subjektivierung von Religion in einem doppelten Sinn: Das Subjekt wurde verstärkt zum Ansprechpartner und Ausgangspunkt einer wieder öffentlich gewordenen Religiosität, seine Erfahrungen wurden aber auch für die, über die Grenzen der Religion hinausreichende, religiöse Kommunikation (im Sinne einer weit gefassten „Spiritualität") fruchtbar gemacht. Mit der Subjektivierung ist für ihn eine Popularisierung von Religiosität verbunden – wobei alte Volksreligiosität aufgegriffen, aber auch neue pop-kulturelle Formen geschaffen wurden. In religionssoziologischer Betrachtung sind Grenzziehungen in der Tat problematisch geworden, Entgrenzung ist das vorherrschende Prinzip.

Dennoch wird im Folgenden exemplarisch eine *philosophisch-anthropologische* Analyse der religiösen Lebenshaltung aufgegriffen. Was heißt es, religiös zu sein, und was ist damit ausgeschlossen? Welche Akzentuierung gewinnt das In-der-Welt-Sein des Subjekts, wenn es gott-gläubig ist?

Religiosität als sprachlich generierte Selbst- und Weltdeutung

Menschliche Kommunikation bedient sich der Sprache; in ihr drückt der Mensch aus, wie er sich selbst und die ihn umgebende Welt versteht und wie er seinem Leben einen letzten Sinn gibt (vgl. Haeffner 2000, S. 219ff.). Diesen Ansatzpunkt wählt auch der Philosoph Ulrich Hemel (2006). Für ihn ist Religiosität ein umfassendes „Framing" der Selbst- und Weltdeutung, eine spezielle Form der Urteils- und Handlungskompetenz. So „lässt sich entfaltete Religiosität durch die Kompetenz beschreiben, sich selbst und die Welt im Licht religiöser Deutungsmuster zu betrachten und diese Deutungsmuster als für die eigene Person wahr, gültig und handlungsleitend anzuerkennen. (…) Sie hat einen ganzheitlichen Anspruch, weil sie sich auf die Orientierung und Sinngebung des eigenen Lebens in seiner Ganzheit, von Geburt bis zum Tod, von Jugend bis Alter, bezieht." (ebd., S. 101)

Religiosität wird hier als Existenzial der Weltdeutung, als grundlegender Weltdeutungszwang verstanden, „der auf alle Menschen wirkt und es unmöglich macht, sich einer Deutung von Welt und eigenem Selbst zu entziehen: Man kann Welt nicht nicht deuten." (ebd., S. 97) Die Tatsache, dass es zu einer bewussten und elaborierten Weltdeutung auch Lebens- und Lernkontexte braucht, in denen umfassendes philosophisches Fragen angestoßen und eine entsprechende Sprache erlernt wird, steht nicht im Widerspruch zu dieser, mit dem Menschsein gegebenen Grundkompetenz. Der Erfurter Philosoph Eberhard Tiefensee erzählt gerne, dass bei Umfragen in den neuen Bundesländern auf die Frage „Glauben Sie an Gott oder sind Sie Atheist?" viele Befragte ratlos die Achsel zucken und meinen „Ich bin halt normal". Diese Antwort verweist auf solche Kontext- und Sprachdefizite in einer – im weltweiten Vergleich – (mit Tschechien und Schweden) singulären Region.

Wenn es in einer Sprachgemeinschaft keine ausreichenden Ausdrucksmöglichkeiten für Transzendenzerfahrungen und -bezüge gibt, bleiben diese unartikuliert und somit unverständlich. Durch Sprache baut sich auch das religiöse Bewusstsein auf – die emotional gestützte Überzeugung von der Existenz einer letzten Wirklichkeit und davon, dass die eigene Existenz mit dieser letzten Wirklichkeit verbunden ist und damit einen einzigartigen Wert besitzt. Mit der Sprache erwerben wir die entsprechende Sensibilität, „die Offenheit, Ansprechbarkeit und Wahrnehmungsfähigkeit für religiöse Phänomene" (ebd., S. 102). Diese Sensibilität ist die Voraussetzung für religiöses Ausdrucksverhalten, für die Fähigkeit und Bereitschaft zur Übernahme religiöser Rollen, für den Aufbau religiöser Inhaltlichkeit (der Vorstellungen von Gott, der Beziehung zu ihm, Sünde und Vergebung), für die Kompetenz zur eigenen religiösen Kommunikation und für eine religiös motivierte Lebensgestaltung.

Idealtypen religiöser Identität

Die religiöse Selbst- und Weltdeutung wird in der Sozialisation erlernt und differenziert sich – je nach Umgebung und persönlicher Adaption – in unterschiedlichen religiösen *Lebensstilen*. Hemel nennt vier Idealtypen, wie sie in der europäischen Situation des ausgehenden 20. Jahrhunderts erkennbar sind.

(1) Dem ersten Lebensstil gehört an, wer seine religiöse Identität durch *Herkunft und Familientradition* erworben und bewahrt hat und seine Zugehörigkeit zu einem religiösen Milieu bejaht. Dieses Modell ist typisch für die selbstverständliche Verbundenheit und generelle Kenntnis der katholischen oder evangelischen „Volkskirche" – ohne deutliche kritische Distanz, aber auch ohne persönliches Engagement. Diese Einstellung prägt ebenso die Alltagssituation vieler Moslems in ihren Heimatländern oder in Westeuropa. Die Wahrheits- und Geltungsansprüche ihrer Religion werden von ihnen eher vorausgesetzt als kritisch diskutiert; im Vordergrund steht die soziale Zugehörigkeit.

(2) Beim zweiten Lebensstil kommt zur Zugehörigkeit eine ausgeprägtere *Frömmigkeitspraxis* hinzu: Die Religiosität gewinnt an subjektiver Relevanz, bekommt eine stärkere emotionale Färbung. Religiöse Feste und Wallfahrten (auch solche lokaler und folkloristischer Art), Prozessionen, Heiligenbilder und besondere Gebetswochen bilden die Praxis dieser „gelebten Frömmigkeit". Auch hier spielt die kognitive Argumentationsfähigkeit eine geringe Rolle, die emotionale Seite von Religion steht im Vordergrund. Wichtig ist die Ausrichtung an religiösen Leitfiguren wie Priestern, Gemeindevorstehern, Gurus oder sonstigen religiösen Vorbildern.

(3) Die dritte (postmoderne und vielleicht nur vorübergehend aktuelle) Ausprägung nennt Hemel „individuelle Patchwork-Religiosität". Die Betreffenden vermeiden bekennende Zugehörigkeit und verstehen sich als Suchende – in mehr oder weniger Distanz zu verfassten Religionen. Wichtig ist ihnen die wechselseitige Anerkennung von Gesprächspartnern in ihrem eigenen, individuell gestalteten Suchprozess. Von Wahrheitsansprüchen fühlen sie sich abgestoßen, das bevorzugte Kriterium ist „für mich förderlich oder für meinen Weg hinderlich" – auch wenn das nur für den

Augenblick gilt und über den Weg noch keine endgültige Entscheidung getroffen ist. „Leitbegriff einer solchen hoch individualisierten und nicht auf Gemeinschaftsbildung ausgelegten Form von Religiosität ist die ‚Spiritualität'. Nicht ganz zufällig ist dieser Begriff in der englischsprachigen Diskussion religionspsychologischer Sachverhalte weit vorherrschend, während ‚Spiritualität' in der deutschen Sprache eher ergänzend und komplementär zum Begriff der Religiosität verwendet wird." (ebd., S. 106)

(4) Der vierte Religiositäts-Stil ist durch eine „geschlossene religiöse Identität" gekennzeichnet, durch eine *übersteigerte Identifikation mit dem Wahrheitsanspruch* der jeweiligen Religion, durch rigoroses Festhalten an deren Standpunkten und durch bedingungslose Zugehörigkeit. Es ist der „fundamentalistische" Religiositätsstil. Er besitzt eine hohe identitätsbildende Kraft, aber nur eine geringe Ambiguitätstoleranz. Was wahr und falsch, was geboten und verboten ist, ist für die Anhänger eindeutig und wird von ihnen oft mit sehr kurz greifenden Argumentationsmustern verteidigt. An einem ergebnisoffenen Dialog mit Andersdenkenden sind sie nicht interessiert; sie kritisieren sie als Abweichler und halten sich für die konsequenten Gläubigen ihrer jeweiligen Religion. Die so kritisierten Anderen, d. h. die breite Mehrheit der Glaubensgemeinschaft und die Gesellschaft, gehen diesem Standpunkt gegenüber innerlich auf Distanz. Manche, aber bei weitem nicht alle Gläubigen mit geschlossener religiöser Identität akzeptieren Gewalt als Mittel im Kampf gegen den Irrtum und die vermeintlichen Verursacher der eigenen desolaten Situation; sie lassen sich in Krisensituationen für terroristische Aktionen einspannen.

Die von Hemel skizzierten – und vielleicht am häufigsten anzutreffenden – religiösen Lebensstile decken das ganze Spektrum heutiger Religiosität sicher nicht vollständig ab. Auch würde der Genderaspekt zu weiteren Differenzierungen führen – immerhin gelten in unseren Breiten Frauen als die „religiös Begabteren". Weitere Religiositätsstile ergäben sich, nähme man andere Kulturen und Länder mit einer anders verlaufenen Religionsgeschichte in den Blick. Im Folgenden soll Religiosität, soweit sie die Fähigkeit zur Glaubenskommunikation meint, auf die Gesprächsbereitschaft und das friedliche Zusammenleben auch mit Nichtgläubigen befragt und damit ihre Demokratiefähigkeit eingefordert werden.

Dialogfähigkeit als Element heutiger religiöser Kompetenz

In der westlichen Welt gehört zur gesellschaftlich anerkannten Religiosität, dass sie sich von den anders lautenden Welt- und Selbstdeutungen in friedlicher Weise abgrenzt. Zwar weiß der Glaubende, dass seine eigene Weltsicht von diesen anderen bestritten oder vielleicht als sinnlos bezeichnet wird – in der Tat handelt es sich bei der Entscheidung für eine konkrete religiöse Überzeugung um eine logisch nicht entscheidbare Aussage. Dennoch wird jeder wirklich Glaubende nicht sagen, es handle sich bei seiner Glaubensauffassung nur um eine von mehreren möglichen Deutungen, sondern er wird von den anderen sagen, sie seien unzutreffend, einseitig oder unvollständig. Von seiner eigenen wird er behaupten, sie sei die wahrhaftige Beschreibung der Wirklichkeit – auch wenn er zugibt, dass einen Glauben zu haben auch den Vorteil einer Komplexitätsreduktion, Orientierung und Kontingenzbewältigung beinhaltet. Aber der von diesen Funktionsbestimmungen unabhängige Wahrheitsanspruch bleibt für Religiosität zentral.

Der Staat – und auch das demokratische Mediensystem – müssen sich den verschiedenen religiösen Überzeugungen gegenüber neutral verhalten, aber wissen, dass jeder ernsthaft Gläubige seinen Standpunkt für den richtigen hält. Der im Grundgesetz formulierte Wertekonsens verpflichtet alle zu Gewaltverzicht und Dialogbereitschaft. Daher gehört zur kompetenten Religiosität neben der eigenen Standpunktfähigkeit auch die Fähigkeit und Bereitschaft zum Dialog mit Menschen anderer Traditionen. „Das Ringen im Dialog setzt dann idealerweise die Wahrheits- und Geltungsansprüche der eigenen Religion nicht außer Kraft, verbindet sie aber mit der aktiven Achtung vor den Überzeugungen des Gesprächspartners." (ebd., S. 112)

Dazu braucht es eine *Reflexionsdistanz zum eigenen religiösen Standpunkt* – dies auch deshalb, weil jede der uns bekannten Religionen auch sozial und individuell destruktive Formen angenommen hat. „Anzustreben ist (…) eine Haltung, die der Nachtseite von Religion und Religiosität, d. h. ihrer möglichen Aggressivität gegenüber Mitmenschen und ihrer historisch immer wieder sichtbar gewordenen Neigung zu religiös motivierter Gewalt, Einhalt gebietet und die grundsätzlich im Anderssein anderer Menschen eine mögliche Quelle wechselseitiger Befruchtung und weniger eine drohende Gefahr für das Zusammenleben sieht." (ebd.)

Die Unversöhnlichkeit der Konfessionen und die von Religion ausgehende Gewalttätigkeit waren wichtige Themen der neuzeitlichen Religionskritik. In der eher deskriptiven Soziologie war bis vor kurzem die Ansicht verbreitet, Religion verschwinde notwendigerweise mit Aufklärung und Industrialisierung. Diese Säkularisierungsthese trifft aber vor allem in globaler Perspektive nicht zu. Zwischen 1800 und 1950 hat sich in den USA die Mitgliederzahl der christlichen Religionsgemeinschaften verdreifacht – nicht nur durch die steigende Bevölkerungszahl, sondern auch als relatives Wachstum. Das veranlasst Peter L. Berger zum Bonmot: Der Mythos von der Säkularisierung werde von 20% „Schweden" erzeugt, die den Medien- und Wissenschaftsbetrieb beherrschten, während sich die 80% „Iren" nicht darum kümmerten. In Südkorea, einem Land mit rapider ökonomisch-technischer Modernisierung, findet eine starke Ausbreitung des Christentums statt. In Afrika war das 19. Jahrhundert die Zeit der großen Missionserfolge von Christentum und Islam; auch heute wächst die Zahl der Christen in Afrika täglich um 23.000 – teilweise durch Bevölkerungswachstum, aber auch teilweise durch Konversion (vgl. Joas 2008, S. 23 f.; Casanova 2009).

Aber auch für die westeuropäische Situation, die durch Individualisierung und autonome Wahl der religiösen Orientierung, durch Auflösung traditioneller religiöser Milieus und durch Distanz zur Institutionalisierung von Religion (Kirche) geprägt ist, kann man von einer Belebung von Religiosität sprechen. Die alte philosophisch-anthropologische Überzeugung, zur vollständigen Beschreibung des Menschen gehöre seine Religiosität – zumindest in der säkularen Form einer umfassenden Weltdeutung –, hat in Wissenschaft und Öffentlichkeit wieder an Plausibilität gewonnen.

Die Entwicklung von Religiosität im Lebenslauf

Die oben genannten Religiositätsstile sind keine fixen Gestalten, sondern das Ergebnis einer dynamischen Entwicklung im Lebenslauf: Es gibt lange Perioden der Kontinuität und dann oft vulkanartige Veränderungen im Zusammenhang mit kritischen Lebensereignissen.

In einer groß angelegten Studie, der sog. Bonner Studie, wurde die religiöse Entwicklung von je 60 Frauen und Männern der Geburtsjahrgänge 1930-35 und 1950-55 anhand biographischer Interviews detailliert erhoben (Wittrahm et al. 2002). Persönliche Religiosität umfasst danach drei kognitive Komponenten, nämlich

1. das Gottesbild,
2. eine subjektive Vorstellung der Bedeutung von Religion im eigenen und gesellschaftlichen Leben, sowie
3. das Wissen über konkrete Religion.

Dazu kommen zwei lebenspraktische Komponenten, genauer

4. die Bindung an eine Religionsgemeinschaft sowie
5. die Ausübung einer religiösen Praxis.

Anhand verschiedener Ausprägungen in den einzelnen Dimensionen unterscheiden sich Menschen nun einerseits voneinander zu einem bestimmten Zeitpunkt, andererseits lassen sich damit auch Veränderungen bei ein- und demselben Menschen im Laufe seiner Biographie verfolgen.

„Gewandelt hat sich vor allem das *Gottesbild*: Vier von fünf Frauen und Männern aus unserer Studie erinnern sich an ein patriarchalisches Gottesbild in ihrer Kindheit, je zur Hälfte in der eher autoritären Variante (Gott ist ein strenger Richter, der alles sieht und alles bestraft) oder in der gütigen Version (Gott ist wie ein mächtiger Vater, der mich leitet und beschützt). In der Gegenwart hat das autoritäre Gottesbild seine Bedeutung fast vollständig verloren, die gütig-patriarchalische Vorstellung behielt ihre Bedeutung. Eine bedeutende Gruppe älterer Frauen und Männer versteht sich heute als Partner Gottes, mit dem sie eine Beziehung nicht von Gleich zu Gleich, aber wie unter Erwachsenen pflegt. Für ebenso viele jedoch hat Gott – auch wenn sie Christen und Kirchenmitglieder geblieben sind, seine Konturen völlig verloren.

Im Wesentlichen *konstant geblieben* ist dagegen die Ausprägung des *kirchlich-gemeindlichen Engagements*. Diejenigen unter den Befragten (etwa ein Drittel), für die Ausdrucksformen religiösen Lebens und Engagement in der Gemeinde von Kindheit an selbstverständlich waren – und denen diese Dimension der Lebensgestaltung nicht mit dem Eintreten in das Erwachsenenalter verloren ging –, verbringen auch im 3. Leben noch immer einen Teil ihrer Zeit im Dienst für caritative Organisationen, pflegen eine Sonntagskultur mit Gottesdienstbesuch, wirken beim Gemeindefest mit. Dagegen haben nur wenige der Befragten in späteren Lebensphasen eine intensivere Beziehung zu kirchlichen Einrichtungen und Gemeinschaften sowie zu einer religiös geprägten Alltagskultur gefunden, und wenn überhaupt, dann in erster Linie durch Heirat oder auch Elternschaft.

In *Krisenfällen* im höheren Erwachsenenalter wiederum spielt die Religiosität, wenn sie im ersten Lebensabschnitt grundgelegt wurde, wieder eine Rolle, auch wenn sie zwischenzeitlich in den Hintergrund getreten war. In gesundheitlichen Problemsituationen, bei schweren Erkrankungen und Todesfällen wichtiger Angehöriger, beim Zerbrechen von Familien kommt dem Glauben für nicht wenige der Befragten eine Trost-, Halt- und Orientierungsfunktion zu; für ein Drittel verändert sich im Zusammenhang mit dem kritischen Ereignis die Gestalt der Religiosität, 10% haben in Folge der Krise eine Intensivierung ihrer Religiosität erfahren." (Wittrahm 2002, S. 109 f.)

Die Entwicklung der Religiosität im Lebenslauf wurde hier bei den Alterskohorten 1930-1935 und 1950-1955 in Deutschland erfasst. Ausgeblendet blieb dabei die *Bedeutung der Medien* – immerhin spielte der Kinobesuch in den ersten Nachkriegsjahren eine wichtige Rolle; für die zweiten Jahrgänge war es dann schon das Fernsehen (mit etwa 4 bis 5 erreichbaren öffentlich-rechtlichen Programmen) und die Popmusik (Beatles, Rolling Stones, Leonard Cohen – um nur einige Sänger zu nennen). Diese „Medialisierung" wurde zunächst kaum mit den damals ablaufenden religiösen Entwicklungen in Verbindung gebracht: Ende der 1950er Jahre ging der Kirchenbesuch kontinuierlich zurück, die „Pille" schaffte neue Freiheiten, die Reformen des II. Vatikanischen Konzil brachten der katholischen Kirche öffentliche Sympathien, aber gleichzeitig schwächte sich die Prägekraft traditioneller kirchlicher Milieus ab. Eigenständige Sinnerfahrungen (auch im Kontext von Friedens-, Umwelt- und feministischer Bewegung) gewannen an Relevanz. Bei all diesen kulturellen Umbrüchen spielten die Massenmedien eine nicht zu unterschätzende Rolle, zumindest im Sinne einer Bekanntmachung dieser Neuerungen bis ins letzte Eck der Republik und deren Plausibilisierung.

Die Rolle der Medien wird erst seit kurzem in der Forschung beleuchtet, z. B. in der quantitativen Studie zur religiösen Mediensozialisation von Manfred Pirner (2004). Der Autor fragt nach den Auswirkungen von Film und Fernsehen auf die religiösen Vorstellungen von Jugendlichen (des beginnenden 21. Jahrhunderts) und deren Wahrnehmung bei ihren Religionslehrern. Innerhalb der Biographieforschung Erwachsener gibt es eine Reihe interessanter Forschungen, vor allem zur Religiosität von Frauen. Da ist die Rekonstruktion religiöser Orientierungen in vier Tiefeninterviews (Sommer 1998) zu nennen; dann die autobiographischen Reflexionen namhafter Religionspädagogen und -pädagoginnen auf die Entwicklung ihrer eigenen Religiosität (Lachmann/ Rupp 2000) – hier tauchen immer wieder (religiöse) Bücher, aber auch Gespräche mit maßgeblichen Personen auf. In die Zusammenstellung und den Vergleich verschiedener Forschungsmethoden (von Franke/ Matthiae/ Sommer 2002) ist die Rolle der Medien nicht explizit aufgenommen – eine Lücke, die im Folgenden durch systematische Überlegungen zur heutigen „Medienreligiosität" mit ihren unterschiedlichen Kontexten und Formen geschlossen werden soll.

Erlebnis- und Handlungsmöglichkeiten als Charakterisierung medienreligiöser Angebote

Medienreligiosität bedeutet zunächst den innerreligiösen Mediengebrauch. Die personalen Verstehensmedien (Ritual und Sprache) ermöglichen die direkte religiöse Kommunikation. Die technischen Verbreitungsmedien erweitern dann den Gottesdienstraum zur Öffentlichkeit hin und versorgen Interessierte mit religiösen Texten, Tönen und Bildern. Die Palette religiöser Medienangebote reicht vom klassischen Buch bis zum Downloaden von Texten aus dem Netz, über Cassetten und DVDs bis zur „Andacht per Mausklick", zur „Virtuellen Kirche", zum „E-Prayer" und anderen Internet-Ritualen. Mit diesen Angeboten begeben sich Religionen auf den offenen Markt, sie sind Sinnanbieter unter anderen. Mögen sie dabei noch für die von ihnen eingestellten Inhalte selbst verantwortlich sein, so ist das bei Adaptionen religiöser Rituale wie beim Schuldbekenntnis mit Lossprechung in TV-Talkshows oder entsprechenden Internet-Sites (wie PostSecret) nicht mehr der Fall.

Aufgrund unseres anthropologischen Ausgangspunktes erscheinen diese medialen Verbreitungen von religiösen Angeboten als neue, von der kulturellen Entwicklung bereit gestellte Möglichkeiten zur Erfahrung des Religiösen. Das bedeutet zunächst eine *Chance* für die entsprechend Interessierten, und es ergeben sich damit auch Freiheitsgrade bei seiner individuellen Auswahl von Glaubensinhalten und religiöser Praxis. Gleichzeitig ist jedoch – von der Seite der Religiosität her – zu fragen, welche der fünf Dimensionen von Glock/Stark (1965) bei dem jeweiligen medienreligiösen Angebot angesprochen werden und welche nicht. Gibt es beim Verfolgen des Fernsehgottesdienstes so etwas wie eine Glaubensgemeinschaft, wie bewusst ist sie? Was ist von der bloß-medialen Teilnahme an einem Kirchen- oder Weltjugendtag zu sagen im Unterschied zum realen Dabeisein? Mag die Antwort darauf im deskriptiven Benennen der verschiedenen Kommunikationsmodi liegen, so ist mit Blick auf die Vollgestalt von Religiosität auch normativ zu fragen: Beschränkt sich das medienreligiöse Angebot nur auf das Erleben? Welche Möglichkeiten des Mittuns kann sie nicht bereit stellen? Und vor allem: Werden die sozialen Konsequenzen des Bekenntnisses – wie Friedfertigkeit und Hilfsbereitschaft gegenüber allen Menschen – thematisiert und wird zu entsprechenden Engagements eingeladen oder bleibt es bei einer rein privatistischen Religiosität? In unserer anthropologischen Perspektive ist hier zwar am Recht des Einzelnen, seine individuelle Auswahl zu treffen, fest zu halten. Gleichzeitig muss der soziale Kontext der Mediennutzung als solcher benannt und – wenigstens unter theologischer Rücksicht – problematisiert werden.

Ein oft angewendetes Differenzierungskriterium geht vom Begriff *Transzendenz* aus – als Ausdruck für das Über-sich-hinaus-Streben des Menschen, aber auch für die dabei angezielte inner- und außerweltliche Wirklichkeit selbst. Der Religionssoziologe Thomas Luckmann (1963) spricht von kleinen, mittleren und großen Transzendenzerfahrungen. Nur die eigene Lebenswelt übersteigt, wer in ein Fantasy-Computerspiel eintaucht, dort eine mythologische Welt erreicht und für sich nachbildet (kleine Transzendenz). Auf die gesamte Menschheit und deren Nöte greift aus, wer sich in einem internationalen Freiwilligendienst engagiert (mittlere Transzendenz). Eine große Transzendenz sucht, wer zu Gott – nach gläubiger Auffassung damit zur Quelle aller Wirklichkeit – eine vertrauensvolle Beziehung aufnimmt. Das ist zweifellos auch mit Medien möglich, aber nicht mit jeder Art von Intention und mit jedem Grad von Involvement. Nur wo eine große Transzendenzerfahrung auch religiös gedeutet und mit entsprechendem (inneren und äußeren) Engagement beantwortet wird, liegt Religiosität im Vollsinn vor.

Theologen sehen in der Medienreligiosität (mit ihrer Mischung von Religiösem und Unterhaltsamem) häufig nur einen Abfall vom Ideal genuiner Religiosität, zumindest eine höchst problematische Hybridbildung (vgl. Hurth 2008) – hier handelt es sich meiner Meinung nach um einen ungerechtfertigten Generalverdacht. Knoblauch sieht in der Medienreligiosität eine neue, weitgehend kirchenunabhängige Sozialform des Religiösen, eine „populäre Religiosität" (Knoblauch 1999, S. 186 ff.; Knoblauch 2009). Relevant aber bleibt die *theologisch-normative Frage*, wie weit die Inkulturation von Religion in die Mediengesellschaft gehen darf, ohne dass dabei die Substanz von Religion aufgegeben wird. Die Antwort darauf lässt sich nicht durch quasi-objektive Inhaltsanalysen der einzelnen Medienangebote finden. Medienrezeption ist immer ein individueller Aneignungsprozess, Medienangebote werden ganz unterschiedlich aufgenommen und weiter verarbeitet – je nach Verlauf der (religiösen) Sozialisation, eigener Glaubensinteressen und -entscheidungen. Wie die medienreligiösen Angeboten genutzt werden, entscheidet sich also auch an der individuellen religiösen Einstellung, der individuellen und sozialen religiösen Praxis, dem religiösen Wissen und vor allem an dem Involvement – traditionell religiös ausgedrückt: der Andacht –, mit welcher man sie nutzt. Das soll an Beispielen verdeutlicht werden.

Das Buch als Auslöser religiöser Erfahrung (Ignatius von Loyola)
In den erwähnten Autobiographien von Religionspädagogen der Jahrgänge 1933-1939 (Lachmann/ Rupp 2000) finden sich wiederholte Hinweise auf wichtige Bücher, Zeitschriften und Gesprächspartner. Ein klassisches Beispiel bildet die Reflexion auf die Wirkung zweier Genres bei Ignatius von Loyola (1491-1556). In seiner Autobiographie („Bericht des Pilgers") erzählt er von sich in der dritten Person, dass er während seines mehrmonatigen Krankenlagers im väterlichen Schloss um die von ihm geliebten Ritterromane bat.

> „Doch in jenem Haus fand sich keines von denen, die er zu lesen pflegte. Und so gaben sie ihm ein *Leben Christi* und ein Buch vom Leben der Heiligen auf Spanisch. Indem er in ihnen oftmals las, gewann er eine gewisse Zuneigung zu dem, was er dort geschrieben fand. Doch wenn er aufhörte, sie zu lesen, verweilte er manchmal dabei, an die Dinge zu denken, die er gelesen hatte; andere male an die Dinge der Welt, die er früher zu denken pflegte. (...) Es gab jedoch diesen Unterschied: Wenn er an das von der Welt dachte, vergnügte er sich sehr. Doch wenn er danach aus Ermüdung davon abließ, fand er sich trocken und unzufrieden. Und wenn er daran dachte, barfuß nach Jerusalem zu gehen und nur Kräuter zu

essen und alle übrigen Strengheiten auszuführen, von denen er las, dass die Heiligen sie ausgeführt hatten, war er nicht nur getröstet, während er bei diesen Gedanken war, sondern blieb auch, nachdem er davon abgelassen hatte, zufrieden und froh." (Nr. 5 f. und Nr. 8)

Diese *vergleichende Medienerfahrung* führte Ignatius von Loyola zur „Unterscheidung der Geister", einer wichtigen Methode zur Entscheidungsfindung, wie sie in seinen „Geistlichen Übungen" (Nr. 313-336) näher erläutert wird. Es ist unschwer zu sehen, dass hier eine weitaus höhere Aufmerksamkeit und Reflexivität vorliegt als bei einer Mediennutzung nebenbei.

Teilnahme am Gottesdienst via Fernsehen

Ganz bei der Sache sind auch die Fernsehzuschauer, die regelmäßig Live-Übertragungen von Gemeindegottesdiensten anschauen. Das war erstmals im August 1953 – also neun Monate nach dem Neubeginn regelmäßiger Fernsehausstrahlung möglich (vgl. Thomé 1991, S. 16). In den folgenden zweieinhalb Jahrzehnten gab es zu den Hochfesten, zu Kirchentagen und im Wochenrhythmus in ARD, ZDF und den dritten Sendern Gottesdienstübertragungen. Seit 1979 überträgt das ZDF jeden Sonntagmorgen – im Wechsel von katholisch und evangelisch – einen Gottesdienst. Die Einschaltquoten sind in den letzten drei Jahrzehnten im Wesentlichen gleich geblieben: zwischen einer halben Million Zuschauenden im Sommer und einer ganzen Million im Winter, bei einem Marktanteil von etwa 11 bis 15%. Mit berechtigtem Stolz heißt es auf der aktuellen Homepage von fernsehgottesdienst.de: „Die Beliebtheit dieser ‚Kirchenserie' ist in den vergangenen 15 Jahren ständig gewachsen. Sie ist das einzige Programmangebot im ZDF, das seit Einführung des Privatfernsehens seine Zuschauerzahlen verdoppeln konnte. Selbst unter Quotengläubigen gelten die Gottesdienste mittlerweile als fernsehgerechtes Format."

Die kirchliche Fernseharbeit weiß aus Untersuchungen von ihrem Publikum (Zitate aus deren Homepage): „Es schauen mehr Frauen als Männer zu. Der Altersdurchschnitt liegt knapp unter 60 Jahren. Das Bildungsniveau ist durchschnittlich. Die Mehrheit der Zuschauenden ist religiös sozialisiert. Es sind ältere, kirchennahe Menschen, denen der Gang zur Heimatgemeinde zu weit und beschwerlich geworden ist. Die Verweildauer bei der Sendung liegt allerdings weit über dem Durchschnitt. Knapp die Hälfte derer, die einschalten, bleiben auch dran bis zum Segen. Einige davon besuchen regelrecht ‚ihre Fernsehkirche', indem sie Kerzen anzünden, Bibel mitlesen und die eingeblendeten Liedverse mitsingen. Zu diesem klassischen Kernpublikum kommen zunehmend kirchenferne, jüngere Leute. Sie zappen gelegentlich oder zufällig zum Gottesdienst und bleiben dran, wenn das Angebot ihnen ansprechend erscheint. Sie erwarten belebte Bilder, lebendige Musik, bunte, aber durchaus auch kritische Themen rund um Kirche und Gesellschaft. Auch einige bewusste ‚Nichtkirchgänger' schalten ihr Fernsehgerät ein und lassen sich beim Frühstücken nebenbei in den Feiertag einstimmen – mit christlichem Grundton in den Sonntagmorgen."

In frömmigkeitsgeschichtlicher Betrachtung kann man die Gottesdienstübertragungen „als Versuche interpretieren, der Andacht im häuslichen Umfeld wieder eine Gestalt zu geben ... [vor allem, wenn sie] ‚aktiv' geschieht, indem sie die liturgischen Elemente des übertragenen Gottesdienstes nachvollzieht." (Thomé 1991, S. 265 f.)

Teilnahme an religiösen Media-Events – Das Beispiel der Weltjugendtage (WJT)

Neben diesen wöchentlichen Gottesdienstübertragungen gibt es solche zu Kirchentagen und anderen religiösen Großereignissen. Dabei werden neben den Aufzeichnungen von Gottesdiensten Reportagen, Dokumentationen, Hintergrundberichte produziert. Seit etwa drei Jahrzehnten organisiert die römische Zentrale der katholischen Kirche Weltjugendtage: über eine Woche hin inszenierte Mega-Feste des Glaubens. Sie finden alle 2 bis 3 Jahre in einem anderen Land statt und zogen bis zu 4 Millionen (1995 in Manila) junge Gläubige im Alter von 17 bis 30 Jahren an, darunter nicht nur Katholiken. Der XX. Weltjugendtag 2005 in Köln zählte immerhin 1,2 Mill. Besucher, der XXI. Weltjugendtag 2008 in Australien etwas weniger.

Die außergewöhnliche Form der Weltjugendtage, ihr Eventcharakter, wird von den jugendlichen Teilnehmenden begrüßt; entschieden bejahen sie aber auch ihren religiösen Fokus. Für die aus aller Welt angereisten jungen Erwachsenen sind sie gleichzeitig „Megaparties", aber auch ernsthafte „Glaubensfeste", „das religiöse Ding" gehört für sie dazu (vgl. Forschungskonsortium WJT 2007, S. 206; Hepp/ Krönert 2009).

Ein weiteres, hier relevantes Moment stellt der Umstand dar, dass die Weltjugendtage auch *Medienevents* sind. Um möglichst viele Menschen zu erreichen – auch die zu Hause gebliebenen Fernsehzuschauer – stellen die Massenmedien in ihrer Berichterstattung einen besonderen Bezug zum Ereignis her. Die Eigenlogik der Medien prägt nicht nur die Darstellung der Gottesdienste, die Berichte von Straßenszenen, sondern auch die Deutung des gesamten Events.

Für die Teilnehmenden sind jedoch das Erleben von Gemeinschaft und die Bestärkung der religiösen Identität zentral. Weltjugendtage bringen junge Gläubige aus aller Welt zusammen und lassen – über alle nationalen und politischen Grenzen hinweg – das sie Verbindende erfahren. In den Kölner Interviews sagte ein 17jähriger Jugendlicher auf die Frage, was das Wichtigste am Weltjugendtag sei: „Das Zusammensein wird gefeiert. Für einen selbst ist es gut, dass man dabei war." Ein

anderer ruft dazwischen „Wir gehören alle dazu!" Dann wieder der gefragte Jugendliche: „... Man konnte sich die Hand geben und sagen, wer man ist, und einfach
über irgendwelche Themen reden, die man sonst nie mit jemand auf der Straße
angesprochen hätte." Und Diana, 19 Jahre sagte: „Ich fand's einfach beeindruckend,
wie der Zusammenhalt unter den jungen Leuten war und der Austausch auch untereinander und dass alle so offen waren und dass sich jeder für jeden interessiert hat.
Ich fand es an dem gesamten Event einfach unglaublich, dass der Jugend mal so viel
Aufmerksamkeit geschenkt wird." (Döveling/ Funiok 2007, S. 116)
    Gefühle zu zeigen ist hier nicht nur erlaubt – es ist Teil des religiösen Events.
Das Motiv „Gleichgesinnte treffen" wird vollauf befriedigt. „Wir sind nicht allein
mit unserem Glauben!". In die Alltagswelt nach Hause genommen werden nicht nur
T-Shirts, Halstücher, Kappen und Rucksäcke mit dem Weltjugendtags-Logo, sondern auch geschlossene Freundschaften und das Gefühl der Zusammengehörigkeit.
    Medien als integratives Element des religiösen Events unterstützen diese sozia-
len und emotionalen Prozesse. Da ist einmal die Medientechnik vor Ort – ohne sie
käme die Kommunikation zwischen den Anwesenden oft nicht zustande. Fernseh-
kameras und Großleinwände bringen ihnen die wichtigen Personen erst visuell
nahe, große Lautsprecher machen sie vernehmbar. Ohne die mit dem Fernsehen
verbundene Medientechnik würden diese Großgottesdienste nicht funktionieren,
ihre Botschaften kämen nicht an.
    Mobile Individualmedien, Handys, helfen in vielfacher Weise Kontakt zu den
daheim gebliebenen Freunden zu halten (zum Teil unter Ausnutzung von Sonderta-
rifen). Es werden SMS und Fotos verschickt oder in Internetcafes gemailt. Vor
allem die asiatischen Jugendlichen nutzten diese „Medien in ihrer Hand" intensiv.
Auch mit Teilnehmenden, die man auf dem Weltjugendtag kennen lernte, werden
E-Mail-Adressen ausgetauscht. „Vielleicht besuchen wir uns ja auch mal. Aber wir
werden sicher auch telefonieren und mailen. Das ist ja klar." Die Weltjugendtags-
Gemeinde ist also auch eine emotionale Multimedia-Community von jungen, aktiven Nutzern. Medienevents sind die Weltjugendtage nicht nur durch die großen
Medien, sondern auch durch die zuletzt genannten „kleinen" Medien.

Internet-Rituale

Mit dem Internet werden nicht nur Alltagsgeschäfte erledigt, sondern auch religiöses Handeln unterstützt. Dabei spielt die Interaktivität des Mediums, aber auch die
Komprimierung von Bilddaten zur Generierung virtueller Räume (Cyber-Temples)
eine große Rolle. Ihre Bedeutung haben – mehr noch als die etablierten Religionen
– die Vertreter individueller Patchwork-Konstellationen erkannt. Bieten jene „reli-
gion-online" an, so kreieren diese vielfältige Formen von „online-religion" (eine
Unterscheidung von Helland 2000).

„Im Internet finden sich muslimische Frauenorganisationen ebenso wie Christen,
die an Reinkarnation glauben, Astrologie oder kabbalistische Spekulationen betreiben, Neue Religiöse Bewegungen wie zum Beispiel das *International Raelian Mo-
vement* oder die Freie Interessensgemeinschaft für Grenz- und Geisteswissenschaften und Ufologiestudien (FIGU)" (Ahn 2007, S. 193 f.)

Diese temporären religiösen Konstellationen werden zwar im Internet widergespie-
gelt und damit sichtbar gemacht, stellen aber nichts völlig Neues dar; in ihnen artikuliert sich vielmehr eine Individualreligiosität, die vom theologischen Oberschich-
tendiskurs als „Volksreligiosität" marginalisiert und abgewertet wird, in Wirklichkeit
aber den Normalfall alltäglicher religiöser Befindlichkeit darstellt. „Die dabei vertre-
tenen Ansichten werden aus dem gesamten Spektrum der zur Verfügung stehenden
Traditionsströme und aktuellen Weltdeutungsmuster bezogen, [aber] in die jeweils
eigenen, situativen Kontexte eingebunden und ..zu individuellen, meist temporären
Kombinationen synthetisiert." (Ahn 2007, S. 197) Die Gestalter dieser Portale sind
– wenn man die obige Typologie (S. 184f.) heranzieht – der dritten Ausprägung, der
individuellen Patchwork-Religiosität zuzuordnen.

Wirklich neu sind dagegen die im Internet bereitgestellten *Rituale*. Besucht man
unter funcity.de die Kirche, so wird man im Oratorium des Klosters eingeladen:
„Entzünde eine Kerze (...) Sende deine Fürbitte mit dem Licht der Kerze! Wahlwei-
se stille Fürbitten oder Fürbitten per Mail." Damit wird – im Sinne eines Ritual-
transfers – der persönliche Kirchenbesuch außerhalb der Gottesdienstzeiten in das
Internet verlagert. Aber es gibt auch Ritualinnovationen: Von Ritualdesignern werden „gezielt Rituale entworfen, die [zum Beispiel] die Selbstinitiation einer neuen
‚Solitaire'-Hexe zum Ziel haben und ohne erkennbaren Gemeinschaftsbezug für nur
eine einzige, singuläre Performancesituation gedacht sind". (Ahn 2007, S. 198) Auch
wenn man an normal-religiöses Handeln denkt, halten Internetplattformen mit 3D-
Umgebungen verschiedene Angebote bereit: Fürbittgebet, gemeinsames Singen,
Netz-Beichtstühle (SPIEGEL-ONLINE am 25.3.2009 dazu süffisant: „Oh Herr,
downloade unsere Schuld"), Online-Weddings, Grabsteine für einen lieben Ver-
storbenen. Wie bei den realen Kirchen auch, kann man spenden – das Betreiben
solcher Plattformen rechnet sich also. Gerade für den Bereich der Internetrituale ist
mit einer hohen Entwicklungsdynamik zu rechnen. Religionsportale im Internet
könnten damit entscheidend für die öffentliche Präsenz auch der etablierten Religionen sein. Auf jeden Fall stellt das Internet eine noch kaum beachtete Quelle für
religionssoziologische Studien dar.

Medienreligiosität: Die quasi-religiöse Nutzung von Medien als funktionales Äquivalent für Religiosität

Die funktionalistische Sicht auf Religion, wie sie viele Religionssoziologen pflegen, hebt die Aufgaben von Religion für das gesellschaftliche Ganze hervor und hält sie für unverzichtbar für jede Gesellschaft. „Sollten traditionelle religiöse Institutionen diese Funktionen nicht mehr erfüllen können, dann treten andere an ihre Stelle, so genannte funktionale Äquivalente. Sie können sich in unterschiedlichen Formen von Sozial-, Zivil- oder Ersatzreligion äußern..." (Jakobs 2006, S. 118) In dieser Perspektive haben auch Theologen, vor allem evangelische (wie Thomas 1998 und 2000; Gräb 2002; Böhm 2005) unter dem Stichwort „Medienreligion" die Funktion des Fernsehens für die Strukturierung des Alltags und für die Aufnahme religiöser Rituale in den symbolischen Gesamtkosmos der Gesellschaft reflektiert.

Diese, nur scheinbar „unsichtbare Religion" haben Thomas Luckmann (1963; 1991) und Peter Berger (1971) im Blick, wenn sie feststellen: Im Prozess, der unzutreffend als Säkularisierung bezeichnet wird, verschwindet die Religion nicht einfach aus der Gesellschaft, sie verlagert lediglich ihren Ort. Es kommt zu ihrer Privatisierung, zur individuellen Auswahl und Konstruktion von transzendentem Sinn, wobei man sich aus dem breiten Angebot des religiösen Marktes bedient – diese neue Notwendigkeit der Auswahl nennt Berger „Zwang zur Häresie" (1980). Religion wird von diesen beiden Autoren nicht mehr nur in ihrer gesamtgesellschaftlichen Funktion gesehen, sondern auf den einzelnen Menschen bezogen. Sie erscheint von seinen Vorlieben geprägt und an seine Biografie gebunden. Sie hilft Krisen zu bewältigen, sie stellt – in wissenssoziologischer Formulierung – einen stabilisierenden Faktor der sozialen und individuellen Konstruktion von Welt dar.

Dabei ist Religion nicht nur intern auf mediale und institutionelle Unterstützung angewiesen. Das System Religion ist immer auch mit anderen kulturellen Systemen verbunden: mit Literatur, Kunst (vor allem darstellende Kunst und Musik), mit wissenschaftlichen und ethischen Diskursen in der Gesellschaft. Religion ist also nicht nur im ureigenen Bereich kommunikativ, wandelt sich und nimmt plurale Formen man. Was (in einem allgemeinen Verständnis) Religion ist, wird wesentlich in einem öffentlichen Kommunikationsprozess (Diskurs) ausgehandelt; die Wechselwirkung von Religion mit Kunst, Literatur, Wissenschaft ist unübersehbar und keine Einbahnstraße. Sieht man die spezielle Leistung von Religion im gemeinsamen Diskursfeld mit Kunst, Wissenschaft, auch Politik, so fungiert Religion noch immer als Quelle tragfähiger Gegenwarts- und Zukunftsdeutungen (große Erzählungen, Mythen), vor allem aber als Tiefendimension aktueller Diskurse. Beispiele sind der Film der Wachowski-Brüder „Matrix" (1999, mit dem Erlöserheld Neo), die sieben Fantasy-Romane von Joane K. Rowling „Harry Potters Abenteuer" (1997-2007).

Vieles, was in Selbst- oder Fremdattribution als „religiös" bezeichnet wird, ist es nur in einem analogen Sinn, wenn man unter religiös gott-gläubig versteht. Da sind

- traditionell religiöse Elemente, die in nicht-religiöse Verhaltens- und Kommunikationszusammenhänge eingebracht werden (Umhänge-Kreuz als Mode-Accessoire);
- traditionell nicht-religiöse Elemente, die in religiöse (bzw. traditionell als religiös geltende) Kontexte eingeführt werden (Fußballtrikots und -schals in einem altarähnlichen häuslichen Schrein);
- Kirchenlieder können „rein ästhetisch" oder nostalgisch wahrgenommen werden, während profane Musik mit religiöser Andacht angehört wird. Ähnliches gilt vom religiösen Schweigen in Kunstsammlungen am Sonntagmorgen.

Was wird hier zu Recht als religiös im Sinne von gottgläubig bezeichnet? Die Antwort darauf hängt davon ab, ob man die Außen- oder die Innenperspektive für maßgeblich erklärt. Ein Beispiel für unterschiedliche Bewertungen: „Ohne meine Borussia könnte ich nicht leben." Mythen, Rituale und Transzendenzerlebnisse sind aus der Subjektperspektive dann explizit religiös, wenn sie für die befragte Person eine sinnstiftende Bedeutung haben – Sinn als Ausdruck für eine Ordnung, mit der man das Handeln in einem letzten Horizont begründet, rechtfertigt oder deutet (vgl. Reichertz 2000, S. 235). Auf jeden Fall gilt, dass es eigensinnige, „idiosynkratische" Formen von Religiosität gibt, welche Individuen weitgehend unabhängig von institutionalisierten Religionen entwickeln.

Die Unterscheidung „explizit" – „implizit" lässt sich sowohl aufgrund der Selbstattribuierung der Subjekte wie aufgrund der Fremdattribuierung durch die Wissenschaftler treffen. Mit der Bezeichnung „religionsähnlich" bzw. „religionsanalog" (schon Simmel sprach um die Wende zum 20. Jahrhundert von „religoid") lassen sich Bereiche erfassen, die eine absichtliche Distanzbeziehung zum traditionell Religiösen enthalten: Popmusik-Titel wie „Like a Prayer" (Madonna) oder „Like a Believer" (Marla Glen) probieren Religiosität unverbindlich aus (im Sinne von Problemfühlen) und nehmen nur Teile von Religiosität (ihre Gefühls- und Erlebnisqualität) in Anspruch. Ein ähnlicher Such- und Entfaltungs-Begriff ist „potentielle" Religiosität von Pirner (2006, S. 45).

Eine weitere Ausdifferenzierung lässt sich von den Aspekten des Transzendenzbegriffs herstellen – Luckmann spricht von „kleinen", „mittleren" und „großen" Transzendenzen. Von den *Inhalten* von Transzendenz her handelt es sich ent-

weder um Substanzielle Transzendenzen (explizit theistisch, deistisch oder numi-
nos) oder Analoge Transzendenzen (aus säkularer Sicht profan, aus theologischer
Sicht Analogien zum „Heiligen" aufweisend). Funktionale Transzendenzen wählen
Phänomene aus dem Bereich des Religiösen zum Inhalt, ohne notwendig zur klassischen Religion zu zählen (Formen von Ekstase oder Schauer). Funktional-analoge
Transzendenzen wählen Phänomene aus dem analogen Bereich zum Inhalt: Man
sucht ein Gemeinschaftsgefühl, das Gefühl von Freiheit, der Enthobenheit vom
Alltag. In theologische-normativer Perspektive oben stehen die „großen Transzendenzen", weiter unten eher die kleinen. Nicht nur der Erfahrungs*inhalt* ist dabei
maßgeblich, sondern auch die Einstellung und Aktivität dessen, der die Erfahrung
macht: Ob nur ein starkes Erleben gesucht wird, ob die Erfahrungen zusätzlich
reflexiv gedeutet werden oder ob mit religiösen Erfahrungen auch Lebensentschei-
dungen getroffen werden, macht einen Unterschied (vgl. Pirner 2006, S. 45 f.).

Was ist Medienreligiosität? – ein Resumée

Fragt man abschließend „Was heißt es, mit Medien religiös zu handeln?", so ist
diese spezielle Mediennutzung in kommunikationswissenschaftlicher Betrachtung
gekennzeichnet durch hohe Aufmerksamkeit, starke Bindung und großes Involvement. Das ist auch durch die emotionale Dimension der Medienzuwendung bedingt: Es kommt zum Erleben von Zugehörigkeit. Dennoch bleibt die Mediennutzung eine parasoziale Interaktion – es gibt nicht die Qualität einer Präsenzgemein-
schaft, allerdings auch nicht deren negativen Seiten. Im „Meatspace", wie sie neuer-
dings bezeichnet wird, fühlt sich jemand, der nicht schon dazugehört, schneller
abgelehnt als im Cyberspace. Hier kann er seine individuellen Rituale vollziehen.
Der Gemeinschaftsbezug ist also ein anderer – mit allen Schwächen und Vorteilen.
   In *theologischer* Betrachtung handelt sich beim religiösen Handeln mit Medien
um eine Form von Stellvertreter-Religiosität (Vicarious Religion): Man schaut Menschen zu, die eine ausdrückliche religiöse Praxis vollziehen (z. B. im Gottesdienst
beten und singen), findet das sympathisch und stimmt innerlich zu, ohne sich aus
seinem Sessel bewegen zu müssen. So finden die meisten Schweden es gut, dass
einige wenige für sie am Sonntag in die Kirche gehen; selbst tun sie es fast nie. Auch
das Element der Verpflichtungen aus dem Glauben – zum Beispiel zu Taten der
Nächstenliebe, Nachbarschaftshilfe, ehrenamtlichem Engagement – ist bei Medienreligiosität nicht zwangsläufig gegeben. Freilich auch nicht notwendig beim realen
Kirchenbesuch; man darf diesen nicht generell höher bewerten. Dennoch gilt: Medienreligiosität verschärft die Individualisierung und Privatisierung von Religion.
Gleichzeitig macht die Religion im Internet auf die heterodoxe Laien-Religion (po-

pular religion) aufmerksam – eine Tatsache, die von der Theologie immer noch ausgeblendet wird.

Unter *anthropologischer* Perspektive ist Medienreligiosität ein Sammelbegriff für religiöses Handeln, das in der Mediengesellschaft – in bisher noch nie da gewesener Weise – medial unterstützt und geprägt wird und dabei zu neuen Formen von Religiosität findet. Neu sind nicht nur die ‚neuen' Medien und ihre Spezifik, verändert haben sich auch die individuellen Intentionen und die sozialen, auch popkulturellen Nutzungskontexte, in welchen religiöse Handlungen und Kommunikationen heute stehen. Auf jeden Fall ist Religiosität ohne den Medienbezug unvollständig bestimmt. Betrachtet man Religiosität als eine nicht nur subjektiv-individuelle, sondern immer auch institutionell gestützte Lebensform, so werden die oben skizzierten Medienangebote als neue Räume und „Institutionalisierungen" von Religiosität genutzt. Auch wenn diese Nutzung individuell ist, so trägt sie doch zur öffentlichen Präsenz und Konkretion von Religiosität bei. Wenn man Transzendenzbezug und Religiosität als anthropologische Grunddimensionen nimmt, so sind diese medienreligiösen Ausdrucksformen unleugbar Teil des Menschseins in der globalen Mediengesellschaft geworden.

Literatur

Angel, Hans-Ferdinand et al. (2006): Religiosität. Anthropologische, theologische und sozialwissenschaftliche Klärungen. Stuttgart: Kohlhammer

Ahn, Gregor (2007): Kommunikation von Religion im Internet. In: Malik, Jamal/ Rüpke, Jörg/ Wobbe, Theresa (Hrsg.): Religion und Medien. Vom Kultbild zum Internetritual. Münster: Aschendorff, S. 191-205

Berger, Peter L. (1971): Auf den Spuren der Engel. Die moderne Gesellschaft und die Wiederentdeckung der Transzendenz. Frankfurt a. M.: Fischer

Berger, Peter L. (1980): Der Zwang zur Häresie. Frankfurt a. M.: Fischer

Böhm, Thomas H. (2005): Religion durch Medien – Kirche in den Medien und die „Medienreligion". Eine problemorientierte Analyse und Leitlinien einer theologischen Hermeneutik (Praktische Theologie heute, 76). Stuttgart: Kohlhammer

Bröking-Bortfeldt, Martin (2006): Religiosität in theoriegeschichtlicher Perspektive. Anmerkungen zur Entstehungs- und Entwicklungsgeschichte. In: Angel, Hans-Ferdinand et al., S. 16-29

Casanova, José (2009): Europas Angst vor der Religion. Deutsch von Rolf Schieder. Berlin: Berlin University Press

Döveling, Katrin/ Funiok, Rüdiger (2007): Vergemeinschaftung durch religiöse Media Events, in: medien + erziehung, 51. Jg., Nr. 6 (merz Wissenschaft), S. 108-118

Forschungskonsortium WJT (2007): Megaparty Glaubensfest. Weltjugendtag: Erlebnis – Medien – Organisation. Wiesbaden: Verlag für Sozialwissenschaften

Glock, Charles Y./ Stark, Rodney (1965): Religion and Society in Tension. Chicago et. al.: Rand McNally & Company

Gräb, Wilhelm (2002): Sinn fürs Unendliche. Religion in der Mediengesellschaft. Gütersloh

Guardini, Romano et al. (o. J., 1953/1954): Apparatur und Glaube. Überlegungen zur Fernübertragung der Hl. Messe. Würzburg: Werkbund

Franke, Edith/ Matthiae, Gisela/ Sommer, Regina (Hrsg.) (2002): Frauen, Leben, Religion. Ein Handbuch empirischer Forschungsmethoden. Eine Veröffentlichung in Kooperation mit dem Frauenstudien- und -bildungszentrum der EKD, Gelnhausen. Stuttgart: Kohlhammer

Haeffner, Gerd (2000): Philosophische Anthropologie. Grundkurs Philosophie, 1 (3. vollst. neu bearb. Aufl.). Stuttgart: Kohlhammer

Helland, Christopher (2000): Online-Religion/Religion-Online and Virtual Communitas. In: Hadden, Jeffrey K./ Cowan, Douglas E. (Hrsg.): Religion on the Internet. Research Prospects and Promises (Religion and the Social Order, 8). Amsterdam: Jay, S. 205-223

Hemel, Ulrich (2006): Religionsphilosophie und Philosophie der Religiosität. Ein Zugang über die Typologie religiöser Lebensstile. In: Angel, Hans-Ferdinand et al., S. 92-115

Hepp, Andreas/ Krönert, Veronika (2009): Medien – Event – Religion. Die Mediatisierung des Religiösen. Wiesbaden: Verlag für Sozialwissenschaften

Hörisch, Jochen (2004): Eine Geschichte der Medien. Vom Urknall zum Internet. Frankfurt a. M.: Suhrkamp

Hurth, Elisabeth (2008): Religion im Trend oder Inszenierung für die Quote? Düsseldorf: Patmos

Ignatius von Loyola: Der Bericht des Pilgers. In: Gründungstexte der Gesellschaft Jesu, übersetzt von Peter Knauer. (Ignatius von Loyola: Deutsche Werkausgabe, II) Würzburg: Echter 1998, S. 1-84

Ignatius von Loyola: Geistliche Übungen. In: Gründungstexte der Gesellschaft Jesu, übersetzt von Peter Knauer. (Ignatius von Loyola: Deutsche Werkausgabe, II) Würzburg: Echter 1998, S. 85-269

Jakobs, Monika (2006): Religiosität als biografische Verarbeitung von Religion. Religionssoziologische Perspektiven. In: Angel, Hans-Ferdinand et al., S. 116-132

Joas, Hans (2008): Die Zukunft des Christentums. Sozialwissenschaftliche Prognosen – Konsequenzen für die Bildungsarbeit. In: zur debatte, Heft 4, S. 22-25

Knoblauch, Hubert (1999). Religionssoziologie. Berlin: de Gruyter

Knoblauch, Hubert (2009): Populäre Religion. Auf dem Weg in eine spirituelle Gesellschaft. Frankfurt a. M.: Campus

Kranemann, Benedikt (2007): Gottesdienstübertragung: Kirchliche Liturgie in medialer Öffentlichkeit. In: Malik, Jamal/ Rüpke, Jörg/ Wobbe, Theresa (Hrsg.): Religion und Medien. Vom Kultbild zum Internetritual. Münster: Aschendorff, S. 181-189

Lachmann, Rainer/ Rupp, Horst F. (Hrsg.) (2000): Lebensweg und religiöse Erziehung. Religionspädagogik als Autobiographie, Band 3. (Forum zur Pädagogik und Didaktik der Religion, 2/3) Weinheim: Deutscher Studien Verlag

Luckmann, Thomas (1963): Das Problem der Religion in der modernen Gesellschaft. Institution, Person und Weltanschauung. Freiburg i. Br.: Rombach

Luckmann, Thomas (1991): Die unsichtbare Religion. (dt. The Invisible Religion, 1967). Frankfurt a.m.: Suhrkamp

Pirner, Manfred L. (2004): Religiöse Mediensozialisation? Empirische Studien zu Zusammenhängen zwischen Mediennutzung und Religiosität bei SchülerInnen und deren Wahrnehmung durch LehrerInnen. München: Kopaed

Pirner, Manfred L. (2006). Religiosität als Gegenstand empirischer Forschung. In: Angel, Ferdinand et al., S. 30-52

Reichertz, Jo (2000). Die frohe Botschaft des Fernsehens. Kulturwissenschaftliche Untersuchung medialer Diesseitsreligion. Konstanz: Universitäts-Verlag Konstanz

Rüpke, Jörg (2007): Religion medial. In: Malik, Jamal/ Rüpke, Jörg/ Wobbe, Theresa (Hrsg.): Religion und Medien. Vom Kultbild zum Internetritual. Münster: Aschendorff, S. 19-28

Schütz, Alfred (1981): Theorie der Lebensformen. Frankfurt a. M.: Suhrkamp

Sommer, Angela (1998): Lebensgeschichte und gelebte Religion von Frauen. Eine qualitativ-empirische Studie über den Zusammenhang von biographischer Struktur und religiöser Orientierung. Stuttgart: Kohlhammer

Thomas, Günter (1998). Medien – Ritual – Religion. Zur religiösen Funktion des Fernsehens. Frankfurt a. M.: Suhrkamp

Thomas, Günter (2000). Liturgie und Kosmologie. Religiöse Formen im Kontext des Fernsehens. In: Ders. (Hrsg.): Religiöse Funktionen des Fernsehens? Medien-, kultur- und religionswissenschaftliche Perspektiven. Opladen: Westdeutscher Verlag, S. 91–105

Thomé, Hans Erich (1991): Gottesdienst frei Haus? Fernsehübertragungen von Gottesdiensten. Göttingen: Vandenhoeck & Ruprecht

Wittrahm, Andreas (2002): Mit dem Alter kommt der Psalter...? – Religiosität und Glaube im letzten Lebensdrittel. In: Das 3. Leben – Neue Bilder des Alterns. Ein Reader zum gemeinsamen Medienverbundprojekt von Katholischer Erwachsenenbildung und SWR. Hrsg. von Elisabeth Vanderheiden im Auftrag der Kath. Erwachsenenbildung Rheinland-Pfalz – Landesarbeitsgemeinschaft. Mainz, S. 18-114

Autorinnen und Autoren

Dr. phil. Godehard *Brüntrup*, Professor für Metaphysik, Philosophie der Sprache und des Geistes an der Hochschule für Philosophie München. Forschungsschwerpunkte: Philosophie des Bewusstseins; Leib-Seele-Problem; analytische Metaphysik. Publikationen (Auswahl): Mentale Verursachung, 1994; Das Leib-Seele-Problem, 3. Auflage 2008; Zur Kritik des Funktionalismus, in: Köhler, W. et al. (Hrsg.): Ist der Geist berechenbar?, 2004; Natural Individuals and Intrinsic Properties, in Honnefelder, L. et al. (Hrsg.): Unity and Time as Problem in Metaphysics, 2009.

Dr. Elena *Esposito*, Professorin für Kommunikationssoziologie an der Universität Reggio Emilia (Italien). Forschungsschwerpunkte: Soziologische Medientheorie; Gedächtnisforschung; Soziologie der Finanzmärkte. Publikationen (Auswahl): Soziales Vergessen, 2002; Die Verbindlichkeit des Vorübergehenden, 2004; Die Fiktion der wahrscheinlichen Realität, 2007; Il futuro dei futures, 2009.

Dr. Rüdiger *Funiok*, Professor für Kommunikationswissenschaft und Pädagogik an der Hochschule für Philosophie München. Forschungsschwerpunkte: Medienethik und religiöse Erwachsenenbildung. Publikationen (Auswahl): Funiok, R. (Hrsg.): Grundfragen der Kommunikationsethik, 1996; Funiok, R./ Schmälzle, U. F./ Werth, C. (Hrsg.): Medienethik – die Frage der Verantwortung, 1999; Funiok, R./ Schöndorf, H. (Hrsg.): Ignatius von Loyola und die Pädagogik der Jesuiten, 2000; Debatin, B./ Funiok, R. (Hrsg.): Kommunikations- und Medienethik, 2003; Medienethik, 2007.

Dr. Friedrich *Krotz*, Professor für Kommunikationswissenschaft an der Universität Erfurt. Forschungsschwerpunkte: Kommunikation mit digitalen Medien; Mediensozialisation; Cultural Studies; Symbolischer Interaktionismus. Publikationen (Auswahl): Die Mediatisierung kommunikativen Handelns, 2001; Winter, C./ Hepp, A./ Krotz, F. (Hrsg.): Theorien der Kommunikations- und Medienwissenschaft, 2007; Mediatisierung, 2007; Hepp, A./ Krotz, F./ Moores, Sh./ Winter, C. (Hrsg.): Connectivity, networks, and flows, 2008; Hepp, A./ Krotz, F./ Thomas, T. (Hrsg.): Schlüsselwerke der Cultural Studies, 2009.

Dr. Manuela *Pietraß*, Professorin für Medienpädagogik an der Pädagogischen Hochschule Freiburg. Forschungsschwerpunkte: Qualitative Rezeptionsforschung; Theorie der Medienbildung; (Umgang mit) Medienwirklichkeiten. Publikationen (Auswahl): Bild und Wirklichkeit, 2003; Mediale Erfahrungswelt und die Bildung Erwachsener, 2006; Der Zuschauer als Voyeur oder als Opfer? Die Rezeption realitätsnaher Gewalt im Film, in

Zeitschrift für Pädagogik 5(2007); Medienbildung, in Tippelt, R./ Schmidt-Hertha, B. (Hrsg.): Handbuch Bildungsforschung, 2009.

DDr. Christina *Schachtner*, Professorin für Medienwissenschaft an der Alpen-Adria-Universität Klagenfurt. Forschungsschwerpunkte: Subjektkonstruktionen und digitale Kultur; virtuelle Wissensräume; Transkulturalität und digitale Netzwerke; Mediennutzung Jugendlicher. Publikationen (Auswahl): Geistmaschine, 1993; Erfolgreich im Cyberspace, 2005; Schachtner, Ch./ Winker, G. (Hrsg.): Virtuelle Räume – neue Öffentlichkeiten, 2005; Schachtner, Ch./ Höber, A. (Hrsg.): Learning Communities, 2008; Schachtner, Ch./ Roth-Ebner, C.: Konstruktivistisch-partizipative Technikentwicklung, in Kommunikation@Gesellschaft, 2009.

Dr. Dieter *Spanhel*, em. Prof. für Erziehungswissenschaft, Universität Erlangen-Nürnberg. Forschungsschwerpunkte: Medienerziehung; Medienbildung; Pädagogische Handlungstheorie; Werterziehung. Publikationen (Auswahl): Spanhel, D./ Hüber, H.-G. Lehrersein heute – berufliche Belastungen und Wege zu deren Bewältigung, 1995; Integrative Medienerziehung in der Hauptschule, 1999; Medienerziehung, 2007. Standortbestimmung der Medienpädagogik, in Sesink, W./ Kerres, M./ Moser, H. (Hrsg.): Jahrbuch Medienpädagogik 6, 2007.

Dr. Rainer *Winter*, Professor für Kultur- und Medientheorie an der Alpen-Adria-Universität in Klagenfurt. Forschungsschwerpunkte: Kultur- und Medientheorie; qualitative Forschung und Filmanalyse. Publikationen (Auswahl): Widerstand im Netz, 2009; Beck, U./ Sznaider, N./ Winter R. (Hrsg.): Die kulturellen Folgen der Globalisierung, 2003; Die Kunst des Eigensinns, 2001; Widerspenstige Kulturen, 1999.